汉语紧缩句的
多维研究

A Multi-dimensional Approach to
Chinese Contracted Sentences

赵雅青　著

社会科学文献出版社
SOCIAL SCIENCES ACADEMIC PRESS (CHINA)

本研究得到国家社会科学基金青年项目
（项目编号：15CYY034）的资助；

本书由华侨大学华文学院"汉语国际教育与
语言学研究著作专项课题"资助出版。

目　录

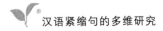

第一章　绪论

　　汉语紧缩句（contracted sentence）通常被认为是一种特殊复句，常常在介绍复句时谈及。紧缩句单从命名来看，就是隶属于复句的："紧"是紧凑，指分句间的语音停顿没有了；"缩"是缩减，指有些词语被压缩掉了（黄伯荣、廖序东，1997：166）。在讨论复句时简单提及紧缩句，是学术界一贯的处理方式。然而，对于汉语紧缩句到底是一种什么现象，它从古至今是如何演变的，它的构造特征、构造机制如何，它与复句、单句以及连动句、兼语句等句型句式之间的关系如何，仍然没有较为详细而充分的探讨。随着新的理论和方法的出现，重新观察、描写和解释汉语紧缩句的基本面貌、构造原理，展开汉语紧缩句的多维研究有必要也有条件。

第一节　紧缩句的界定

一　紧缩句的主要构件

（一）紧缩句的必备构件：紧缩项

　　紧缩句由两个或多个谓核结构构成，我们把构成紧缩句的这种谓核结构称为"紧缩项"。紧缩项是紧缩句的必备构件，是两个或多个小句整合成紧缩句后的级降单位。例如：

　　（1）困难再大也不怕。

　　（2）问题严重的话我去也没用。

　　例（1）这一紧缩句由"困难大""不怕"两个紧缩项构成，例（2）

由"问题严重""我去""没用"三个紧缩项构成。

紧缩句的主体成员是类似例（1）这样由两个紧缩项构成的紧缩句，因此本书主要以由两个紧缩项构成的紧缩句为考察对象。对于由两个紧缩项构成的紧缩句来说，在前的紧缩项称为"紧缩前项"，在后的紧缩项称为"紧缩后项"。例如：

（3）从现在起你哪儿也不能去，<u>啥时候想起这片子是谁啥时候放你走路</u>……（梁左等《我爱我家》）

（4）大卫：看把你急的！等着吧，<u>一有消息我就来告诉你</u>。（刘德联、刘晓雨《中级汉语口语》）

例（3）画线的紧缩句由紧缩前项"啥时候想起这片子是谁"与紧缩后项"啥时候放你走路"构成，例（4）画线的紧缩句由紧缩前项"有消息"与紧缩后项"我来告诉你"两个紧缩项构成。

（二）紧缩句的常见构件：紧缩标

关联标记是紧缩句在形式上的突出特点之一。尽管关联标记不是紧缩句的必备构件，但却是紧缩句的常见构件。我们把紧缩句中使用的关联标记叫作"紧缩标"，那么紧缩标就是一些将联结紧缩项、形成紧缩句以及标明紧缩句关系等特点聚合在一起的词语。

从词性来看，紧缩标主要包括四类：一是用来连接紧缩项的连词，二是用来连接紧缩项的副词，三是用来连接紧缩项的助词，四是用来连接紧缩项的其他性质的词语。例如：

（5）你现在<u>只要</u>留一张那书皮儿你<u>就</u>发财！（梁左等《我爱我家》）

（6）没办法，刚接了个电话，有人非要请我外边吃去，不去<u>的话</u>也有点儿脱离群众不是？（梁左等《我爱我家》）

（7）可我们<u>不但不</u>予制止<u>反而</u>随声附和，客观上起到了推波助澜的作用，错误是严重的，教训是深刻的……（梁左等《我爱我家》）

例（5）由连词"只要"和副词"就"这两个紧缩标配套连接两个紧缩项，并标示条件关系；例（6）中，助词"的话"同样可以作为紧缩句的关联标记，标示紧缩项之间的假设关系；例（7）的紧缩标"不但不"则是由"不但"和"不"构成的超词形式，用来连接紧缩前项，与紧缩后项关联标记副词"反而"一起标示递进关系。

紧缩标既有单用形式（紧缩单标），也有双用形式（紧缩双标）；既有临时组配，也有固定格式（紧缩固标）。现代汉语常见的紧缩单标有"也""又""就""还""才""都"等；紧缩双标包括前标如"只有""只要""即使""要是""因为""虽然"等和后标"就""却""才""都""也"等的临时配合；紧缩固标一般都是配套使用的紧缩双标形式，如"越……越……""不……不……""一……就……""非……不……""再……也……""爱……就……"等。

二　紧缩句的判断标准

首先，我们研究的是"句"范畴的紧缩形式。邢福义（1996：15~16）认为，"句子"的狭义用法指的是"小句"外延中的单句及结构相当于或大体上相当于单句的分句。我们讨论的紧缩句就是这一层面的句子。请看：

（8）"他们以为造的跟咱们没区别咱们就没意见了，岂知咱们要求高著呐。"牛大姐哼哼地说。（王朔《谁比谁傻多少》）

（9）爱怎样怎样，反正这点钱是我的！（老舍《骆驼祥子》）

（10）"有什么办法？没劲也得活着呀。"于观抬起头。（王朔《顽主》）

例（8）画线的紧缩结构充当宾语，是句子成分，不是"句"范畴的紧缩形式；例（9）画线的紧缩结构充当分句、例（10）画线的紧缩结构独立成单句，他们都是"句"范畴的紧缩形式，是具有"表述性和独立性的语法单位"（邢福义，1996：13）。因此，例（8）类紧缩形式不属于我们要研究的对象，例（9）、例（10）类才是我们研究范围之内的紧缩形式。

此外，缩略语，如"四有"（有理想、有道德、有文化、有纪律）、"陪读"（陪伴他人读书）等都是词汇层面的缩略形式，我们讨论的"紧缩"是句法层面的。

接下来，我们从句法和语义方面来总结紧缩句具体的判断标准。

（一）至少含有两个紧缩项

常见的紧缩句是单重紧缩句，即包含两个紧缩项，例如：

（11）正因为我是你妹我才喜欢你……这是命里注定，别无选择。（梁

左等《我爱我家》）

（12）"这不公平吧？<u>我们能辩护你们却不能辩护</u>。"（王朔《一点正经没有》）

也有由三个或多个紧缩项构成的多重紧缩句，如：

（13）<u>你不来我去也没用</u>。

（14）<u>他爱回来不回来</u>，回来也是各住各的。（周而复《上海的早晨》）

大多数时候我们可以直接划分出两个紧缩项，如例（11）画线的这一个紧缩句含有"我是你妹""我喜欢你"两个紧缩项，例（12）画线的这一个紧缩句含有"我们能辩护""你们不能辩护"两个紧缩项。例（13）是一个多重紧缩句，由"你不来""我去""没用"三个紧缩项构成。有时候从字面上无法直接找到所有的紧缩项，需要进一步分析，如例（14）画线的是一个多重紧缩句，且其所有的紧缩项需要进一步分析才能得到，为"他爱回来""回来""他不爱回来""不回来"。因此，至少含有两个紧缩项是紧缩句的判断标准之一。

（二）紧缩项彼此在结构上互不内嵌

构成紧缩句的紧缩项是相对独立的谓核结构，在语法结构上不存在一个包含另一个的关系，也就是说，紧缩项彼此在结构上互不内嵌，例如：

（15）我喜欢在打折店买东西。

（16）我一去打折店就喜欢买东西。

（17）他去不去北京不关我的事。

（18）无论他去不去北京都不关我的事。

例（15）的两个谓核结构"我喜欢"和"在打折店买东西"，后者内嵌于前者，整句是一个单句。而例（16）的"我去打折店""喜欢买东西"是两个相对独立的谓核结构，二者之间没有包含关系，整句是紧缩句。例（17）的两个谓核结构"他去不去北京""不关我的事"，在语法结构上前者内嵌于后者，整句是一个单句。而例（18）的"他去不去北京""不关我的事"是两个相对独立的谓核结构，整句是紧缩句。

因此，构成紧缩句的紧缩项需在结构上互不包含、互不内嵌，是相对独立的谓核结构。

（三）句中无语音停顿

紧缩句的"紧"既指句中没有成分之间的语音停顿，也指紧缩项间不存在分句之间的语音停顿，先看三个句子：

（19）明天，我打算去一趟超市。（单句）

（20）如果明天不下雨，我打算去一趟超市。（复句）

（21）明天不下雨我就去超市。（紧缩句）

句子内部的语音停顿在书面上常常用逗号等标点符号表示，既有单句内部句子成分之间的语音停顿，也有复句内部分句之间的语音停顿，如例（19）"明天"后面的停顿是句子内部状语后的一个语音停顿，例（20）"如果明天不下雨"后是复句内部分句之间的语音停顿。而紧缩句（如例21）内部既不能有单句内部句子成分之间的语音停顿，也不能有复句内部分句之间的语音停顿。句中不存在语音停顿既是紧缩句最为鲜明直观的特点，也是判断紧缩句最为直观的重要标准，这一标准既可以用来区别复句和紧缩句，也可以用来区别有句内语音停顿的单句。

紧缩句的"缩"指的是句法成分的省缩。"紧"是紧缩句的必要条件，"缩"只是紧缩句的常见而非必要条件。例如：

（22）我安慰他，"你要是那种人我们也不会搭理你。"（王朔《许爷》）

（23）你要知道陆军有多少兵种你就挨牌数吧。（王朔《看上去很美》）

像例（22）画线部分的"你是那种人""我们不会搭理你"之间、例（23）的"你知道陆军有多少兵种""你挨牌数吧"之间，除了"紧"，很难说"缩"掉了什么成分，但我们仍把这样的句子看作紧缩句。

（四）整句只具备一个句末语气，只有一个语调曲拱

叶蜚声、徐通锵（1981：90）认为，"句子的最大特点是有一个完整的语调""任何带有一个完整语调的语言片段都是句子"。虽然紧缩句至少有两个谓核结构，但整个紧缩句只具备一个句末语气，只有一个语调曲拱。

检验一个谓核结构是否带有语气语调，我们一般可以通过该结构之后是否能添加语气词进行判断，如果其添上语气词还能讲得通，则该结构具备独立的语气（王文格，2010：37）。以下面两句为例进行说明：

（24）想吃火锅，你就去成都。

（25）想吃火锅你就去成都。

我们可以给例（24）这一复句的两个分句都带上语气词"啊"表示独立的句子语气：

（24′）想吃火锅啊，你就去成都啊！

而在例（25）紧缩句"想吃火锅你就去成都"的两个紧缩项后添加语气词"啊"则较为受限：

（25′）想吃火锅你就去成都啊！

（25″）？你想吃火锅啊你就去成都！

（25‴）？你想吃火锅啊你就去成都啊！

紧缩句整体可以添加语气词，如例（25′），但如果只给紧缩前项添加语气，如例（25″），或者给紧缩前项、紧缩后项分别添加语气词，如例（25‴），那么这些没有句内语音停顿的句子就不能称为紧缩句，通常要通过分句之间的语音停顿的方式表达，即以复句形式表达。例如：

（26）边惠荣在干部和年轻人的心目中，特别是在妇女们的心目中，成了个"大红人"；可是在她的邻居和公婆心目中，特别在梁大伯的心里，简直是一个烫手的粥盆：扔了心疼，不扔吧，手疼。（浩然《新媳妇》）

"扔了心疼"是一个紧缩句，而"不扔吧，手疼"因为前项"不扔"后有"吧"，是一个有独立语气的分句（在形式上其后出现了逗号），整个"不扔吧，手疼"就成了一个复句。

当然，在实际的书面材料中有时会出现前小句或者两个小句都带语气词时直接连在一起的情况，如：

（27）要找啊就还得找老同志！（梁左等《我爱我家》）

（28）你还没"但是"呢我就已经猜出来了，总共就这么五六个人。（王朔《你不是一个俗人》）

我们认为，这种句子不能归入紧缩句的范围，这只是作者为了表现说话人说话速度快而缩短句间语音停顿时省去了书面的标点符号，实际上在口语中，如例（27）"要找啊"、例（28）"你还没'但是'呢"，因为带有明显的语气，势必一定会出现小句间的语音停顿。此时，带有语气的前一谓核结构属于句子的单位，书面上不添加标点符号只是为了表明语音停顿时间之短，这种句子的两个谓核结构都具有句子语气，没有满足非句化为紧缩项的条件，因此整个形式不属于紧缩句范畴。

（五）整句长度是典型单句的长度

这里先以"音节"为单位度量一个句子的长度。句子的长度有合适的范围，却也可以在一定程度上延伸。

就单句而言，我们既可以看到短得只有一个音节的句子，也可以看到长度比较长的句子，例如：

（29）好！

（30）大家确实都希望每年的中秋节晚上可以有幸观看如此精彩而又感人的节目。

例（29）、例（30）都是只有一个谓核结构的单句，例（29）是只有1个音节的小句，而例（30）的长度（32个音节）却很长，甚至我们还可以造出比这个例子长得多的合格句子，然而类似例（30）这样太长的句子在日常生活中并不常用，它们只是单句的边缘成员，不是单句的核心成员。句子的长度可以很长，但是也不可能无限长，这是受人的认知能力限制的，因为大脑在对过大的一次信息量进行加工处理时会降低效率甚至十分困难。

由至少两个分句构成的复句，因为中间有语音停顿，每个分句可以较为充分地扩展，整句的长度普遍较长。而由至少两个紧缩项构成的紧缩句由于中间没有语音停顿，其长度就不像复句那么长，更靠近典型单句的长度范围。紧缩句至少要有3个音节，同时整句的长度范围也不太大，例如：

（31）去就去！

（32）什么叫添麻烦呀，请您还请不来哪！（梁左等《我爱我家》）

（33）后来，我开始变胖，为了减肥，我又吃药又节食，都没什么用。（傅由、杨一虹《发展汉语·中级汉语听力》）

两个小句紧缩成一个句子，仍旧要有两个谓核结构，并且两个仅为单音节的谓核结构直接组合往往构成重叠式、偏正式、动补式，或构成连动式，若要形成紧缩句则需要紧缩标的帮助，因此，长度最短的紧缩句一般需要3个音节，如例（31），紧缩句的长度不能过短。

同时，紧缩句的长度也不能太长。一是紧缩句作为一个句中无语音停顿的句子，本身音节总量就不能太多。二是紧缩句由至少两个谓核结构构成，若两个谓核结构都进行了扩展，两个谓核结构的附属成分会互相牵制，递归运行就会受到阻碍，因此紧缩句一般仅容许其中一个谓核结构进行适度扩展，与此同时另一个谓核结构往往只出现核心成分。从信息处理的角度来看，两个谓核结构的信息量本来就比一个谓核结构的信息量要

大，所以两个谓核结构不能进行很长的扩展，否则就会超出大脑一次性信息处理能力的限度。三是紧缩句在口语中更常使用，口语中的句子长度是较短的。

综上所述，紧缩句整句的长度适中，不会极短也不会太长，与典型单句的长度相似。

（六）表达的逻辑语义关系，相当于构成复句的分句与分句合起来的意义

构成紧缩句的紧缩项之间的语义关系，或者说紧缩句整体表达的是近似于复句的条件、假设、因果、让步等逻辑语义关系，例如：

（34）林荣明一边翻文件一边安慰小黄，连着说了几个没事没事。（马树德《现代汉语高级教程》）

（35）孩子，从今以后，你永远不会孤独的了，即使孤独也不怕的了！（马树德《现代汉语高级教程》）

（36）而北方人就痛快得多，只要东西差不多就掏钱买。（刘元满等《高级汉语口语》）

例（34）中，紧缩句"林荣明一边翻文件一边安慰小黄"的紧缩项"林荣明翻文件"跟紧缩项"安慰小黄"是并列关系；例（35）画线紧缩句的紧缩项"孤独""不怕的了"之间表达的是让步关系；例（36）画线紧缩句的紧缩项"东西差不多""掏钱买"之间构成条件关系。

紧缩句表达的是类似复句的逻辑语义关系，与同样由多个小句整合而成的连动式、兼语式等多项谓核结构构成的复杂句式表达的语义关系有区别。这类结构有至少两项谓语形式参与，也有成分的省略，但其内部的语义关系与紧缩句表达的逻辑语义关系不同。

（七）紧缩项彼此在语义上存在更为紧密的依存关系

在谈到因果关系时，郭继懋、王红旗（2001）认为现实世界里的结果包括"规约性的"和"偶发性的"两种。有因果关系的两个事件如果属于同一个"命题认知模式"，其中的结果就是规约性的，具有稳定的、紧密的特征；有因果关系的两个事件如果不属于同一个"命题认知模式"，其中的结果就是偶发性的，具有临时的、松散的特征。该文虽然主要是对粘合补语和组合补语表达差异的认知分析，但对于我们思考紧缩句中紧缩项

表达的事件之间的关系很有启发。

我们认为，"规约性的"与"偶发性的"是一个连续统，紧缩句的紧缩项表达的两个事件/命题偏向属于同一个"命题认知模式"，后项事件/命题是规约性的或偏向于规约性的、稳定性的，因此紧缩句的紧缩项之间表现出紧密的黏合状态。

复句基于中间的语音停顿，再加上一定的手段，就可以出现转而言他的局面，例如：

（37）如果你不来的话，哎，等等，我有个电话来了。

后项有时可以不出现，例如：

（38）因为我不想去，所以，……

前项有时也可以不出现，例如：

（39）因为……，所以我不想去。

而紧缩句通常不能如此，其前项、后项一般是不能截断的、缺一不可的。这是紧缩前项和紧缩后项语义依存性较复句更强、语义联系密切、相互需求度高的表现。紧缩前项和紧缩后项之间的语义联系具有不可截断性，紧缩前项的事件/命题寻求紧缩后项的接续以表达完整的逻辑语义关系，而紧缩后项又是在紧缩前项的基础上展开的，没有紧缩前项的语义铺设，紧缩后项也没有了存在的可能和必要。

此外，因果关系既可以表现为"一因多果"，如例（40），也可以表现为"多因一果"，如例（41）：

（40）出口加工区是指进口替代与出口导向两种政策的均衡点，由于起步阶段海南从整体上改变发展战略是不可能的，因而必须选择出口加工区这一最佳政策方案，所以我们后面所设计的优惠政策应先在出口加工区内实施为宜。（《海南经济发展战略》）

（41）70年代，美国的经济因受危机冲击而增长较慢，又因侵越战争遭受挫折，军事实力被苏联赶上，因此对苏联的攻势反应软弱，在战略上处于防御地位。（《世界历史》）

这两种形式一般只能用复句来表达，而紧缩句不能如此，典型的紧缩句一般只能表达"一因一果"的因果关系。总的来说，紧缩前项在语义上对于紧缩后项来说是唯一相关的，紧缩后项在语义上对于紧缩前项来说同样是唯一相关的，这种唯一相关也促使紧缩前项和紧缩后项紧密相关。

这是因为紧缩句减轻了表达事件/命题的语义细节的任务，也就获得了更为灵动轻便的形式，这为紧缩项之间的紧密关系提供了前提。尽管紧缩句和复句有相似的逻辑语义关系表现，但相较于复句的构件成分分句之间的距离来说，紧缩句的紧缩项之间的距离更近，在形式上也就结合得更为紧密，那么反映在语义上，紧缩句的紧缩项之间所表示的事件/命题之间的语义结合也就更为紧密了。

紧缩项之间在语义上的依存性较强，紧缩前项和紧缩后项在语义上相互依托，既包括逻辑语义关系上的关联，也包括语义细节上的沟通。紧缩前项对紧缩后项有语义上的依赖，例如前项谓语对后项主语的寻求、前项表达的逻辑关系部分对后项的接续要求；紧缩后项对紧缩前项有语义上的依赖，例如后项谓语对前项主语的寻求，后项表达的逻辑关系部分对前项的寻求。

三　紧缩句的定义

我们得到紧缩句在句法、语义两方面，共计七项典型特征，各项特征都是成为紧缩句所必须具备的，也都是紧缩句的判断标准，只有完全具备上述七项典型特征的句子，才是一个紧缩句。

至此，我们可以将现代汉语紧缩句的定义总结为：

在句法上，至少两个小句在紧缩机制的作用下，形成紧缩项与紧缩项间无句间语音停顿、互不内嵌且长度受限的小句整合体（clause syntagm）[①]；在语义关系上，表达的是由至少两个密切相关的事件/命题组成的一个复合事件/命题，并可以分析出两个或多个事件/命题之间的逻辑语义关系；具备上述句法、语义特征且整句仅具备一个句末语气。

四　紧缩句的基本分类

（一）意合紧缩句和有标紧缩句

紧缩句在形式上依据关联标记的使用，可以大体分为"有标"和"意

[①]　高增霞（2006：106、108）将其叫作"小句复合体"（clause combination），本书将小句整合过程中产生的结合紧密程度不一的结果称为"小句整合体"（clause syntagm）。

合"两类，如：

（42）"你知道什么？你什么也不知道。你就会每天跟在人后面，人家乐你也乐，人家愁你也愁，把时间花在打扮、穿戴、吃零食上，<u>任青春落花流水而去心不在焉</u>。"（王朔《顽主》）

（43）这样吧，哭可以，<u>愿意掉泪就让她掉几滴</u>，但不要让她哭得背过去，在大街上引起围观，这样影响不好。（王朔《顽主》）

例（42）的紧缩句"任青春落花流水而去心不在焉"中没有出现关联标记连接"任青春落花流水而去"与"心不在焉"两个部分，没有关联标记标示紧缩句的转折语义关系，属于"意合紧缩句"；例（43）画线的紧缩句使用关联标记"就"连接"愿意掉泪"与"让她掉几滴"这两个部分，并标示二者之间的假设关系，属于"有标紧缩句"。

（二）单重紧缩句和多重紧缩句

有的紧缩句只包含一个关系层次，是单重紧缩句，如前文例（42）、例（43）。有的紧缩句包含两个或几个关系层次，是多重紧缩句，例如：

（44）不努力条件再好也学不好。（于默，1996）

这个紧缩句包含两个关系层次：第一个关系层次为"不努力"与"条件再好也学不好"之间的假设关系，第二个关系层次为"条件好"与"学不好"之间的让步关系。因此，这是一个有标（关联标记为"再……也……"）多重紧缩句。

紧缩句的主体部分是单重紧缩句，同时，为了集中讨论，本书讨论的紧缩句一般限制在由两个紧缩项构成，多重紧缩句将在此基础上稍有论及。如未说明，后文中的"紧缩句"都是指单重紧缩句。

第二节　紧缩句的研究综述

一　紧缩句的研究现状

（一）现代汉语紧缩句研究

现代汉语语法学界对"紧缩句"现象的研究始于金兆梓先生，他明确提出了"复句有可以凝缩之法"（金兆梓，1922/1983：75）。自此之后的百年现代汉语紧缩句研究历史中，仅与紧缩句相关的提法，就有"减缩句"（钱玄同等，1920/2009：114~115）、"紧缩句"（向若，1956/1984：6）、"紧缩式"（王力，1943/2011：101）、"连锁式"（丁声树，1961/2004：122）、"紧缩复句"［如（胡裕树，1981/1995：372）等］、"多元句"（葛清林，1995）、"复句的紧缩"（丁勉哉，1957）、"紧缩短语"（李成泉，2008）、"紧缩结构"（梁蕴华，2002）、"紧缩词组"（陈书仪，1985）、"紧缩构式"（皇甫素飞，2015）等。目前，关于紧缩句基本问题的相关研究成果主要集中在紧缩句的定义、基本特点、性质（来源、归属）、分类及相关构式等方面。

1. 对紧缩句定义的研究

对紧缩句定义的研究主要从两个角度展开。一是提取紧缩句与单句在形式上的共性特征及与复句在语义上的共性特征进行定义，普遍使用"用单句的形式表达复句内容"这一定义方式，如张斌（2002：503），邢福义、汪国胜（2003：373），齐沪扬（2007：451），向若（1956/1984：6），张志公（1997：390），朱德熙（1984：48），等等。二是根据紧缩句自身的形式特点来界定，如：将复合句当中不能停顿且不属于同一主语的叫作紧缩句（向若，1956/1984：6~57）；将分句之间的停顿取消、有一些词语省去这两种情况看作偏正复句的紧缩（胡裕树，1981/1995：371）；认为紧缩句是没有语音停顿的特殊复句，"紧"指的是"紧凑"，即复句的分句之间没有语音停顿，"缩"指的是缩减，即好些词语被压缩掉了（黄伯荣、廖序东，1997：166）；紧缩句"指的是音距消失、分句凝合的复句异变形式"（邢福义，2001：18）；紧缩句是"两个或两个以上的句子捏合在一起，构成的中间没有停顿的一句话"（刁晏斌，2007：311）。

总的来看，上述定义或是借助复句、单句的特点来界定紧缩句，或是将其看作复句的一个特殊类别，从外在表层的形式特点简单定义紧缩句，而并没有揭示汉语紧缩句本身的具体属性和特征，并据此对其展开定义。

2. 对紧缩句基本特点的研究

赵元任（1979/2001：70）认为紧缩句的特点有两个：一个是"句中无停顿可能"，另一个是"第二个谓语没有主语，并且即使补出主语也不一定跟第一个谓语的主语相同"。胡裕树（1981/1995：372）指出紧缩复句具有"精练紧凑"的特点。朱德熙（1984：48）认为紧缩句包含两个特点：一是表达条件、让步、相承等复杂的意思；二是只有一个主语，谓语部分包含两个结合得很紧的成分，且一般没有语音停顿。黄伯荣、廖序东（1997：166）指出紧缩句有复句的假设、条件等关系以及关联词语。张斌（2002：503）分析出紧缩句有两个突出特点：一是对紧缩句切分得到的单位相当于复句的分句，二是紧缩句各部分之间不仅没有语音停顿，而且缩略了一些成分。刘天堂（2002）认为紧缩句主要有三个特点：前后分句间是假设、条件、因果等关系；在两个谓语动词之间常用"就""又""也"等副词充当关联词语；各动词性短语的主语可以不相同。张桂英（2005）指出紧缩句连用的谓词性词语之间没有语音停顿且一般有关联词语关联，整个句子是由一般复句紧缩而来的。齐沪扬（2007：451～452）概括出紧缩句具有"结构的非包含性"、"语音的非停顿性"以及"关联词语的模式化"等三个特点。毛润民（2007）则认为紧缩句有以下三个特点：包含两个谓词或谓词性短语、句中无语音停顿、谓词间以表达逻辑关系为主。

大部分的论述指出了紧缩句比较直观的形式语义特点，然而这些特点的描述更多的是基于外在的表层观察，对紧缩句特点的考察不够深刻、全面。

3. 对紧缩句性质的研究

一是与紧缩句来源相关的研究。大部分学者，如金兆梓（1922/1983：75），王力（1943/2011：101），张志公（1997：390），朱德熙（1984：47），黄伯荣、廖序东（1997：166），邢福义（2001：18），张斌（2002：503），等等，都指出紧缩句由复句紧缩而成，认为紧缩句来自复句。也有少数论著并不认可紧缩句来自复句，认为无论是从理论角度来看，还是从言语实际来看，紧缩句都不能看作由复句紧缩而成（宋仲鑫，1995）；有的学者考察后发现紧缩结构既可以独立成句，也可以作为单句的句中成分，并且指出有些紧缩格式已经成为固定格式，并不能还原为一般复句（梁蕴华，2002）。

紧缩句因在表义形式上由两个谓核结构构成等特征而与复句有着亲密的联系，然而仅基于此就认为紧缩句来源于复句的紧缩说服力不足，而论证紧缩句非复句的紧缩的理由也不够充分。紧缩句的来源问题可以尝试从历时视角寻找解决的契机。

二是紧缩句的归属研究，相关的代表性观点有以下几种。

复句说、特殊复句说，即认为紧缩句属于复句，是复句的一种特殊形式，如胡裕树（1995：372），邢福义、汪国胜（2003：375），向若（1956/1984：6），黄伯荣、廖序东（1997：166），邢福义（2001：18），等等。

单句说，即认为紧缩句应当划入单句类，紧缩句是复句紧缩成的单句，如张志公（1997：390）、丁勉哉（1957）、葛清林（1995）、张桂英（2005）、于默（1996）等。

两分说，即根据紧缩词组的情况进行区分，若紧缩词组作谓语则该紧缩句属于单句，而把紧缩复句看作复句的一个特殊小类，如陈书仪（1985）、李成泉（2008）等。

中间类型说，即认为紧缩句是一种介于单句、复句之间的特殊结构形式，与单句、复句构成一个连续统，如邢向东（1988）、王红明（2007：32）、张斌（2002：503～504）、齐沪扬（2007：451～452）、杨少多（2014：22）等。

三足鼎立说，即认为紧缩句是与单句、复句并列的特殊句子，它不能简单归属于单句或复句，如刘天堂（2002）、梁蕴华（2002）、陈兆福（2002）等。

上述关于紧缩句归属的看法都是基于对紧缩句来源及其特点做出的判断，其缺憾是对紧缩句在句型句式系统中的独特地位不够重视，也没有对紧缩句的句型句式地位做出论证，包括与相关句型句式尤其是与复句及相关特殊单句的联系与区别的研究都还停留在初步描写阶段。

4. 对紧缩句分类的研究

一是从形式的角度分类，包括：根据有无关联标记及关联标记的数量分类，如于默（1996），黄伯荣、廖序东（1997：166～167），邢福义（2001：18～19），张斌（2002：504），等等；根据主语的隐现情况和异同分类，如陈书仪（1985）、邢向东（1988）、张桂英（2005）、毛润民（2007）等；把上述两个形式方面的分类角度结合起来进行分类，如向若（1956/1984：7～31）、胡裕树（1995：371）等。

二是从紧缩句表达的逻辑语义关系角度分类，例如，于默（1996）依据两个或几个动词短语间的意义关系得到条件、假设、转折、因果等；梁蕴华（2002）将紧缩结构的逻辑关系分为九类；毛润民（2007）将紧缩句的逻辑关系分为因果、并列、转折三类。

还有一些其他分类角度，例如，根据层次情况，于默（1996）认为紧缩句可以分为单重紧缩句和多重紧缩句；王红明（2007：11～21）认为紧缩句可以分为主语控制型、宾语控制型、主宾控制型、动词控制型四种。

以上对紧缩句分类的尝试主要是从传统研究视角出发，基于紧缩句直观的形式与语义特点而进行的。

5. 紧缩构式与紧缩句具体个案的研究

皇甫素飞（2015）提出了紧缩构式的概念，划定了紧缩构式的范畴，并在构式语法的框架下，综合运用概念整合、语法化等多种理论方法，系统研究现代汉语紧缩构式的特点、生成机制，并对其构式化、语法化的过程从认知角度进行论证和解释。陈奕汀（2014）借助逻辑知识对紧缩句的归属问题、连续统及一些固定格式的紧缩句进行研究。朱红（2019）针对假设关系紧缩句的类型、紧缩动因和机制进行了考察。

对紧缩句具体个案的关注主要集中在"一……就……"［如施关淦（1985）、吴春仙（1999）、王弘宇（2001）等］、"爱……不……"［如许维翰（1982）、俞敦雨（1982）、刘承峰（2004）、郭圣林（2009）、皇甫素飞（2015）等］、"越……越……"［如丁勉哉（1957），林书武（1983），陈群（1999），邢福义、汪国胜（2003：378～395）等］、"非……不……"［如徐复岭（1981），洪波、董正存（2004），许维翰（1981）等］等紧缩构式。此外，也有一些学者关注诸如"要多a有多a"（王春东，1992）、"爱咋咋地"（吴长安，2007）、"说·什么"（谢晓明、肖任飞，2008）、"V也VP"（王霞，2009）、"谁A谁B"（史晓懿，2013）、"不……不……"（柳茜、李泉，2018）等紧缩构式的用法和特点。

总的来说，目前紧缩句构式性质的研究成果相对比较丰富，具体个案的研究较为深入。

（二）古代汉语紧缩句研究

王志瑛（1988）研究了屈赋中的紧缩复句；刘子敏（1990）谈论了近体诗中紧缩句的类型与表现；陈榴（1993）以先秦汉语材料为依托，讨论了古代汉语紧缩复句的基本格式及其特点；张敏民（1994）比较了古今紧缩句的不同特点，归纳了古代汉语紧缩判断句的表示方式，并对古代汉语紧缩复句的语义类型分类进行了说明；郝照修、郝红敏（1999）论证了文言紧缩句的辨识三法；张春泉（2001、2002）考察了《孟子》紧缩结构的句法功能及其与言语风格的关系；黎氏秋姮（2002）的硕士学位论文中涉及了《孟子》里的因果类紧缩句，并指出了紧缩句包括因果类、推断类、假设类和条件类，列举了各类的形式标志和结构类型；甘裴哲、彭再新（2006）以《庄子》中170个形容词紧缩句为考察对象，分析其结构特点和语义类别。

（三）非汉语紧缩句及跨语言紧缩句对比研究

目前，我们还可以看到蒲泉（1994）分析了维吾尔语紧缩句的主要特征；张崇实（1986）对现代俄语紧缩结构的语法性质、语法特征、使用特点及类型在一定程度上进行了描写，并在此基础上归纳出制约主副句紧缩的四个条件。

原苏荣、陆建非（2016）及原苏荣（2019）基于构式语法理论，采用意义一致的跨语言识别，对比分析了汉英紧缩句成对的副词性关联词语在意义关系、构式关系及所连接紧缩句的关系上的一致性。

（四）汉语二语者紧缩句的习得与教学研究

董雅静（2015）考察了韩国中高级汉语学习者几个紧缩复句项目的习得情况，分析其偏误，并提出相关教学建议；李贺（2016）在梳理紧缩句本体研究的基础上，调查了留学生汉语紧缩句的偏误情况，并在教材编排、教学方法方面提出教学对策。此外，还有王红明（2007）、李英俊（2006）、刘娟（2013）、汪欣欣（2014）、陈蕴秋（2015）等的硕士学位论文中对留学生汉语紧缩句的习得与教学进行了研究。

二　紧缩句研究存在的主要问题

尽管对现代汉语紧缩句的研究已有百年的历史，但总体而言，目前对紧缩句的认识和研究还存在以下缺憾。

（一）没有对汉语紧缩句研究给予应有的重视

紧缩句是现代汉语句型句式系统中的重要环节和特色环节，尽管早在20世纪20年代，就有学者论及紧缩句的结构特点、地位等问题，但大多数论著是将紧缩句作为相关句型句式的附属品看待，始终不够重视紧缩句的研究。

一方面，对紧缩句的研究基本停留在对基本问题的简略讨论。目前，相比复句、单句以及连动、兼语等句型句式研究的广度和深度，紧缩句方面的研究则较为零散、薄弱。即使是紧缩句的定义、基本特点、性质、分类等基本问题，也还没有被充分认识，例如哪些形式可以划入紧缩句范畴？最为典型的紧缩句是哪一类？对像"我说做就做"这种主语只出现在句首，后项不复现主语，而"说做就做"又是紧缩结构的句子，就存在不同的看法：有的学者将其看作紧缩结构充当谓语的单句，有的学者认为属于紧缩句范畴。由此可以看出，学者对这类句子的性质与归属，以及与紧缩句范畴相关的句型句式的性质与归属，都还没有进行较为成熟的观察和思考。

另一方面，紧缩句的研究还主要处于描写阶段。受传统语法的影响，学者对紧缩句的研究长期停留在对定义、基本特点、性质、分类等基本问题的表层描写而缺乏深入解释。紧缩句的特点为什么是这样的？紧缩句究竟是怎么构造而成的？为什么汉语存在紧缩句？紧缩句在汉语中的地位、作用和价值如何？学者对紧缩句的形成、构造的模式和动因等深层次的问题仅是稍有涉猎或者附带提及，在教学上也是沿用传统的说法，百年来的研究并没有太大的创新和突破。

（二）局限于从传统语法研究的视角和思路看待紧缩句

传统语法研究的框架显然限制了紧缩句研究的深度和广度。从传统语法研究的视角看待紧缩句，就会造成对紧缩句的研究大多是从整体视角探讨紧缩句的基本问题，缺乏从内部视角对紧缩句的构成、构件、构造方式、构造动因等进行深入、细致的挖掘，缺少整体视野和部分解构、历时和共时、外部和内部等相结合的研究维度。

在研究紧缩句性质、特点等基本问题的基础上，一个非常重要的问题是描写和解释紧缩句的形成，因为紧缩句的形成机制及相关动因可以说决定了紧缩句的特点和面貌。由于缺乏比较成熟的理论框架来看待紧缩句，紧缩句的形成与发展过程、紧缩句的形成机制及相关动因等深层次的问题很难被谈及，这也是百年来紧缩句研究没有太大的创新和突破的重要原因。

现代汉语紧缩句的研究需要适时、适当地引入一些比较成熟的理论，或者是建构新的理论重新看待紧缩句，解释紧缩句的特点、使用和发展

规律。

（三）对紧缩句的研究缺乏多视角多维度的探索

目前，紧缩句研究视角比较单一，主要体现在以下几个方面。

以共时视角的研究为主，缺乏历时视角的探索。除了个别个案研究中涉及历时视角，目前对紧缩句的研究主要集中在共时视角。紧缩句在形式、语义、语用上的具体特征，以及紧缩句区别于其他句型句式的特点，都可以从历时视角通过对紧缩句的形成过程、机制和动因等方面的研究来论证。

以静态研究为主，缺乏动态研究。既缺乏上述历时视角的动态研究，也缺乏从语用、语篇等视角，对言语活动中的紧缩句的动态研究。

以紧缩句的独立研究为主，缺乏对其在汉语系统中的价值与地位的考虑。紧缩句是否是汉语句型句式系统中的一个环节？紧缩句与复句、单句的关系到底如何？紧缩句在句型句式系统中的地位和价值问题没有引起关注和思考。

以汉语紧缩句的个性研究为主，缺乏跨语言的共性比较研究。紧缩句语义表达手段缺乏在世界语言中的共性与个性的对比研究，以及对相关深层次的问题作出论证。

以紧缩句的理论研究为主，缺乏应用性的研究。紧缩句是国际中文教育教材中的重要项目，尽管目前有一些硕士学位论文论及，但在国际中文教育领域的应用研究还尚存很多空间。此外，紧缩句研究尚未涉及计算机语言、汉外语言翻译等应用性领域。

三 紧缩句研究展望：引入适当理论展开多视角多维度研究

（一）引入一些成熟的理论，科学地考察紧缩句

例如，高增霞（2006：136）从语法化的视角分析现代汉语连动式时，从小句整合的视角整理汉语句子体系，分析连动式在句法体系中的位置，而紧缩复句也是其中的一个环节。这一研究启发我们从小句整合视角对汉语句型句式进行系统梳理，以重新定位和定性紧缩句。

近两年，紧缩句的研究也逐渐引入了新的理论视角，例如，赵方铭、张绍杰（2020）从句法—语用互动视角探析话语交际中紧缩句语用失误问

题。赵方铭（2021）从默认语义学视角分析紧缩句识解过程中体现的句法、语义、语用多层面的互动关系。这些新视角和新思路下的研究无疑是对紧缩句研究的有益尝试，有助于更为全面地挖掘紧缩句的特点。

（二）展开对紧缩句多视角多维度的系统研究

一是外部视角与内部视角相结合。当前，紧缩句研究具有局限性的一个重要原因在于没有将紧缩句放入汉语句型句式系统中进行定位。从外部研究紧缩句，就是指从汉语整个句型句式系统看紧缩句在其中的地位，从两个小句整合成一个句子的连续性与区别性看紧缩句与相关句型句式的联系和区别，进而描写并论证紧缩句的地位和归属问题。从外部看，可以与紧缩句关系最为密切的复句在形成阶段、机制和动因的区别方面，尤其是二者在语义特点和语义层面的整合机制这两方面进行对比。从内部看，主要是考察紧缩句的内部组构情况，描写并论证紧缩句的构造特征和构造原理等问题。二者相结合，内部与外部相互验证。

二是共时研究与历时研究相结合。针对目前紧缩句围绕共时视角展开的研究，我们强调要从历时视角挖掘紧缩句产生、发展的过程及其规律。历时视角将给紧缩句的研究带来丰富的内容和线索，紧缩句共时视角的特征可以从历时视角找到一些解释。紧缩句在共时视角与历时视角的相互验证，可以更为科学地描写、解释紧缩句研究的相关问题。

三是个案研究与总貌研究相结合。紧缩句研究有必要进一步做到系统全面的考察与丰富的个案分析相结合，紧缩句的整体性研究成果既可以指导个案研究，也可以从个案研究中获得验证和修正，而紧缩句的个案研究又可以为紧缩句系统研究提供生动的证据和进一步的启发。因此，紧缩句的研究要结合"面"的研究和"点"的研究，这样才能更为深入地挖掘紧缩句的丰富特征和使用规律。

四是共性与个性相结合。紧缩句不为汉语普通话所独有，紧缩句在汉语方言中的表现如何、作用机制和动因如何？各种语言中是否存在"紧缩句"这一小句整合体，具体表现如何？汉语紧缩句跟世界其他语言中与之对应的小句整合体之间的共性与个性关系如何？紧缩句跨方言跨语言的对比也是可以致力于研究的内容。学者可以尝试运用类型学的方法和理论探讨汉语紧缩句在世界语言中的共性与个性，对世界语言中"两个小句整合

成一个句子"的整合过程和结果形成更为系统的把握。

五是理论研究与应用研究相结合。紧缩句理论性、系统性的研究，为紧缩句项目的应用性研究提供参考。例如可以为国际中文教育中紧缩句项目的教学提供更有针对性的理论参考；通过跨语言的类型学研究，认识汉语紧缩句语义在不同语言中的表达手段，为国际中文教育中紧缩句项目的教学提供指导和帮助；可以为紧缩句项目的汉外语言对比和翻译工作提供一些借鉴。

第三节　本书的研究意义和研究思路

一　研究意义

在理论价值方面，一是对汉语紧缩句进行系统、深入的研究，使汉语句型句式研究得到细化和深化。本书致力于从多维视角开展对紧缩句的研究，通过共时与历时、动态与静态、整体与部分、外部与内部、个案与总貌等互动性研究，对紧缩句的两个大类——有标紧缩句和意合紧缩句进行研究，切实将紧缩句的性质地位、演变面貌、构造特征、形成机制、构造动因等理论研究和基于大规模真实语料的实际考察结合起来，拓宽研究视野，强调并论证紧缩句在汉语句型句式系统中的地位和价值，充实该层面的研究内容。二是本书的研究能丰富并发展小句整合理论，具有语言理论上的重要意义。从小句整合视角重新定位紧缩句，对汉语句型句式重新进行系统梳理，充实小句整合理论的内容。

在应用价值方面，一是可以为汉语紧缩句项目的教学和习得提供参考实据。探讨具有构式属性的紧缩句的表达特色、生成机制和使用规律，可以为汉语二语教学提供参考实据。二是为语言翻译提供参考，汉语紧缩句的研究可以提供紧缩句范畴的汉语表达，从而为汉外语言之间的对比与翻译提供参考。

（一）以小句整合视角定位紧缩句，在理论上和实践上都是有效的尝试

引入小句整合原理来研究紧缩句，一则可以避免陷入从前研究紧缩句

中单复句划界问题，从一个更合理的视角看待二者的关系，重新理解单复句的"边界纠纷"（邢福义，1986：278）。二则可以更好地认识紧缩句的性质（来源、归属）问题。大部分学者认为紧缩句由复句紧缩而来，但是为什么有的复句不能紧缩，有的紧缩句也不能还原成复句。从小句整合的视角来看待紧缩句的性质，可以更为合理地解释紧缩句的来源与归属问题。三则可以给连动式、兼语式等汉语特殊句式找到一个新的定位，它们同紧缩句、复句一样，都是由两个小句整合而成的产物，对它们目前归属的怀疑与讨论，可以给予新的更为合理的解释。同时，对汉语中两个小句整合为一个句子的类型的归纳与总结，可以促使我们从一个新的视角对汉语句型句式进行一次系统梳理。

必须明确的是，对紧缩句性质的认识和定义，不应该附着在其他语法单位上，紧缩句有自己显著的形式和语义特点，紧缩句应有自己独立的定义。小句整合原理为这个问题的解决提供了新的更为合理、有效的视角和方法。

（二）共时视角和历时视角的系统性研究有助于深化对紧缩句的认识

一方面，从历时视角观察紧缩句的产生、发展过程和规律，可以更为科学、有力地解释其共时视角的面貌特点；共时视角紧缩句紧缩特征的描写和归纳与历时视角紧缩句演变面貌的考察、紧缩机制的探索相互印证，可以填补从前紧缩句研究的不足，拓宽研究视野。

另一方面，我们的研究基于大规模真实语料的考察，对紧缩句有更为真实、客观的了解，在这个基础上形成的对紧缩句全面系统的研究可以为今后对紧缩句的进一步研究提供一份值得参考的文献。

（三）对紧缩机制和动因的探寻回答了紧缩句如何形成和发展的问题

从历时视角研究某一语言现象，需要我们在描写的基础上进行解释。"解释"包括以下几个方面（石毓智、李讷，2001：1，蒋绍愚序）：寻找各种语言现象产生和发展的原因，揭示语言发展的机制，探求语言发展的规律。概括地说，就是"动因[①]、机制、规律"三个关键词。

---

① 乐耀（2001）论及，所谓一个语言结构的演变动因，是指推动一个语言单位发生演变的原因、引起变化的因素，它决定了一个语言单位为什么要发生变化，动因一般来自语言系统之外。

而我们对紧缩句的紧缩机制和动因的探讨正是基于对描写和解释的关系的认识。描写是解释的基础，解释是描写的归宿，描写和解释是相辅相成的关系（温锁林，2001：269）。对紧缩句的历时演变面貌、共时基本特征的描写与对紧缩句生成演变机制的解释，是研究紧缩句紧密联系的两个方面。我们的研究，既清楚地描写了紧缩句在历时发展过程中与共时视角的语义、形式、语用特点，也尝试对这些特点背后的动因、机制、规律进行了解释。

可以说，对紧缩句紧缩机制的探寻，既有理论上的创新意义，也有实践上的创新价值，最重要的是，回答了一个研究紧缩句最应该回答的问题。

（四）个案研究进一步丰富和论证了紧缩句的研究结果

对紧缩句的研究还将进一步做到全面考察与个案分析相结合，即既从理论上探讨紧缩句的内涵、外延、判定、特征、分类、价值、形成过程等总体问题，也从实际的个案研究中更为深入地挖掘紧缩句的具体特征和演变规律。

紧缩句的个案研究可以更为直观地展示紧缩句的使用特点和发展规律，验证和充实紧缩句的紧缩机制，丰富紧缩句的研究内容。

（五）与紧缩句有关的词汇化现象考察有助于认识紧缩句的存在价值

通过对紧缩句环境中的词汇化现象的考察，一方面可以丰富词汇化发生的句法环境——紧缩句特征的研究，另一方面可以更进一步认识紧缩句在汉语语法系统中产生的影响，包括造就新词的能力、促进汉语小句整合走向深化的能力等。

二　研究思路

本书的研究工作将围绕紧缩句展开，我们将从小句整合的视角重新认识和研究紧缩句。在此基础上，本书对现代汉语中将两个小句整合成一个句子的类型进行归纳，确认紧缩句在句型系统中的地位及价值，并整理紧缩句内部的整合序列；从历时视角梳理紧缩句在各时期的使用面貌、特征和发展规律；从共时视角观察现代汉语紧缩句在句法、语义、语用方面的特征，进而探讨紧缩句的形成机制和动因，以解释紧缩句的形成、发展过程和使用规律，并通过一个典型的个案研究来验证我们总结的紧缩过程、机制和动因。最后，对与紧缩句有关的词汇化现象进行简单的梳理与考察。

（一）从小句整合的视角认定紧缩句的地位

在讲到汉语的紧缩式时，王力（1984：141）的观点如下。

　　专就简单的连系而论，中西语法是大致相似的；如果把相关的两件事情并成一句，中西语法就大不相同了。西洋语的结构好像连环，虽则环与环都联络起来，毕竟有联络的痕迹；中国语的结构好像无缝天衣，只是一块一块地硬凑，凑起来还不让它有痕迹。西洋语法是硬的，没有弹性；中国语法是软的，富于弹性的。惟其是硬的，所以西洋语法有许多呆板的要求，如每一个 clause 里必须有一个主语；惟其是软的，所以中国语法只以达意为主，如初系的目的位可兼次系的主语，又如相关的两件事可以硬凑在一起，不用任何的 connective word。

　　本节所述的紧缩式（contracted form），就是复合句的紧缩（contraction of composite sentence），也就是把相关的两件事硬凑在一起，不一定用 connective word。紧缩式还有一个特征，就是复合句的两个构成部分之间没有语音的停顿。这因为语句既短，就不必有语音的停顿了。

王力先生的论述给了我们很多启发，他说的"紧缩式"与我们要研究的"紧缩句"不是完全等同的内容，但王力先生指出的"紧缩式"的形成动因——"把相关的两件事硬凑在一起"与小句整合原理却是相通的。在汉语里，无论是复句还是紧缩句，我们都可以看作由两个小句整合而成的句子。从共时视角来看，它们都是两个小句基于不同的整合动因、整合方式而产生的具有不同整合特点的结果；从历时视角来看，它们是处于不同整合阶段的小句整合体。

（二）厘清紧缩句历时使用与演变的基本情况

方光焘先生自20世纪30年代就开始提倡建立一种在共时和历时的区别和联系基础上的静态描写和动态研究相结合的方法和方法论原则，他的论述（方光焘，1986：215）如下。

　　语言体系是从历史中成长起来的，是在历史过程中积累起来的。语言的现状是不断的历史演进的结果。语法学家对语言现状进行静态描述的时候，也应该注意历时的发展；倘若我们只顾语言现状的描述和分类而忽视历史的说明，许多现象就得不到正确的解释。

　　紧缩句的研究应当重视历时视角的描写和分类，以论证共时视角紧缩句的特点和生成、发展规律。

　　对汉语紧缩句及其相关问题进行了界定和分析之后，从历时视角来看，每个时期紧缩句是怎样随着汉语的演变而演变的，紧缩句在关联标记的选择和使用上有什么特点，有哪些常见的关联整合形式，关联标记模式的面貌如何，古代汉语紧缩句关联标记以及标记模式有多少一直沿用至现代汉语当中，又有哪些已经退出历史舞台、衰落消亡，众多的紧缩标在关联和标记紧缩句方面有哪些相同和不同的地方，等等，这些都是我们需要进一步描写、探讨和厘清的问题。

　　（三）共时视角下，从语义、形式、语用三个层面探究紧缩句的形式构造和特征

　　从紧缩句句长、紧缩项主语的省略情况、紧缩标的词性、紧缩项的句法构造以及紧缩句的语气等视角展开对紧缩句形式构造和特征的具体分析。考察紧缩句内部语义关系的视角有很多，本书将重点观察跨项句法成分之间的语义关系，综合参照传统的复句逻辑语义分类以及语义轻重、语义依赖关系的"并列—主次—主从"三分法，根据紧缩项之间的语义关系为紧缩句做出系统的语义分类，并围绕紧缩句的语体分布、篇章特征与语用特征展开紧缩句语用层面的考察。

　　（四）历时视角下，从语义、形式、语用三个层面探索紧缩句的紧缩机制

　　机制指的是一种现象的结构和构造原理。语言结构变化的机制，是指一个语言单位发生演变的方式和语言环境条件，它决定了一个语言单位遵循什么样的规律进行变化，机制一般来自语言系统之内（乐耀，2011）。研究紧缩句一个最重要的问题，就是要弄清楚紧缩句从古至今是如何在语言使用和演变的过程中出现和形成的。我们把由两个小句整合成一个紧缩

句的运作机制称为"紧缩机制"。紧缩句共时的特点可以从历时的演变中探寻动因和规律，这无疑大大拓展了紧缩句研究的广度和深度。

"任何语法事实都存在语表形式、语里意义和语用价值三个角度，研究中这三个角度往往都需要进行考察"（邢福义，1996：439）。同样，我们可以从语义、形式和语用三个运作层面具体解析紧缩句的紧缩机制。

1. 从概念整合原理入手，探寻紧缩句语义层面的整合机制

从语义内容层面讨论紧缩机制，要在弄清楚紧缩项与紧缩项之间的语义关系在历时过程中的变化情况、紧缩项构成部分之间的语义关系在历时过程中的变化情况的基础上，探索语义机制在紧缩句的紧缩项之间、紧缩项内部成分之间、紧缩前项与紧缩后项成分之间的影响规律和运作情况。

传统的整合理论将符号串的意义看作各个符号的意义之和，即建立在一种简单相加的运算规则上。认知科学在批判的基础上提出，语句的意义应当是大于部分与部分之和，并且在符号串的整合过程中会产生"新创结构"（emergent structure）。在语言运用中，我们可以用一个句子同时把认知的两个或多个事件整合在一个线性的语符序列中，产生一种意想不到的表达效果。"合二为一是人的心智概念整合的基本思维方式、基本认知形式，形式和意义的整合、意义和意义的整合、形式和形式的整合都是在人的心智空间进行的。"（石慧敏，2011：21）

概念整合在自然语言的意义建构过程中具有十分重要的作用，概念整合也是一个十分普遍的认知过程。从概念整合的角度探讨紧缩句生成和发展的语义机制，可以为紧缩句提供语义层面的理论解释，并进而推动对紧缩句形式机制的探寻。

2. 从形式层面，概括并总结紧缩句的紧接机制

从语表形式层面讨论紧缩机制，要弄清楚紧缩句在紧缩项、紧缩标形式上的特点是由何种机制造成的，这种机制的运作规律是怎样的，紧缩句的紧缩前项与紧缩后项以及紧缩标是如何无停顿接续在一起的，在历时过程中紧缩句的形式组配是如何变化和运作的，并进而从历时视角总结紧缩句发展演变的句法条件和规律。

3. 在具体的语境中，探讨并归纳紧缩句的语用缩选机制

从语用层面讨论紧缩机制，要弄清楚紧缩句的实际使用环境，归纳紧缩句的语用价值，以及探索交际目的、交际策略、信息处理机制等语用因

素对紧缩句形成和选用方面的触发与作用机制。

（五）从认知视角解释紧缩句形成机制的依据

认知语言学认为，语言结构直接映照人的概念结构。紧缩句这一结构形式的构造同样与人们认识多个事件时的处理方式和认知心理存在对应性。概念整合原理、"象似性原则"（Iconicity）等认知视角和认知依据，可以促使我们尝试通过说明形式机制与语义机制之间对应性的运作关系，更为合理地解释紧缩句形成机制的运作动因。

（六）以典型的紧缩句"爱 X 就/不 Y"看紧缩句的形成阶段、机制和动因

选择以"爱 X 就 Y"紧缩句作为个案分析紧缩句的形成过程，是基于其形成过程的完整性、典型性，以及形式与语义对应表现的直观性。因此，我们根据"爱 X 就 Y"紧缩句的形成过程来总结和归纳紧缩句形成的五个典型阶段，并概括出对应的阶段性特征。而这一个案的研究，也为我们总结和验证紧缩句的紧缩机制和动因提供了样本。对相关形式"爱 X 不 Y"的分析同样是出于对紧缩句形成阶段、机制和动因的进一步验证。

（七）考察与紧缩句有关的词汇化现象

紧缩句环境下的词汇化现象较为丰富且存在规律性，同时，与紧缩句有关的词汇化现象必然会影响汉语中其他的要素，引起韵律、语义、句法、语用等层面的变化。因此，本书将梳理与紧缩句有关的词汇化现象的具体类型和典型案例，并结合词汇化的条件和规律以及紧缩句的自身特征，考察这一环境下的词汇化现象发生的原因与特点，进而分析紧缩句环境下的词汇化现象造成的一些语法后果。

第四节　语料说明

一　语料来源说明

（一）历代汉语语料

本部分语料主要用于第三章、第五章。历代汉语语料既有来自北京大

学中国语言学研究中心（CCL）古代汉语、现代汉语语料库的网上检索，也有来自纸质文本的筛选，每一个例句均注明出处，共计两个部分四个阶段八个时期820余万字。为了寻找到可靠的语料，我们选择的都是各时期具有一定代表性的著作，按照时间顺序排列如表1-1所示。

表1-1　820余万字的历代汉语语料

阶段	时期	篇目	字数
上古	先秦	《左传》《国语》《论语》《庄子》《孟子》《诗经》《礼记》《荀子》《晏子春秋》《穀梁传》《公羊传》《逸周书》	约101万字
	秦汉	《列女传》《盐铁论》《战国策》《史记》《白虎通义》《韩诗外传》	约103万字
中古	魏晋南北朝	《世说新语》、《颜氏家训》、《搜神记》、《洛阳伽蓝记》、《裴注三国志》、《齐民要术》、《古小说钩沉》（上）	约101万字
	隋唐五代	《祖堂集》《大唐西域记》《朝野金载》《大唐新语》《敦煌变文》《宣室志》《河东记》《独异记》《玄怪录》	约100万字
	宋	《河南程氏遗书》、《梦溪笔谈》、《三朝北盟会编》、《大唐三藏取经诗话》、《朱子语类》（1~20卷）、《张协状元》、《五灯会元》（1~8卷）、《陆象山文选》	约100万字
近代	元明	《朴通事》、《老乞大》、《西厢记》、《窦娥冤》、《牡丹亭》、《倩女离魂》、《金瓶梅》（第1~25回）、《水浒传》（第1~32回）、《初刻拍案惊奇》	约101万字
	清	《红楼梦》（第1~80回）、《儿女英雄传》	约114万字
	现代	口语语体：梁左等《我爱我家》（第1~400页） 文艺语体：王朔《顽主》《一点正经没有》《你不是一个俗人》《痴人》《千万别把我当人》 科技语体：《儿童的心理世界——论儿童的心理发展与教育》（截取前20万字，电子版）（文中简称《心理》） 政论语体：《人民日报》（1995年1月16~18日，截取20万字）（文中简称《人民日报》） 事务语体：《中华人民共和国宪法》《中华人民共和国海商法》《中华人民共和国刑法》《中华人民共和国民法通则》《中华人民共和国担保法》《中华人民共和国著作权法》《最高人民法院关于深入贯彻执行〈中华人民共和国著作权法几个问题的通知〉》《中华人民共和国商标法》《中华人民共和国商标法实施细则》《中华人民共和国专利法》《中华人民共和国专利法实施细则》《中华人民共和国婚姻法》《中华人民共和国继承法》《中华人民共和国全民所有制工业企业法》《中华人民共和国公司法》（文中简称《法律》）	约100万字（五种语体各约20万字）

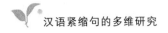

（二）现代汉语语料

现代汉语语料包括：

历代汉语语料中的约 100 万字现代汉语语料（电子版）（见表 1 - 1 中的"现代"部分）；

《小说月报》2016 年 1～12 月共 12 期（纸质版）；

王朔的《致女儿书》《看上去很美》《我是你爸爸》《过把瘾就死》《永失我爱》《无人喝彩》《和我们的女儿谈话》《玩的就是心跳》《动物凶猛》《千万别把我当人》《给我顶住》《你不是一个俗人》《许爷》（纸质版）。

（三）其他

当我们需要更为丰富的用例来充分地论证说明时，也会从以下四方面获取更多的语料：

北京大学中国语言学研究中心语料库；

个别语料来自纸质版书籍；

个别语料援引他人用例；

个别语料为个人内省、百度等网站的搜索及现实生活中的使用实例。

二　语料使用说明

在本书第三章，我们从先秦、秦汉、魏晋南北朝、隋唐五代、宋、元明、清、现代这八个时期 160 万字的语料（每个时期选择 20 万字语料）中以手工方式查找历代汉语中的有标紧缩句，归纳历代紧缩句的具体标记、标记类型和构造模式。接着，在上述 820 余万字的历代汉语语料库中利用电脑做封闭式筛选，系统收集历时有标紧缩句，并运用定量、定性分析法具体考察历代汉语紧缩句的演变情况。其他章节根据研究需要，从三部分语料中提取使用。

文中用例出处一般以"（作者《篇目》）""（《篇目》）""（时代《篇目》）""（出处说明）"等格式注明，转引的用例直接以出处注明，不注明出处的用例为内省或网站的搜索及现实生活中的使用实例。

第二章　小句整合视角下的汉语紧缩句

　　现代汉语拥有较为丰富的句型句式。从句型角度看，汉语句子一般首先可以划分出单句和复句，接着，单句根据局部构造特点可以划分为主谓谓语句、"把"字句、"被"字句、连动句、兼语句、双宾句、存现句等特殊句式。其中，诸如"不想去就别去""你不去我去"这种句内无形式上的语音停顿、形似单句而表达义似复句逻辑语义关系的紧缩句，与复句以及非单一谓核的复杂单句均存在纠葛。

　　紧缩句在汉语句型句式中的处境和地位是语法学界存在争议的问题。金兆梓（1922）在《国文法之研究》中明确提出"复句有可以凝缩之法"以来，学界对紧缩句的地位和归属的看法主要有复句（特殊复句）说、单句说、两分说、中间类型说、三足鼎立说等，大部分学者都是从传统汉语语法研究的视角出发，将紧缩句归为复句，认为紧缩句是由"复句凝缩"而来的，因此紧缩句也常常有"紧缩复句"的叫法。

　　紧缩句的性质问题是展开紧缩句研究的基础。就目前的研究动态来看，对紧缩句地位、处境或是归属问题的认识和研究还存在明显的缺憾：一是对紧缩句地位的研究没有给予应有的重视，目前的研究或是将其作为复句的附属简略论及［如朱德熙（1984：47），黄伯荣、廖序东（1997：166），邢福义（2001：18），张斌（2002：503），齐沪扬（2007：451），等］，或是单独讨论紧缩句中的显性成员紧缩构式的构式义和构造原理（皇甫素飞，2015）；二是局限于传统语法研究的视角和思路，缺乏用比较成熟的理论框架来看待汉语紧缩句的地位问题，百年来的研究没有太大的创新和突破。针对以上现状，我们需要适当运用一些成熟的理论，对汉语句型句式系统中的特殊成员——紧缩句的地位问题进行系统考察和论证。

小句整合理论适宜于重新定位紧缩句在汉语句型句式系统中的处境。在结合小句整合原理进行分析时，首先需要运用小句整合原理重新梳理汉语小句整合序列（cline of clause integration），然后定位紧缩句在该整合序列中的位置，这是看紧缩句整体的、外部的处境。同时，紧缩句内部有更为细致的整合程度（以下简称"整合度"）差异，可以运用小句整合原理来整理紧缩句的内部整合序列，这是看紧缩句的内部不同整合度小类的处境。如此，我们便能更为清晰地整理出不同整合度的紧缩句在整个汉语句型句式系统中所处的环节。

第一节　小句与小句整合原理

一　小句整合中的小句观

对于小句的认识，国内学者一般是从动态角度界定的，认为小句应当具备语用层面的语气、语调因素，即具有表述性或者句属性［如吕叔湘（1979：23~26）、邢福义（1995：420）等］。

而英语语法研究中的小句（clause）则更倾向于从静态角度界定［如Lehman（1988：182）、Hopper & Traugott（2005：175）、Trask（2007：24）等］，认为典型的小句是"由一个动词以及以名词、代词、代词性词缀等形式出现的论元组成"（Hopper & Traugott，2005：175）的，这一角度主要是从小句的构成要素出发，即认为小句是由动词及其论元所构成的句法结构体。国内学者也有按照这一角度来分析汉语小句的，如高增霞（2006：104）认为"一个小句就是含有一个谓词的结构"，这种观点可以称为"小句动词决定论"（郭杰，2013）。再如陈振宇（2016：1~2）认为"小句"是语法体系中的一个层级、一个基本单位，指出小句不但与"短语/词组"不同，而且与"句子"不同，语法的五级单位如图2-1所示。

陈振宇（2016：2~4）指出"小句"是在逻辑上具有"真值"（truth value）的语言单位，即它所表示的事件、事件论元的指称、事件的时间、肯定或否定、程度或可能性等性质要么已经在小句中用相关符号表示出来，要么可以通过说话的语境、上下文及一些语法、语义、语用规则推导出来……小句仍然只是意义的单位，而不是言语活动的单位，句子或称话

句子（sentence）　　　具有真值并具有言语活动的地位（论元结构完整）
小句（clause）　　　　具有真值（论元结构完整）
短语（phrase）/词组（group）　论元结构完整或不完整
词（word）
语素（morpheme）

图 2-1　语法的五级单位

语才是言语活动的单位，它是由在小句的基础上加上语调或语气、主题结构以及与言语行为有关的其他一些功能（疑问、祈使、以言行事等）构成的。

　　在讨论汉语小句整合时，我们认为从静态角度界定小句观更为合适。汉语的句子常常是流水句、非完整句，此外还有如连动句、兼语句、包孕句这样的复杂单句、复合句，如果运用静态的小句观，就无须将这类句子看作特殊句子，而是将其看作小句整合过程中发生的句子完整与非完整、原型与变异、非句化等情况。从这一角度界定的小句只是句法层面的结构单位，其功能既可以是增强语用层面的表述性成为一个句子，也可以是进一步组成各种类型的小句整合体，即用小句整合理论来重新考察汉语中连动句、兼语句、紧缩句、复句、包孕句等复杂句型句式。这个角度可以对这一系列由至少两个小句整合而成的复杂句型句式有一个连续、系统的分析，对汉语的复杂句型句式有一个不同角度的认识和梳理。

　　例如：

　　（1）你要真想喝酒，那就喝吧。

　　（2）喝也得喝个明白。

　　（3）他去兄弟家喝酒。

　　（4）他喝酒喝坏了身体。

　　（5）喝酒对身体不好。

　　（6）他喝醉了。

　　例（1）可以看作由"你真想喝酒""那喝（酒）吧"两个小句整合而成的复句；例（2）可以看作由"（某人）喝（酒）""（某人）得喝个明白"两个小句整合而成的紧缩句；例（3）可以看作由"他去兄弟家""（他）喝酒"两个小句整合而成的连动句；例（4）可以看作由"他喝酒""（他）喝坏了身体"两个小句整合而成的单句（动词拷贝句）；例

（5）可以看作由"喝酒""对身体不好"两个小句整合而成的单句；例
（6）可以看作由"他喝（酒）""（他）醉了"两个小句整合而成的单句
（动补式）。诸如上述这样的复杂句都可以看作由两个小句整合而成的整合
度不同的小句整合体。

二　小句整合原理

世界范围内的语言都拥有将相互关联的小句整合成复合句的手段
（Hopper & Traugott，2005：175），常见的手段有将相互关联的小句整合成
主句与从句。在不同的语言中，由小句整合而成的复合句在形式上会呈现
一些差异，例如：

（7）He will get the letter tomorrow **if** you send it off now.

（8）**如果**你现在把信发出，他明天**就**会收到。

例（7）和例（8）分别是英语和汉语中由两个小句整合而成的复合
句。尽管表达近似的语义，但是从形式层面来看，二者整合的方式和结果
有差别：例（7）这个英语复合句通过使用关系词 if 把两个小句整合成一
个长复句，小句之间结合紧密；例（8）这个汉语复合句虽然使用了关联
词"如果……就"把两个小句整合成一个复句，但是前后两个小句之间还
是保持了一定的独立性，书面上使用逗号表示明显的复句内分句之间的语
音停顿。

尽管不同语言里表达近似语义内容的小句整合形式存在差异，但这并
不妨碍我们从形式和语义两个层面对小句整合的共性进行考察。

小句整合属于一个语法化的概念（Haboud，1997：213；高增霞，2006：
106）。从形式层面来看，小句整合的过程是一个从章法组织到句法组织的
缩合过程，Hopper & Traugott（2005：175）认为，通过句法演变，最初分
离的从句（小句）会交织在一起，以至于它们在表层结构上的界限变得模
糊起来，或者一个从句（小句）至少成为一个母句的组成部分①；从语义
层面来看，小句整合反映了这样一个意念过程——原来是两个或多个分离
的事件，现在被作为一个整合起来的单一事件处理（Haboud，1997：213）。

---

① 〔美〕鲍尔·J. 霍伯尔、伊丽莎白·克劳丝·特拉格特：《语法化学说》，梁银峰译，复
旦大学出版社，2008，第 220~221 页。

在小句整合过程中，从形式和语义等层面对小句发挥作用并使之整合为复合句或简单句的规律可以称为整合机制，小句整合的过程和结果可以概括为两个小句在整合机制的作用下整合成一系列结合紧密程度不一的小句整合体。在语言事实中，发生在两个小句之间的整合过程和整合结果是小句整合最为典型的情况，因此接下来我们以双小句的整合为考察对象。

根据某一语言中小句的整合度（即上述结合紧密程度）高低，可以得出对应的小句整合序列。小句的整合度主要是从语义与形式两个层面进行比较的。Hopper & Traugott（2005：178）根据小句间语义［±依存］（dependent）和结构［±内嵌］（embedded）两个参项（parameters）区分出并列（parataxis）、主从（hypotaxis）和从属（subordination）三个不同整合度的小句整合体，三者在这两个参项上的具体表现为：

并列	主从	从属
－依存	＋依存	＋依存
－内嵌	－内嵌	＋内嵌

Hopper & Traugott（2005：177 – 178）在 Matthiesen & Thompson（1988）、Lehmann（1988、1989）和 Langacker（1991）的基础上，把复合句语法化的过程概括为如下一个整合度由低到高的小句整合序列：

并列结构、主从结构、从属结构

在小句整合过程中，尤其是从属关系中，经常伴随句子等级的降格和非句化（Lehmann，1988），因而复合结构的某一成员经过非范畴化走向边缘化（Hopper & Traugott，2005：178）。针对不同的小句整合过程和结果，Givón（1990：826）提出了一个认知上的"形式—功能"平行关系：两个事件/状态在语义上或在语用上结合得越紧密，对它们进行编码的小句在语法上也就结合得越紧密。这也意味着，如果从句的连接手段较为明显、独立，那么它在语义—语用上的整体化程度是最低的；如果连接手段是最不明显的，那么其在语义—语用上的整体化程度就最高。在小句整合的过程中，这些特性都是彼此联系的，Hopper & Traugott（2005：179）用一个很直观的图来表示这些特性之间的联系（见图 2 – 2）。

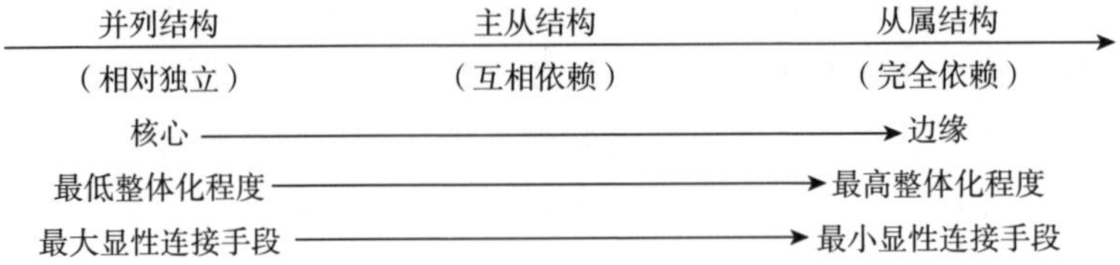

图 2 - 2　从句组合斜坡的相关属性①

因此，"并列结构、主从结构、从属结构"这组概念可以用于描述小句整合序列（高增霞，2006：104）。在该序列中，从左到右小句之间的依存关系逐渐加强，整体化程度逐渐提高，某一小句从核心地位走向边缘，在语法形式上两个小句的联系也越来越紧密，显性连接手段趋向最小。

三　对汉语小句整合与紧缩句研究的启发

以［依存］［内嵌］两个参项进行区分得到"并列结构、主从结构、从属结构"的小句整合序列，推动我们思考现代汉语小句整合的过程与结果，并从这一视角重新看待紧缩句在汉语句型句式中的处境和地位，分析紧缩句与复句、连动句等相关句型句式的联系，进而研究紧缩句内部更细致的整合序列。

一方面，汉语在小句整合方面既有上述共性表现。例如，在复句范围内，汉语传统语法学根据两个分句之间的逻辑语义关系，把复句分为联合复句和偏正复句两大类。刘丹青（2012）提出"主次关系"（cosubordination）这一术语，并认为，部分汉语文献中的联合复句和偏正复句，对应国际文献中的并列句和主从句，而有些复句则应该归入主次关系，他认为汉语复句领域应当是主次、并列（联合）、主从（从属）的格局。

另一方面，汉语的双谓核结构不止存在于复句中，汉语的小句整合体至少涉及句群、复句、紧缩句、连动句、兼语句、包孕句、重动句、动结式等复杂句形式。汉语的小句整合具有个性化的形式语义表现，因此，以

---

① 〔美〕鲍尔·J. 霍伯尔、伊丽莎白·克劳丝·特拉格特：《语法化学说》，梁银峰译，复旦大学出版社，2008，第 225 页。

［依存］［内嵌］两个参项进行区分得到的"并列结构、主从结构、从属结构"这一小句整合序列，如果用于描述汉语小句整合序列，则无法精细对应汉语小句整合体。例如，陈振宇（2016：159～209）认为汉语多小句的表达有"并列、主次、主从、合并"四种策略，多个简单句分别通过"并列操作""主次操作""主从操作"语法化为"并列句"、"主次句"和"主从句"，而这三类复杂句又都有可能通过"合并操作"语法化为"复杂单句"，包括主次连谓结构中的介词化、主从结构中的副词化、并列连谓或主次连谓结构中的谓词合并等现象。

可见，汉语小句整合体情况复杂。本章尝试对比句群、复句、紧缩句、连动句、兼语句①这一系列汉语小句整合体的整合度。解决这个问题的关键在于寻找更多的参项，据此总结汉语小句整合体在这些参项上的共性与差异，比较各汉语小句整合体的整合度，进而列出汉语小句整合序列，以更为细致而客观地展现汉语小句整合体的面貌。

关于汉语小句整合参项与整合序列的研究，是从小句整合的视角重新看待汉语句型句式系统，这些句型句式成为汉语小句整合序列中的环节，有利于从一个新的视角去定位紧缩句，并对紧缩句的内部整合类型进行分析，以促进对紧缩句更深层次的构造特点和使用规律的探究。

第二节　汉语小句整合参项与整合序列

一　汉语小句整合参项

（一）句间停顿

汉语中，小句整合体内部存在句间语音停顿，是小句整合度的一个评估标准。当小句与小句发生整合时，如果整合后的两个谓核结构中间存在句间语音停顿，那么它们之间保持着多多少少的离析状态，具有程度不等

---

①　汉语小句整合体类型丰富，除了这些外，还有包孕句、重动句、性质说明句等复杂单句，以及介词句、副词句、谓词合并句等形式，本章主要关注紧缩句在汉语小句整合序列中的处境，因此仅比较与紧缩句在形式与语义上有纠葛，并在整合度上能体现对比差异的这几个小句整合体。

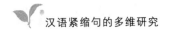

的独立性，如：

（9）这个孩子很快就死掉了。接下来的几个孩子也死了。（莫言《红树林》）

（10）门童脸上保持着微笑，但并不回答大虎的问话。（莫言《红树林》）

从语表形式上看，当类似例（9）、例（10）这样的小句整合体内拥有句间语音停顿时，停顿前后的两个构件都具有独立的语气语调。汉语句间语音停顿（包括单句间语音停顿和分句间语音停顿）存在于这两种小句整合体：有例（9）这样用句号等句末标点隔开两个小句，提示小句间存在单句间语音停顿的句群，也有例（10）这样用逗号等句内标点隔开两个小句，提示小句间存在分句间语音停顿的复句。用句末标点隔开的小句间的距离要大于用句内标点隔开的小句，内部用句末标点的小句整合体的整合度低于用句内标点的小句整合体。

小句与小句整合时，也可以出现二者之间没有句间语音停顿的情况，这样就整合成了一个程度较高的整体，相当于取消了一个显性的句间分隔标记，小句间的距离进一步缩小了。例如：

（11）你不过是大哥身边的一条狗，<u>听话就多养你几天</u>，<u>不听话就送到狗肉铺里去</u>！（莫言《红树林》）

（12）<u>她们发动全体小朋友里里外外找</u>，最后在紧靠墙角的小床底下找到我。（王朔《看上去很美》）

例（11）的"听话就多养你几天""不听话就送到狗肉铺里去"以及例（12）的"她们发动全体小朋友里里外外找"都是由两个小句整合而成的句子，但这类书面上不用小句间标点的句子整体性较强，构成整句的两个谓核结构之间没有语音停顿，小句整合度比前面两种要高。

小句间是否具有句间语音停顿其实就是前小句后是否有句调、前小句成句的标志：若前小句后是句间停顿，则该小句成分句；若前小句后是句末停顿，则该小句成单句。

整合后的谓核结构之间有无句间语音停顿是观察汉语小句与小句整合度高低的重要标准。当没有句间语音停顿时，两个小句共享一个韵律轮廓，是一个韵律体，整合度高一些；当有句间语音停顿时，每个小句有自己相对独立的韵律轮廓，两个小句的整合度就低一些。因此，就小句整合度来说，谓核结构之间有句间语音停顿的小句整合体的整合度低于谓核结构之间无句间语音停顿的小句整合体。

（二）语义依存

Hopper & Traugott（2005：178）提出的"依存性"是小句整合度考察的重要参项。依存是就语义关系而言的。根据距离象似原理，两个小句距离越近，就越倾向于作为一个整体来理解，此时两个小句的语义关系也越紧密，二者的语义依存性当然也就更强。

具体来说，当两个小句的语义产生关联时，有的是语义并重，无语义地位高低主次之分，二者保持平行；随着二者语义联系的密切和在语义表达上的此消彼长，此时二者的依存关系就出现一者为主一者为次的局面，依存关系具体表现为次要对主要的依附关系，再进一步的话，二者在语义上出现一者包含另一者的依存关系。例如：

（13）就为这个呀？那你何必找我？（王朔《过把瘾就死》）

（14）他说："如果你不是个女的，我就一拳把你打倒在地！"（莫言《红树林》）

（15）大哥，你千万别想不开，你死了我们怎么办？（莫言《红树林》）

（16）你少啰嗦，别惹得我炒了你的鱿鱼！（莫言《红树林》）

例（13）的两个小句独立性强，两个小句围绕同一个主题展开，小句间没有语义依存关系，二者语义并重。相较而言，构成例（14）、例（15）画线部分小句整合体的两个小句语义依存关系就较为紧密了，后小句比前小句的语义要重要些，前者依附于后者。如例（14）的"如果你不是个女的""我就一拳把你打倒在地"之间存在假设关系，前小句依附于后小句；例（15）的"你死了"和"我们怎么办"存在紧密的假设关系，前小句依附于后小句。而例（16）的"别惹（我）""我炒了你的鱿鱼"之间是紧密的补充说明关系，语义上后小句已经完全依附于前小句。

显然，就小句整合度来说，小句间存在语义依存关系的，小句整合度高；小句间语义是平行关系的，小句整合度低。从平行到主次再到主从，小句整合度越来越高。

（三）结构内嵌

在小句与小句的整合过程中，小句句法地位会有所变化：从两者相互独立到两者相对独立，再到两者并列关联，再到一者为主一者为次，以至发生结构内嵌，即在形式上或者一个小句担任另一个小句的成分，或者两个小句的谓词整合在一起担任句子的谓语。例如，前贤往往将处于支配控制地位的小句称为"主句"，将处于被支配控制地位的小句命名为"从句"，此时就意味着从句在句法上因受到主句的支配和控制而失去了独立的地位，发生了结构内嵌。从句对主句在结构上的内嵌表现同样有程度差异，这个程度表现被称为"级"，高增霞（2006：136）根据对从句"级"的分析，概括出从句的级降情况（见图2－3）。

平行 ←						→ 内嵌
自由小句	附加小句	倚变小句	中介小句			受控结构
平行复句	主从复句	紧缩句	连动式	重动句	次话题结构	名物化结构

图2－3　从句的级降

以下例句可以体现汉语中两个小句之间的结构关系从平行到内嵌的变化。

（17）你觉得小韩那人怎么样？在男人眼里算可爱吗？（王朔《无人喝彩》）

（18）你要是觉得后悔，现在改正还来得及。（王朔《过把瘾就死》）

（19）对什么都有兴趣，不管社会上刮什么风我都跟着凑热闹。（王朔《无人喝彩》）

（20）我没理他，坐到一边看晚报。（王朔《过把瘾就死》）

（21）吕建国说：我那天喝酒喝多了，就随口乱答应了。（《作家文摘》1996）

（22）有你那么哄的吗？说出话来跟刀子似的。（王朔《过把瘾就死》）

（23）同时也应看到，文学艺术类图书的出版也存在着某些不良倾向。（《人民日报》1996）

从自由小句到受控结构，小句的地位从平行走向内嵌。例（17）至例（23）体现的是小句从句间关系到句内关系的转变。结构内嵌有程度差异，例如陈振宇（2016：192）总结的"嵌入深度"序列就反映了世界语言中从句嵌入主句的深度变化情况。结构内嵌与内嵌程度是反映小句与小句之间整合度的重要标准，因此我们把它列为考评汉语小句整合度的一个重要参项。内嵌的操作，经常伴随其他小句整合特征的发生。比如句法上的内嵌同时会体现在语义上的依附，也倾向于导致小句间语音停顿的消失。

（四）论元共享

论元共享、共享数量等情况是衡量小句整合度的一个参项。在小句与小句发生整合时，论元共享现象是小句整合体整合度提高的表现，例如主语论元共享的小句整合体的整合度比主语论元不共享的要高。

（24）如果你不反对，明天我们就结婚。（李国文《月食》）

（25）她要是有地方躲，也不会跑到我们这男兵窝里来了。（石言《秋雪湖之恋》）

（26）你这么个小孩子，哭了谁能哄好你？（莫言《红树林》）

（27）我用劲也没刹住车。（葛水平《小包袱》）

尽管复句、紧缩句不强制要求论元共享，但论元共享的复合句会比论元不共享的复合句整合度高。例（24）复句的两个谓核结构的主语论元不同，分别是"你""我们"，例（25）复句的两个小句共享主语论元"她"，后者的小句整合度更高；例（26）画线的紧缩句两个谓核结构的主语论元不同，分别是"你"和"谁"，例（27）则共享一个主语论元"我"，后者的小句整合度更高。

而连动句至少会发生主语论元共享，如例（28）画线的连动句中，两个小句共享"老冯"这个主语论元。

（28）老冯端杯子进了会议室，见人已齐整，便笑眯眯落座道，小竺，人都齐了吧？（南飞雁《天蝎》）

共享论元在两个小句中间会使整合关系更紧密，如例（29）画线的兼语句中，共享的论元"我"位于两个小句中间，前小句的宾语论元和后小句的主语论元共享，关系更复杂些，整合度更高。

（29）马伯伯，我是林万森的女儿，我爸爸让我来看看您。（莫言《红树林》）

而动结式则可能会共享更多的论元，如：

（30）好，这个任务交给我吧。（石言《秋雪湖之恋》）

例（30）的两个小句既共享主语论元"这个任务"，又共享宾语论元

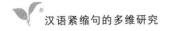

"我"，整合度比较高。

（五）小句非句化

汉语小句在整合过程中，有的小句逐渐成为独立的句子形式，有的则逐渐失去作为独立句的一些性质，提升非句化的程度，最后甚至从句谓词虚化成了主句的一个功能成分。在汉语中，小句非句化的具体操作至少包括光杆化（具体特征表现为没有独立的语调语气重音、论元残缺或不完整、一般没有时间情态成分、出现的论元默认是类指的等）、名词化、与主语谓词合并等（陈振宇，2016：182～187）。下面我们结合本书关注的小句整合体举例分析。

（31）我去超市。他买苹果。

（32）只要去超市，他就买苹果。

（33）他一去超市就买苹果。

（34）他去超市买苹果。

（35）我叫他买苹果。

（36）他买来了苹果。

例（31）的句群、例（32）的复句各小句都是独立成句的小句；例（33）的紧缩句中，小句"去超市""买苹果"没有独立的语调语气重音，已经是非句化的小句了；例（34）的连动句中，小句"去超市""买苹果"没有独立的语调语气重音，后小句也不能出现形式上的主语论元，且二者时间情态成分受限；例（35）的兼语句除了小句"我叫他""他买苹果"没有独立的语调语气重音外，后小句的主语论元与前小句的宾语论元合并，形式上不能重复出现，且后小句也不能出现时间情态成分；例（36）是由两个小句整合成的单句，两个谓词已经合并了，除了没有独立的语调语气重音、论元残缺、时间情态成分受限外，后小句的谓词"来"还发生了虚化。对比例（32）至例（36），小句整合度随着小句非句化的发生、小句非句化程度的提升而提升。

小句整合过程中的非句化是一个程度不断变化的过程，一些小句从完整的句子慢慢变成"残句"，即已经不能称为一个句子，而只是遗留下小句的痕迹，如动词变为介词、谓词变为副词，再如虚化的"来""去"等。总体来看，小句不断深入整合的过程伴随"小句非句化"以及谓词虚化的过程和结果。因此，小句非句化以及非句化的程度，是小句整合度的一个重要参项。

二 汉语小句整合序列

小句与小句只要是以线性序列出现在语流中，就会产生整合的过程与结果，只是整合的结果存在程度差异。我们可以将整合度低的小句整合体与整合度高的小句整合体在整合参项上的表现归类聚集，如图 2－4 所示。

整合度低 整合度高 →

＋句间停顿 －句间停顿
－语义依存 ＋语义依存
－结构内嵌 ＋结构内嵌
－论元共享 ＋论元共享
－小句非句化 ＋小句非句化

图 2－4 不同整合度的小句整合体的整合参项表现

整合度低的小句整合体在整合参项上的表现为［＋句间停顿］［－语义依存］［－结构内嵌］［－论元共享］［－小句非句化］。整合度低的小句整合体，小句与小句之间保持一定的距离，二者具有绝对或相对的独立性，前小句后存在句间语音停顿，两个小句都具有句属性，语义上互不依存，结构上互不内嵌，主语等论元可以是不相同的。

整合度高的小句整合体在整合参项上的表现为［－句间停顿］［＋语义依存］［＋结构内嵌］［＋论元共享］［＋小句非句化］。整合度高的小句整合体，小句和小句之间没有距离，前小句后没有句间语音停顿，两个小句整合成了仅具有一个句末语气的句子，二者语义依存，一个小句内嵌于另一个小句，小句之间的关系已经整合成表达句内成分之间的单句性语义关系，且主语单一，发生论元共享。

汉语主要的双谓核句型句式在［句间停顿］［语义依存］［结构内嵌］［论元共享］［小句非句化］五个整合参项上的表现情况如表 2－1 所示。

表 2 - 1　典型汉语小句整合体在整合参项上的表现①

整合参项	句群	复句	紧缩句	连动句	兼语句
句间停顿	+	+	－	－	－
语义依存	±	+	+	+	+
结构内嵌	－	－	－	－	+
论元共享	－	±	±	+	+
小句非句化	－	－	+	+	+

目前，汉语句型句式系统中的典型小句整合体在各整合参项上有以下具体表现：

第一，具备［＋句间停顿］［±语义依存］［－结构内嵌］［－论元共享］［－小句非句化］整合参项表现的是汉语中的句群这一小句整合体；

第二，具备［＋句间停顿］［＋语义依存］［－结构内嵌］［±论元共享］［－小句非句化］整合参项表现的是汉语中的复句这一小句整合体，在整合度上，因为小句间具备语义依存关系，小句整合体表达分句间逻辑语义关系，论元也可能发生共享，复句比句群的整合度要高一些；

第三，具备［－句间停顿］［＋语义依存］［－结构内嵌］［±论元共享］［＋小句非句化］整合参项表现的是汉语中的紧缩句这一小句整合体，在整合度上，因为紧缩句不再具备句间语音停顿，比复句的整合度要高一些；

第四，具备［－句间停顿］［＋语义依存］［－结构内嵌］［＋论元共享］［＋小句非句化］整合参项表现的是汉语中的连动句这一小句整合体，在整合度上，因为不再表达句间逻辑关系，转而表达句内成分关系，且小句整合体共享一个主语，连动句比紧缩句的整合度要高一些；

第五，具备［－句间停顿］［＋语义依存］［＋结构内嵌］［＋论元共享］［＋小句非句化］整合参项表现的是汉语中的兼语句等复杂单句形式的小句整合体，在整合度上，因为一个小句在结构上内嵌于另一个，兼语

---

① 表中"＋"表示该整合体中的典型成员一般来说具备该参项表现，"－"表示该整合体中的典型成员一般来说不具备该参项表现，"±"表示该整合体中的典型成员可以具备也可以不具备该参项表现。当然，"＋"也会有程度差异，例如同样是［＋小句非句化］，但从左到右小句非句化程度是逐渐提高的。

句比连动句的整合度要高一些。

据此，我们得到汉语小句整合体整合度从低到高的整合序列：

句群、复句、紧缩句、连动句、兼语句（等复杂单句）

除了序列中每个整合环节的整合度特征外，汉语小句整合序列的总体特征还包括以下几点。

第一，小句整合序列既是整合度的排列，又是小句整合深化的序列。

第二，尽管从历时视角看，不是每一组小句的整合都完全具备上述五个整合参项，但我们可以从共时视角找到这一整合序列的证据。

第三，不是每一组小句的整合都势必以单句为目的；从共时视角看，有些小句的整合目前尚处于序列中靠前的某个阶段，并且继续深化取决于今后的发展。

第四，有时候，后一种整合度并非直接接续前一种整合度，一组小句的整合度可以越级发展。

第五，正因为小句整合的单向性走向，有时候无法将已存在的小句整合体还原为整合度更低的小句整合体。比如，紧缩句不一定能还原成复句。

第六，小句整合序列同样是一个连续统，程度具有连绵性，没有决然的断点和终点，并且每种程度在总的整合度序列中也无所谓均质排列。

第七，随着研究的深入，汉语小句整合参项以及汉语小句整合序列应当有继续细化和丰富的可能。

第三节 紧缩句内部整合程度的参项及整合序列

小句与小句以线性序列出现在语流中时，一定会产生整合的过程与结果，区别在于整合的结果存在整合度的差异。根据前文总结的不同小句整合体在整合参项上的具体表现，可以得到与紧缩句相关的汉语小句整合体的整合序列为（整合度从低到高）：句群、复句、紧缩句、连动句、兼语句（等复杂单句）。其中，紧缩句因具备［－句间停顿］［＋语义依存］［－结构内嵌］［±论元共享］［＋小句非句化］五个整合参项特征，与其前后的小句整合体之间既具有区别性，又存在连续性，是汉语小句整体序列中的一个环节。

在同一类型的小句整合体内部，也有整合度的差异，紧缩句作为汉语小句整合序列中的一个环节，区分其内部有整合度差异的整合参项，一是看"缩"的手段，二是看除了"缩"以外，还有哪些手段也能对其整合度有影响。在"缩"的手段上，最主要也最直观的是主语省略，其他手段还有关联标记的使用情况、紧缩句的构式化等级等。

一 整合程度的参项［主语隐现］及整合序列

吕叔湘（1979：68）指出词语省略的两个条件：一是"如果一句话离开上下文或者说话的环境意思就不清楚，必须添补一定的词语意思才清楚"；二是"经过添补的话是实际上可以有的，并且添补的词语只有一种可能"。也就是说，省略是一些句子成分在语义上可以做唯一填补而在形式上不出现的现象。

当小句和小句进行整合时，受小句整合体总体长度和体量的限制，以及小句间信息的重叠，往往还要求并且允许小句整合体出现成分省略的现象，小句间存在语义依存关系既是小句整合体成分省略的原因，也是小句整合体成分省略的结果。

基于句长对复合句、复杂句等句型句式的要求和限制，句法成分的省略成为小句整合活跃的参项之一。从语用角度看，易于省略的成分一般是语境中的已知信息（旧信息）或次要信息；从句法角度看，汉语句子的各个成分都是可以作为省略的对象。其中，省略出现频次较高的为主语。"由于主语省略比较自由，特别是承上文主语或是蒙下文主语而省更是容易，因此，在实际语篇中，主语省略最多"（黄南松，1996）。在汉语小句主、谓、宾三大核心成分中，主语是小句与小句整合过程中，更容易观察到，也更容易省略的成分。因此，我们在考察具体紧缩句内部整合度时，主要关注的是小句主语的省略情况①。

紧缩句虽名为"紧缩"，但两个小句"紧"（小句间没有语音停顿）是紧缩句成立的必要条件，而"缩"（成分省略）却不是。但显然，相对于小句完整程度高的紧缩句来说，发生小句成分省略的紧缩句的整合度是

---

① 当然，除了主语以外，小句整合过程中也会发生其他诸如宾语、修饰限定性的定状补语以及其他附加性成分的省略。但就整合参项来看，主语省略是最易观察、最能体现整合度的省略指标。

更高的。

两个小句在整合成紧缩句时，存在前后小句主语论元共享、省略其中之一或者都省略的情况（见表2－2）。

表2－2　紧缩句前后主语隐现情况

前后主语隐现情况	举例（主语论元共享）	举例（主语论元不共享）
Ⅰ　［＋前主语＋后主语］	你不想去你就不去。	你不想去我就不去。
Ⅱ　［－前主语＋后主语］	不想去你就不去。	不想去我就不去。
Ⅲ　［＋前主语－后主语］	你不想去就不去。	你不想去就不去。
Ⅳ　［－前主语－后主语］	不想去就不去。	不想去就不去。

无论前后小句主语论元是否共享，从主语省略情况可以判断紧缩项结合的紧密程度，Ⅳ式［－前主语－后主语］的整合度相对最高，Ⅰ式［＋前主语＋后主语］的整合度相对最低。相较于Ⅱ式［－前主语＋后主语］，Ⅲ式［＋前主语－后主语］的整合度更高些：一是因为后项主语的存在可以十分直观地将紧缩句划分出紧缩前项和紧缩后项（不想去｜我就不去），而仅省略了后项主语的紧缩句的紧缩项间的界限相对没那么显著[①]；二是当前项主语出现、后项主语省略时，整个紧缩句的整体性更强，话题更具连贯性。

因此，［主语隐现］是紧缩句内部整合度的参项之一，紧缩句因在这一参项上的表现不同而得到了不同的整合类型。在此参项方面，紧缩句小句整合度从低到高的整合序列为：

［＋前主语＋后主语］、［－前主语＋后主语］、［＋前主语－后主语］、［－前主语－后主语］

二　整合程度的参项［关联标记隐现］及整合序列

关联标记是汉语复合句在形式上的突出特点之一，是将联结小句、形成复合句、标明小句间逻辑语义关系等特点聚合在一起的词语。当然，关

[①]　当前后主语相同时，有的论著［如朱德熙（1984：48）、于默（1996）等］中会把后项主语省略的紧缩句看作紧缩结构做谓语，即"我｜不想去就不去"，尽管我们不做这样的处理，但这也在一定程度上说明了后项主语省略的紧缩句在整合度上是相对比较高的。

联标记不是复合句的必备构件，但小句间能够使用关联标记的复合句，表达的是各分句之间存在的因果、条件、转折、假设等逻辑语义关系，而整合为简单句的小句整合体，其小句或小句语法化后的"残句"间不能出现标示逻辑语义关系的关联标记，因为简单句表达的是单句各成分之间陈述与被陈述、修饰限制与被修饰限制、补充说明与被补充说明等的关系（邢福义、汪国胜，2003：348）。对于紧缩句这一介于复合句与简单句之间的小句整合体来说，使用关联标记是紧缩句的重要形式特征，关联标记的使用、出现情况对紧缩句的整合度是有影响的（见表 2 – 3）。

表 2 – 3　紧缩句前后紧缩标隐现情况①

前后紧缩标隐现情况	举例
Ⅰ〔 + 紧缩前标 + 紧缩后标〕	如果不想去就不去。
Ⅱ〔 – 紧缩前标 + 紧缩后标〕	不想去就不去。
Ⅲ〔 + 紧缩前标 – 紧缩后标〕	如果不想去不去。
Ⅳ〔 – 紧缩前标 – 紧缩后标〕	不想去不去。

"如果从句的连接手段较为明显、独立，其在语义—语用上的整体化程度是最小的，如果连接手段是最不明显的，其在语义—语用上的整体化程度就最大。"② 根据这一结论，Ⅳ式〔 – 紧缩前标 – 紧缩后标〕的整合度相对最高，Ⅰ式〔 + 紧缩前标 + 紧缩后标〕的整合度相对最低。相较于Ⅱ式〔 – 紧缩前标 + 紧缩后标〕，Ⅲ式〔 + 紧缩前标 – 紧缩后标〕的整合度更高些：因为紧缩后标的存在可以十分直观地将紧缩句划分出紧缩前项和紧缩后项（不想去｜就不去），而仅使用紧缩前标的紧缩句，紧缩项间的界限相对没那么显著；紧缩前项因为带有紧缩前标而独立性减弱，对紧缩后项有了更强的依附性。

因此，[关联标记隐现] 是紧缩句因内部整合度的参项之一，紧缩句因在这一参项上的表现不同而得到了不同的整合类型。在此参项方面，紧缩句整合度从低到高的整合序列为：

---

① 出现在紧缩前项的紧缩标称为紧缩前标，出现在紧缩后项的紧缩标称为紧缩后标。
② 〔美〕鲍尔·J. 霍伯尔、伊丽莎白·克劳丝·特拉格特：《语法化学说》，梁银峰译，复旦大学出版社，2008，第 225 页。

[＋紧缩前标＋紧缩后标]、[－紧缩前标＋紧缩后标]、[＋紧缩前标－紧缩后标]、[－紧缩前标－紧缩后标]

三　整合程度的参项[构式化等级]及整合序列

紧缩句中有一批使用固定关联格式的成员，常见的如"不……不……、爱……不……、非……不……、一……就……、爱/想/说……就……、什么……什么……、没……没……、越……越……、……就……、谁……谁……"（皇甫素飞，2015：37）等，这种框式结构往往具有整体性的形式表义价值（皇甫素飞，2014），对填充进去的小句也就有了更多的要求，整体上的整合度要比非框式结构型紧缩句的整合度高，是一种构式型的紧缩句。我们可以举例对比一下：

（37）你说说你给我一句实话，我究竟有什么毛病？你没毛病我有毛病。（王朔《玩的就是心跳》）

（38）她越说越觉得自己委屈，替自个可怜，泪也越发止不住了，低下头让泪从鼻尖滴到地上。（王朔《过把瘾就死》）

（39）爱打不打，不吃也可以。（王朔《过把瘾就死》）

紧缩句既包括例（37）画线的非构式形式，也包括类似例（38）、例（39）画线的构式形式，非构式型的紧缩句在整合度上显然是不及构式型的，所以我们要比较的是构式型紧缩句的整合等级。对构式型的紧缩句来说，其整合度或者说紧密程度，与构式义的不可预测程度（张宏国，2020）或者说形义关系的透明度（施春宏，2013；王晓辉，2018）、构式义的主观性程度（魏红、马秋燕，2014）等因素有关。

我们基本同意皇甫素飞（2015：233～235）对紧缩构式的构式化水平的讨论，紧缩构式是从自由到凝固、从繁到简的典型性连续统。显然，构式型紧缩句比非构式型紧缩句的整合度要高，而构式型紧缩句内部，也至少可以分为三个不同的整合层级，试比较四个紧缩句的情况（见表2－4）。

表2－4　紧缩句构式化等级表现

构式化等级表现	举例
Ⅰ［＋非构式］	如果不想去就不去。
Ⅱ［＋准构式］	谁想去谁去。

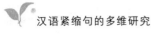

续表

构式化等级表现	举例
Ⅲ［＋固定式构式］	爱去不去。
Ⅳ［＋习语式］	爱谁谁。

上述四个紧缩句是不同构式化等级的典型类型，在语义透明度上的排序显然是Ⅳ、Ⅲ、Ⅱ、Ⅰ（越靠后，语义透明度越高），在主观性程度上的排序也是Ⅳ、Ⅲ、Ⅱ、Ⅰ（越靠后，主观性程度越高）。

因此，［构式化等级］是紧缩句内部整合度的参项之一，紧缩句因在这一参项上的表现不同而得到了不同的整合类型。在此参项方面，紧缩句整合度从低到高的整合序列为：

［＋非构式］、［＋准构式］、［＋固定式构式］、［＋习语式］

至此，我们可以总结出紧缩句在小句整合过程中的不同整合度表现，在每个具体的整合参项上大致存在四种不同的整合度类型，从低到高可以划分为低整合度、较低整合度、较高整合度、高整合度，四个不同层级在整合参项上的表现如表2－5所示。

表2－5 不同整合度的紧缩句在整合参项上的表现

整合度类型	主语隐现	关联标记隐现	构式化等级
低整合度	［＋前主语＋后主语］	［＋紧缩前标＋紧缩后标］	［＋非构式］
较低整合度	［－前主语＋后主语］	［－紧缩前标＋紧缩后标］	［＋准构式］
较高整合度	［＋前主语－后主语］	［＋紧缩前标－紧缩后标］	［＋固定式构式］
高整合度	［－前主语－后主语］	［－紧缩前标－紧缩后标］	［＋习语式］

当然，每一个整合序列中的整合层级之间，不是截然切分的，我们对每个整合层级的判定是以典型特征为依据的相对划分，并不是绝对划分。

紧缩句的内部小句整合序列，至少有如下表现和规律。

第一，从单个整合度的参项来看，可以得到紧缩句整合度从低到高的整合序列共三个：

［＋前主语＋后主语］、［－前主语＋后主语］、［＋前主语－后主语］、［－前主语－后主语］

［＋紧缩前标＋紧缩后标］、［－紧缩前标＋紧缩后标］、［＋紧缩前标

－紧缩后标］、［－紧缩前标－紧缩后标］

［＋非构式］、［＋准构式］、［＋固定式构式］、［＋习语式］

第二，若合并考虑三个整合度的参项，则符合［＋前主语＋后主语］［＋紧缩前标＋紧缩后标］［＋非构式］的是整合度最低的紧缩句（如"如果我想去你就陪我去。"）。而符合［－前主语－后主语］［－紧缩前标－紧缩后标］［＋习语式］的，理论上肯定是整合度最高的紧缩句，但这样的紧缩句事实上是不存在的，因为符合［＋习语式］的往往是使用紧缩标的紧缩句，这就不能满足［－紧缩前标－紧缩后标］。

第三，一般来说，具备越多较高整合度特征的紧缩句，其整合度也相对越高；反之，则整合度越低。比如具备［－前主语－后主语］［＋紧缩前标＋紧缩后标］［＋固定式构式］的紧缩句（如"一出门就后悔。"）的整合度要高于具备［＋前主语＋后主语］［＋紧缩前标＋紧缩后标］［＋准构式］的紧缩句（如"他想吃什么你就买什么。"）。

第四，［构式化等级］这一参项在紧缩句的整合度上具有决定性的作用，比如具备［＋前主语＋后主语］［＋紧缩前标＋紧缩后标］［＋习语式］的紧缩句（如"没大没小。"）的整合度就要比具备［－前主语－后主语］［－紧缩前标－紧缩后标］［＋非构式］的紧缩句（如"喜欢吃买点儿。"）要高，尽管前者仅具备一个高整合度特征（［＋习语式］），而后者具备两个高整合度特征（［－前主语－后主语］［－紧缩前标－紧缩后标］）。

第五，整合度越低的紧缩句，越接近复句；整合度越高的紧缩句，越接近单句。

第四节 从小句整合视角总结紧缩句的地位与类型

Hopper & Traugott（2005）将"并列、主次、主从"用于表示小句整合序列，这是从历时发展或者说语法化的角度来看的，而刘丹青（2012）对复句的"主次、并列（联合）、主从（从属）"格局的建构，则是一种基于共时的分类。这两种认识并不是交叉或矛盾的，因为共时的状态正是历时发展的体现和结果。以上两种认识，为我们分析现代汉语紧缩句带来启发。根据更为细化的汉语小句整合参项，我们得到汉语小句整合序列，

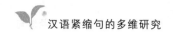
紧缩句则处于小句整合序列深化的中间状态。

从外看，紧缩句是汉语小句整合过程中的一个序列，这是我们给紧缩句的定位，也是更为合理地看待紧缩句归属问题的理论视角。至此，通过从小句整合视角的观察，我们可以就紧缩句的地位和归属问题做出如下回答：

> 紧缩句是小句与小句在整合过程中，以整合机制为作用规则而得到的小句整合体，这一小句整合体因具备 ［－句间停顿］［＋语义依存］［－结构内嵌］［±论元共享］［＋小句非句化］这五个整合参项特征而区别于汉语小句整合序列中的其他环节。紧缩句与复句、兼语句、连动句、动补形式等单位一样，是小句整合序列中的一个环节，并且这个环节与其前后的小句整合体之间既具有区别性，又存在连续统的意义。

从内看，［主语隐现］［关联标记隐现］［构式化等级］三个参项在不同的紧缩句中有不同的表现，它们成为观察紧缩句内部整合度的参项。这也是从小句整合视角观察紧缩句，得到紧缩句内部的不同整合度类型。

紧缩句所处的整合环节既是紧缩句在句型句式中的地位表现，也是其内部句法语义关系的连续类别表现。从分析小句整合序列以及紧缩句在小句整合序列中的处境、紧缩句整合度的参项表现出发，认识紧缩句的整合地位，既是我们分析紧缩句的前提条件，也可以帮助我们更好地认识其与句群、复句、连动句等复杂句的联系与区别。

第三章　汉语有标紧缩句的历时使用面貌与特征

在描写和展示紧缩句具体的历时使用面貌时，我们以有标紧缩句为考察对象。有标紧缩句是汉语紧缩句的典型成员，对其历时发展过程的描写，可以基本展现紧缩句的发展面貌。本章我们参照复句的情况，围绕紧缩句也能表达的逻辑语义关系类别展开，即以条件类、假设类、因果类、目的类、并列类、连贯类、递进类、选择类、转折类、让步类这一基本语义分类和顺序分别呈现紧缩句的历时使用面貌与发展进程。

关于汉语历史发展分期，目前学者们有多种分类标准和具体分法，如"远古、上古、中古、近古、现代"五分观（荆贵生，1997）；"上古、中古、近代、现代"四分观（王力，1958；向熹，1993；Sun，1996；石毓智、李讷，2001）；"古代、近代、现代"三分观（蒋绍愚，1994）；"古代、近代"两分观［如吕叔湘（1985）以晚唐五代为分界线两分，现代汉语则划入近代汉语之中］；等等。

本书在参照上述各家分期的基础上，按照四个时间段八个时期对各时期有标紧缩句进行收集和描写：

第一，上古汉语阶段，这一阶段主要是对先秦时期、秦汉时期文献中的紧缩句进行分析，通过第一阶段有标紧缩句的收集和描写可以了解紧缩句早期的使用情况；

第二，中古汉语阶段，这一时期主要考察魏晋南北朝时期、隋唐五代时期和宋时期的紧缩句，这一阶段可以展现中古时期佛经中的紧缩句和其他文献中的紧缩句的使用情况；

第三，近代汉语阶段，包括元明时期和清时期，自元之后，话本以及

章回体小说逐渐增多，通过考察该阶段作品中紧缩句的使用情况，还可以分析并总结紧缩标的选择和标记搭配模式的情况；

第四，现代汉语阶段，该阶段以现代汉语各语体均衡语料库为对象描写并分析紧缩句的使用面貌。

在考察中，我们抓住主要的紧缩标，按从古到今的时间顺序，将有标紧缩句的发展脉络和使用情况勾勒出来。

第一节　有标紧缩句的历时使用面貌

一　条件类有标紧缩句的历时使用情况

从历史发展来看，条件类有标紧缩句用例多，紧缩标丰富，既有单标形式，也有前后配套的双标形式。

（一）使用单标"则"的紧缩句

连词"则"是古代汉语有标紧缩句常见的紧缩标，"则"出现在紧缩后项前、两个紧缩项之间，可以参与构成条件关系的紧缩句，特别是从中古到近代很常用。例如：

（1）持国曰："道家有三住，心住则气住，气住则神住，此所谓存三守一。"（宋《河南程氏遗书》）

（2）待我去纠合本乡人在此处的十来个，做张呈子到太守处呈了，人众则公，亦且你有本县广缉滴珠文书可验，怕不立刻断还？（元明《初刻拍案惊奇》）

（3）你老人家不要着急，这可是急不来的事，事款则圆。（清《儿女英雄传》）

古代汉语使用紧缩标"则"的紧缩句，紧缩项表现出长度短、形式简洁的特点，如例（2）、例（3）的紧缩后项只有"公""圆"1个音节，例（1）的前后紧缩项和例（2）、例（3）的紧缩前项都是2个音节。这既与古代汉语的词句特点有关，也与紧缩句的使用特征有关。

（二）使用单标"而"的紧缩句

当紧缩句的前后项之间存在"条件—结果"关系时，连词"而"可以作为紧缩标连接紧缩项构成紧缩句，如：

（4）君子务本，本立而道生。（先秦《论语》）

（5）故曰："仓廪实而知礼节，衣食足而知荣辱。"（秦汉《史记》）

（6）心行调而风雨亦调，法令正而星辰自正。（隋唐五代《敦煌变文》）

（7）明道说道理，一看便好，愈看而愈好。（宋《朱子语类》）

（8）此亦关人之气数而有，所以我出来止住。（清《红楼梦》）

（三）使用单标"乃"的紧缩句

副词"乃"是古代汉语条件类紧缩句的常用标记，"乃"位于紧缩项中间或紧缩后项主语之后，连接两个紧缩项，且紧缩后项往往长度短。举各时代的用例如下：

（9）产足不穷，家怀思终，主为之宗，德以抚众，众和乃同。（先秦《逸周书》）

（10）成王曰："楚远，更数国乃至晋。秦晋接境，秦君贤，子其勉行！"（秦汉《史记》）

（11）使毓自选代，曰："得如卿者乃可。"（魏晋南北朝《裴注三国志》）

（12）云："此人今年身在天牢，负大辟之罪乃可以免。不然病当死，无救法。"（隋唐五代《朝野佥载》）

（13）学礼者考文，必求先王之意，得意乃可以沿革。（宋《河南程氏遗书》）

（14）商曰宣法师到了，看了一看，说道："此非我所能辨，须圣童至乃可决。"（元明《初刻拍案惊奇》）

（四）使用单标"始"的紧缩句

"始"用于条件类紧缩句时，相当于副词"才"，用在两个紧缩项间，连接紧缩前项与紧缩后项，标示二者之间的"条件—结果"关系。例如：

（15）黄帝曰："无思无虑始知道，无处无服始安道，无从无道始得道。"（先秦《庄子》）

（16）未得草草，更须勘过始得。（隋唐五代《祖堂集》）

（17）古人亦须读书始得。（宋《朱子语类》）

（18）故其气亦必赋人，发泄一尽始散。（清《红楼梦》）

（五）使用单标"方"的紧缩句

从中古汉语阶段开始，副词"方"可以用于条件类紧缩句，同样相当于副词"才"，连接表示"条件"的紧缩前项与表示"结果"的紧缩后项，举各时期用例如下：

（19）勣尝有疾，医诊之曰："须龙须灰方可。"（隋唐五代《大唐新语》）

（20）须是思方有感悟处，若不思，怎生得如此？（宋《河南程氏遗书》）

（21）雉兔之类，原要挟弓矢，尽人力取之方可。（元明《初刻拍案惊奇》）

（22）因此，发狠到底打了三四十板，不许吃饭，令他跪在院内读文章，定要补出十天工课来方罢。（清《红楼梦》）

（六）使用单标"即"的紧缩句

从上古汉语阶段开始，相当于副词"就"的"即"可以出现在紧缩句中，用在表示"条件"的紧缩前项和表示"结果"的紧缩后项之间，例如：

（23）闻其氏即可知，其所以勉人为善也。（秦汉《白虎通义》）

（24）治马患喉痹欲死方：缠刀子露锋刃一寸，刺咽喉，令溃破即愈。（魏晋南北朝《齐民要术》）

（25）师对曰："和尚更进一步即得，学人亦不见和尚。"（隋唐五代《祖堂集》）

（26）夫弦急即断，故吾不赞。（宋《五灯会元》）

（27）自古皆以浮生比梦，相公只要梦中得觉，回头即是，何用伤感！（元明《初刻拍案惊奇》）

（七）使用单标"便"的紧缩句

从中古汉语阶段开始，副词"便"成为使用在条件类紧缩句中的紧缩标，"便"是中古汉语阶段至近代汉语阶段中使用频率较高的关联标记，举各时期用例如下：

（28）吴选曹令史长沙（二字御览引有）刘卓病荒，梦见一人，以白

越单衫与之，言曰："汝着衫污，火烧便洁也。"［魏晋南北朝《古小说钩沉》（上）］

（29）未几，一青衣传女郎姊言曰："崔生遗行，使太夫人疑阻，事宜便绝，不合相见。然小妹曾奉周旋，亦当奉屈。"（隋唐五代《玄怪录》）

（30）苟得矣，下笔便能书，不必积学。（宋《河南程氏遗书》）

（31）王兄见教极是，容老夫和这逆子计议便了。（元明《初刻拍案惊奇》）

（32）麝月道："我知道么？问你自己便明白了。"（清《红楼梦》）

（八）使用单标"才"的紧缩句

副词"才"是从近代汉语阶段开始使用于条件类紧缩句的紧缩标，并一直沿用至今，如：

（33）除是至亲骨肉终日在面前的，用意体察才看得出来，也算是十分象的了。（元明《初刻拍案惊奇》）

（34）有本事从今儿出了这园子，长长远远的在高枝儿上才算得。（清《红楼梦》）

（35）是应该让我们圆圆好好帮助她，一人红红一点，大家红红一片，全球红才红满园哪！（现代《我爱我家》）

（九）使用单标"就"的紧缩句

"就"也是从近代汉语阶段开始使用的条件类紧缩标，在现代汉语阶段是高频使用的条件类紧缩标，如：

（36）贾秀才会了他每的意，忙叫仆人请李生出来，讲一句话就行。（元明《初刻拍案惊奇》）

（37）你既惹出事来，少不得下点气儿，磕个头就完事了。（清《红楼梦》）

（38）几天不见就想得慌！（现代《我爱我家》）

（十）使用单标"都"的紧缩句

现代汉语阶段，副词"都"可以充当条件类紧缩句的紧缩标，如：

（39）妈您别考虑我，您该走走您的，您走了什么事都好说……（现代《我爱我家》）

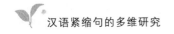

（十一）使用单标"然后"的紧缩句

自先秦时期开始，双音节单标"然后"就可以用于条件类紧缩句，如：

（40）独阴不生，独阳不生，独天不生，三合然后生。（先秦《穀梁传》）

（41）时宁先皇者，不以诸侯移，必先请从然后行。（秦汉《白虎通义》）

（42）夫养生者先须虑祸，全身保性，有此生然后养之，勿徒养其无生也。（魏晋南北朝《颜氏家训》）

（43）夫非可致而致之，界神将拒，俟战胜然后可。（隋唐五代《玄怪录》）

（44）诚然后能敬，未及诚时，却须敬而后能诚。（宋《河南程氏遗书》）

（十二）使用复合单标"而后"的紧缩句

复合单标"而后"在条件类紧缩句中的用例不太丰富，如：

（45）天道流行，发育万物，有理而后有气。（宋《朱子语类》）

（十三）使用复合单标"方乃/始"的紧缩句

隋唐五代时期，可以看到"方"与"乃"或"始"复合成紧缩标使用在条件类紧缩句中的情况，如：

（46）令其绕庐方乃得火。（隋唐五代《大唐西域记》）

（47）此法甚深难得遇，多劫修行方始闻。（隋唐五代《敦煌变文》）

复合单标"方乃""方始"其实是同义词复用的形式，其在语义、用法上仍旧相当于现代汉语副词"才"。

（十四）使用复合单标"但凡"的紧缩句

在我们考察的现代汉语语料里，出现了复合形式的单标"但凡"用于条件类紧缩句的一个例子：

（48）马青诚恳地说，"但凡还能混下去我决不加这塞儿。都五尺高的汉子，谁不要个脸？张嘴申请救济我已经愧的不拿正眼瞧您了。"（现代《一点正经没有》）

（十五）使用双标"一……而/便/即/则/就……"① 的紧缩句

该类紧缩双标的前标"一"用在表示条件的紧缩前项，后标"而/便/即/则/就"用于连接并标示表示结果的紧缩后项，二者配套使用，缩短紧缩项之间的距离，密切紧缩项之间的语义关系，下面分别举例说明。

1. "一……而……"

双标"一……而……"从秦汉时期开始有用例，如：

（49）苏秦、张仪，智足以强国，勇足以威敌，一怒而诸侯惧，安居而天下息。（秦汉《盐铁论》）

（50）幸赖宗庙威灵，宰辅忠武，爰发四方，拓定庸、蜀，役不淹时，一征而克。（魏晋南北朝《裴注三国志》）

（51）反卒煌，卧于床上，一踏而毙。（隋唐五代《玄怪录》）

（52）若大毒，一尝而死矣，安得生？（宋《河南程氏遗书》）

2. "一……便……"

出现于中古汉语阶段的"一……便……"是使用比较频繁的条件类双标，如：

（53）议者先之，正使一举便克，得其民不足益国，得其财不足为富；傥不如意，是为结怨失信也。（魏晋南北朝《裴注三国志》）

（54）师曰："真师子儿，一拨便转。"（隋唐五代《祖堂集》）

（55）致知未至，譬如一个铁片，亦割得物事，只是不如磨得芒刃十分利了，一锚便破。（宋《朱子语类》）

（56）富安道："小子一猜便着。"（元明《水浒传》）

3. "一……则……"

条件类双标"一……则……"的使用仅在中古汉语阶段有见一例，如：

---

① 王弘宇（2001）指出，"一……就……"格式可以表达紧随关系（连贯关系）和倚变关系（条件关系），紧随关系是第一性的，是最基本的语义关系，而倚变关系是第二性的，是在使用中由紧随关系衍生出来的语义关系。紧随关系和倚变关系不是截然分开的，二者之间有纠缠：倚变关系的两项在时间上也是紧密相随的，倚变关系包孕着紧随关系，但紧随关系不一定包孕倚变关系。据此，在有标紧缩句的语义类中，我们进行如下划分：使用"一……而/便/即/则/就……"双标的条件类紧缩句同时可以表达连贯义的，我们归入条件类紧缩句在此处呈现，而仅能表达连贯义不能表达条件义的"一……而/便/即/遂/就……"双标紧缩句则归入六连贯类紧缩句中呈现。

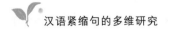

（57）唯雌黄一漫则灭，仍久而不脱。（宋《梦溪笔谈》）

4. "一……即……"

表示条件语义关系的紧缩句双标"一……即……"在中古汉语阶段有一个用例：

（58）问："学人一问即和尚答，忽若千问万问时如何？"（宋《五灯会元》）

5. "一……就……"

这一组前标为"一"的条件类双标中，"一……就……"出现于近代汉语阶段，并沿用至今，如：

（59）明日等你上场时节，吾手里拿着糖糕叫你猜，你一猜就着。（元明《初刻拍案惊奇》）

（60）我从来怕见生眼的妇女，一见就不觉得脸红。（清《儿女英雄传》）

（61）我这人呀不会说话，长这么大没见过警察，一见警察我心里就哆嗦……（现代《我爱我家》）

（十六）使用双标"只（要/是）……而/便/却/就……"的紧缩句

从中古汉语阶段开始，双标"只（要/是）……而/便/却/就……"使用于条件类紧缩句。在这类双标中，"只"类紧缩前标主要标示充分条件，有时也标示必要条件，与其搭配的后标主要有"而/便/却/就"，下面分别举例说明。

1. "只要……而……"

（62）其得祸得福，皆已自致，只要申其志而已。（宋《河南程氏遗书》）

2. "只（要）……便……"

（63）如鬼神之事，圣贤说得甚分明，只将礼熟读便见。（宋《朱子语类》）

（64）公远道："臣不敢自夸其能，也未知取得取不得，只叫三藏开来看看便是。"（元明《初刻拍案惊奇》）

（65）后来宝玉说："不回去也罢了，只叫金荣赔不是便罢。"（清《红楼梦》）

3. "只要……却……"

（66）只要衙内欢喜却顾不得朋友交情。（元明《水浒传》）

4. "只（是/要）……就……"

该双标始于近代，且用例丰富，如：

（67）只说："都头，不消访问，王婆在紧隔壁住，只问王婆就知了。"（元明《金瓶梅》）

（68）且是那个潘甲不见了妻子，没出气处，只是逢五逢十就来禀官比较捕人，未免连姚公陪打了好些板子。（元明《初刻拍案惊奇》）

（69）周四见有许多东西，便自口软了，道："罢了，罢了。相公是读书之人，只要时常看觑我就是，不敢计较。"（元明《初刻拍案惊奇》）

（70）我也原不如你林妹妹，别人说他，拿他取笑都使得，只我说了就有不是。（清《红楼梦》）

（71）一辈子没出差错，只一次有个小失误就满盘皆输，坏了金刚之躯。（现代《痴人》）

上述"只（要/是）……而/便/却/就……"类双标中，"只（要）……就……"沿用至今，表示的是充分条件关系。

（十七）使用双标"但……便……"的紧缩句

"但……便……"双标可以标示充分条件关系的紧缩句，"但"标示紧缩句中表示条件的紧缩前项，配套的"便"标示表示结果的紧缩后项，这套双标的使用始于中古汉语阶段，如：

（72）若会佛意，不在僧俗男女贵贱，但随家丰俭安乐便得。（宋《五灯会元》）

（73）鲁智深道："酒家不忌荤酒，遮莫甚么浑清白酒都不拣选；牛肉，狗肉，但有便吃。"（元明《水浒传》）

（十八）使用双标"唯（有）……即……"的紧缩句

"唯（有）……即……"双标也可以标示充分条件关系的紧缩句，"唯（有）"标示紧缩句中表示条件的紧缩前项，配套的"即"标示表示结果的紧缩后项，该套双标的使用也始于中古汉语阶段，如：

（74）佛出世亦不奈何，祖出世亦不奈何，唯有体尽即无过患。（隋唐五代《祖堂集》）

（75）忠定怒曰："唯致仕即可免。"（宋《梦溪笔谈》）

（十九）使用双标"越……越……"的紧缩句

使用双标"越……越……"的紧缩句是一种条件倚变句式（邢福义，2001：104），其标示的紧缩句中，紧缩前项表示条件，紧缩后项表示结果。"越……越……"兴起于中古汉语阶段，沿用至今，是高频使用的条件类紧缩句紧缩标，如：

（76）若只看"仁"字，越看越不出。（宋《朱子语类》）

（77）武松道："最好，越浑越好。"（元明《水浒传》）

（78）林黛玉把花具且都放下，接书来瞧，从头看去，越看越爱看，不过一顿饭工夫，将十六出俱已看完。（清《红楼梦》）

（79）那你可不能去，越陷越深。（现代《我爱我家》）

（二十）使用双标"愈……愈……"的紧缩句

使用双标"愈……愈……"的紧缩句也是一种条件倚变句式，紧缩前项表示条件，紧缩后项表示结果，"愈……愈……"也兴起于中古汉语阶段，但在与"越……越……"的竞争中逐渐衰落，因此现代汉语紧缩句较少选用"愈……愈……"。古代汉语用例如下：

（80）武士劲卒愈多，愈多愈病耳。（魏晋南北朝《裴注三国志》）

（81）若不亲切，愈少愈不达矣！（宋《朱子语类》）

（82）玄宗愈看愈喜，便叫斟酒赐他，杯杯满，盏盏干，饮勾一斗，弟子并不推辞。（元明《初刻拍案惊奇》）

（83）何以又"三郎郎当，三郎郎当"，愈走愈远！（清《儿女英雄传》）

（二十一）使用双标"只有……才……"的紧缩句

"只有……才……"是现代汉语阶段使用的紧缩句双标标记，标示紧缩句的"条件—结果"关系，如：

（84）学生只有真正理解才不易在应用过程中出现问题，巩固水平是指已经学过的知识能否牢固地保持在记忆中，并在需要时重现出来。（现代《心理》）

（85）"当然，难道你以为自己有多了不起，多不同凡响？我可实在认为你不过是个和我一样的俗汉。只有大人物到我们这儿来才会感到不自在，我们自然对他也不会客气。而你，在我看来，实在拘谨得有些可笑

了，你不也是每个月 38 斤粮食半斤油么？"（现代《痴人》）

（二十二）使用疑问代词类配对双标的紧缩句

现代汉语阶段的条件类紧缩句中，还有一类疑问代词配对出现的双标形式，具有代表性的有"啥……啥……""什么……什么……""哪里……哪里……"等，各举一例如下：

（86）从现在起你哪儿也不能去，啥时候想起这片子是谁啥时候放你走路……（现代《我爱我家》）

（87）瞧瞧，怕什么来什么——说来还就来啦！（现代《我爱我家》）

（88）哪里有压迫哪里就有反抗！（现代《我爱我家》）

（二十三）条件类有标紧缩句历时使用情况分析

根据本书语料库中上述条件类紧缩标具体用例表现，我们将不同时期条件类有标紧缩句各标记式的使用频次进行统计（见表 3 – 1）。

表 3 – 1　条件类有标紧缩句各标记式在各时期的使用频次①

单位：次

标记式	先秦	秦汉	魏晋南北朝	隋唐五代	宋	元明	清	现代
C1 则 C2					16	15	4	
C1 而 C2	10	10		1	2		1	
C1 乃 C2	8	14	28	18	35	2		
C1 始 C2	1			22	59		2	
C1 方 C2				32	79	43	66	
C1 即 C2		21	7	79	50	13		
C1 便 C2			12	3	54	254	28	
C1 才 C2						44	273	28
C1 就 C2						36	88	86
C1 都 C2								4
C1 然后 C2	22	13	3	2	16			
C1 而后 C2					6			

① 表中空格表示在我们所建的语料库范围内找不到该标记式的紧缩句用例，表中 C1、C2 分别表示紧缩前项、紧缩后项，下同，此后不赘。

标记式	先秦	秦汉	魏晋南北朝	隋唐五代	宋	元明	清	现代
C1 方乃 C2				5				
C1 方始 C2				2				
但凡 C1 C2								1
一 C1 而/便/即/则/就 C2		5	7	10	8	11	10	31
只（要/是）C1 而/便/却/就 C2					20	56	71	10
但 C1 便 C2					4	8		
唯（有）C1 即 C2				1	1			
越 C1 越 C2					2	15	49	39
愈 C1 愈 C2			2		3	1	9	
只有 C1 才 C2								11
啥 C1 啥 C2								1
什么 C1 什么 C2								4
哪里 C1 哪里 C2								2

　　总体来说，从上古汉语阶段至现代汉语阶段，随着汉语的变化发展，条件类紧缩标表现出逐渐丰富的趋势。这一趋势具体表现在两个方面：一是具体的紧缩标记趋于丰富，二是紧缩标记模式先趋向扩展再趋于稳定。

　　上古汉语阶段，条件类紧缩句以居中使用的单标为主，集中在紧缩标"而""乃""即""然后"等四个，前后配套的双标形式的紧缩标仅限于"一……而……"这一组；到中古汉语阶段，单标形式的紧缩标增至十一个，并且双标配套式也开始丰富，增加使用"一……便/则……""只（要）……而/便……""越……越……"等多种双标形式；到近代汉语阶段，紧缩单标的使用集中到九个，双标的使用集中在五组；到现代汉语阶段，"则""而""乃""始""即""方乃/始"等单标大规模衰亡，双标"但……便……""唯（有）……即……"也同样衰亡。一些条件类紧缩标则从无到有，在中古或近代汉语阶段的用例逐渐增多，直至现代汉语阶段代替了衰亡的紧缩标广泛使用于条件类紧缩句，如单标的"才""就"和双标的"一……就……""只要……就……""只有……才……""越……

越……"等。

随着条件类紧缩标从仅使用单标，到单标和双标共存，条件类紧缩句的关联标记模式也发生了相应的变化，即从以上古"居中粘接式"为主导的关联标记模式，变成"居中粘接式"与"前后配套式"并存的关联标记模式。

就有标紧缩句总体的用例数量或者使用频率来说，从上古汉语阶段到现代汉语阶段呈现逐渐增多、提高的趋势：上古汉语阶段，条件类有标紧缩句的用例并不多、使用频率并不高；到中古汉语阶段，条件类有标紧缩句的用例数量明显增多；到近代、现代汉语阶段，条件类有标紧缩句的使用频率已经非常高了，成为有标紧缩句里的高频句式。

紧缩标的兴衰与替换变化，基本上都是在近代汉语阶段发生的，那些被替换的标记衰亡了，而后起的标记则一直被高频使用在当前的条件类有标紧缩句中。这也说明，近代汉语阶段是条件类有标紧缩句历时发展过程中变化最剧烈、对现代汉语条件类有标紧缩句影响最大的阶段。

二　假设类有标紧缩句的历时使用情况

（一）使用单标"若"的紧缩句

先秦时期就已经出现作为假设连词的"若"（席嘉，2010：192），在我们的语料中，"若"用于紧缩句是从中古汉语阶段开始的。单标"若"用在紧缩前项前，标示紧缩前项与紧缩后项之间的"假设—结果"关系。例如：

（89）若欲使必也无讼，当以烈祖初封平原时图决之。（魏晋南北朝《裴注三国志》）

（90）经一宿，明日将杀，元珍谏："大国和亲使，若杀之不祥。"（隋唐五代《朝野佥载》）

（91）张生呵，你若不闷死多应是害死。（元明《西厢记》）

（92）若说出名字来话长，真真新鲜奇文，竟是写不出来的。（清《红楼梦》）

（二）使用单标"如"的紧缩句

连词"如"可作为紧缩标用于紧缩句，也出现在紧缩前项前，标示假

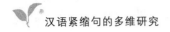

设类紧缩句的"假设—结果"关系，单标"如"在我们的语料中表现并不活跃，仅在近代汉语阶段有一个用例：

（93）如是菩萨不可不参。咱这众生知不知？（元明《朴通事》）

（三）使用单标"要"的紧缩句

置于紧缩前项前的单标"要"，是现代汉语假设类紧缩句中较为活跃的紧缩单标，如：

（94）我要不使点儿小花招你能来吗？（现代《我爱我家》）

（95）小凡，圆圆，我说，你们写，我要不让她们家挤破了头算我没能耐！（现代《我爱我家》）

（四）使用单标"倘若/或"的紧缩句

在近代汉语阶段，假设类紧缩句出现复合单标"倘若""倘或"的相关用例，"倘若/或"出现于紧缩前项，用来标示紧缩前项与后项之间的"假设—结果"关系，如：

（96）他倘若不放你过去如何？（元明《西厢记》）

（97）香菱笑着摇头说："不好。他们倘或听见了倒不好。"（清《红楼梦》）

（五）使用单标"则"的紧缩句

古代汉语常用的连词"则"也可以用于假设类紧缩句，用在两个紧缩项之间，起连接"假设—结果"关系紧缩项的作用，各时期用例如：

（98）公曰："宋人告急，舍之则绝，告楚不许。我欲战矣，齐、秦未可，若之何？"（先秦《左传》）

（99）天子失制则天下乱，诸侯失节则其国危。（秦汉《列女传》）

（100）山不高则不灵，渊不深则不清。（魏晋南北朝《世说新语》）

（101）问："远见则圆，近见则方。此唤作什摩字？"（隋唐五代《祖堂集》）

（102）曰："敬则德聚，不敬则都散了。"（宋《朱子语类》）

（103）我们大家看了公拟，各举其长，优则存之，劣则删也，未为不可。（清《红楼梦》）

（六）使用单标"而"的紧缩句

古代汉语常用的连词"而"也可以用于假设类紧缩句，位于紧缩后项之前，连接前后两个紧缩项。在我们的语料中，单标"而"用于假设类紧缩句主要是在上古汉语阶段，例如：

（104）故能当一人而天下取，失当一人而社稷危。（先秦《荀子》）

（105）君人者降礼尊贤而王，重法爱民而霸，好利多诈而危，权谋倾覆而亡。（秦汉《韩诗外传》）

（七）使用单标"辄"的紧缩句

中古汉语阶段，"辄"可以用于假设类紧缩句，近似于现代汉语的"就"，用于紧缩项之间，连接表示"假设—结果"关系的两个紧缩项，如：

（106）桓公有主簿善别酒，有酒辄令先尝，好者谓"青州从事"，恶者谓"平原督邮"。（魏晋南北朝《世说新语》）

（107）谟执一短刀，箭来辄截之。（隋唐五代《朝野佥载》）

（八）使用单标"时"的紧缩句

在我们的语料中，"时"用于假设类紧缩句始见于隋唐五代，"时"用在紧缩前项后，与紧缩后项紧接，标示前后项之间的"假设—结果"关系，相当于现代汉语阶段的"的话"，历代用例如下：

（108）师云："说时即听，不说时还听也无？"对曰："听。"师曰："说时即从汝听，不说时听什摩？"（隋唐五代《祖堂集》）

（109）一来雪儿正下，二来身上查痕未好，好时自来叫取大公大婆。（宋《张协状元》）

（110）就叫玄宗闭了双目，叮嘱道："不可妄开。开时有失。"（元明《初刻拍案惊奇》）

（111）贾珍因想着贾蓉不过是个黉门监，灵幡经榜上写时不好看，便是执事也不多，因此心下甚不自在。（清《红楼梦》）

（九）使用单标"还"的紧缩句

现代汉语阶段出现了用于假设类紧缩句的单标"还"，例如：

（112）填别的牌子还能让您得奖？（现代《我爱我家》）

（十）使用单标"也"的紧缩句

副词"也"也可以用于现代汉语假设类紧缩句中，例如：

（113）反正和石油输出国组织所有国家的产量差不多吧，省着点儿也够全世界人民用的了。（现代《我爱我家》）

（十一）使用单标"都"的紧缩句

现代汉语假设类紧缩句中，副词"都"作紧缩标的用例并不常见，例如：

（114）不吸烟我都不知道我回家该干什么。（现代《我爱我家》）

（十二）使用单标"那"的紧缩句

连词"那"作为紧缩标，置于紧缩项之间，同样是在现代汉语中开始出现的，如：

（115）"那好，你让活那我就活。你给我找点事儿干，我烦了。"（现代《顽主》）

（十三）使用单标"就"的紧缩句

近代汉语阶段，副词"就"开始用于假设类紧缩句，位于紧缩项之间，"就"是现代汉语阶段最为活跃的假设类紧缩标，如：

（116）等见夫人过，住了几日，觑个空便，可以来得就来。（元明《初刻拍案惊奇》）

（117）凤姐道："谁可哄你，你不信就别来。"（清《红楼梦》）

（118）这样万一来个客人留宿就方便啦！（现代《我爱我家》）

（十四）使用"的话"标的紧缩句

到现代汉语阶段，紧缩标"时"消亡，取而代之的是跨层结构词汇化后的双音节标"的话"，如：

（119）没办法，刚接了个电话，有人非要请我外边吃去，不去的话也有点儿脱离群众不是？（现代《我爱我家》）

有时，"的话"也会和前标"要是"一起构成框式标记，如：

（120）您要是倒股票的话我在上海深圳都有熟人……（现代《我爱我家》）

（十五）使用双标"若……则/便/即/犹/方/就……"的紧缩句

紧缩双标"若……则/便/即/犹/方/就……"中，前标"若"用在表示假设的紧缩前项前（也可能是主语后的位置），后标"则/便/即/犹/方/

就"用在表示结果的紧缩后项前（也可能是主语后的位置），两个标记配套使用，标示前后项之间的"假设—结果"关系，以下分别举例说明。

1. "若……则……"

（121）既葬，若君食之则食之；大夫父之友食之则食之矣。（先秦《礼记》）。

（122）姜与舅犯谋，醉，载之以行，酒醒，公子以戈逐舅犯曰："若事有济则可，无所济，吾食舅氏之肉岂有餍哉！"（秦汉《列女传》）

（123）若不和睦则有雠党，有雠党则毁誉无端，毁誉无端则真伪失实，不可不深防备，有以绝其源流。（魏晋南北朝《裴注三国志》）

（124）到夜间，告众曰："他家若在佛法中，用心三日，便合见，若不见则不知。"（隋唐五代《祖堂集》）

（125）若仁则固一，一所以为仁。（宋《河南程氏遗书》）

2. "若……便……"

（126）兵人不堪，皆曰："若遇敌便当倒戈耳。"（魏晋南北朝《裴注三国志》）

（127）尼云："若答得便宿；若答不得，则进前行。"（隋唐五代《祖堂集》）

（128）若有私心便不同，同即是天心。（宋《河南程氏遗书》）

（129）若不来便罢，若呵，我自有个主意。（元明《牡丹亭》）

（130）赶着这盘正该自己掷骰子，若掷个七点便赢，若掷个六点，下该莺儿掷三点就赢了。（清《红楼梦》）

3. "若……即……"

（131）对曰："若到即有也。"（隋唐五代《祖堂集》）

（132）有住庵僧缘化什物，甘曰："有一问，若道得即施。"（宋《五灯会元》）

（133）吴用便道："头领为新弟兄面上倒与旧弟兄分颜。若是可容即容；不可容时，小生等登时告退。"（元明《水浒传》）

4. "若……犹……"

（134）若皆蚤世犹可，若登年以载其毒，必亡。（先秦《国语》）

5. "若……方……"

（135）只恐途中不好行，若得你去方可。（元明《金瓶梅》）

6. "若……就……"

（136）说着，又嘱咐袭人道："你妈若好了就罢；若不中用了，只管住下，打发人来回我，我再另打发人给你送铺盖去。可别使人家的铺盖和梳头的家伙。"（清《红楼梦》）

双标"若……则/便/即/犹/方/就……"基本用在古代汉语紧缩句中。在本书建立的现代汉语语料库中，双标"若……就……"在书面性较强的现代汉语科技语体语料中有一个用例：

（137）此后，他若看到别人欺负小朋友就会不高兴，感到愤怒；他也可以为自己帮助了别的小朋友感到愉快；当别人帮助了自己时就会产生感激的情感等等。（现代《心理》）

（十六）使用双标"若……时……"的紧缩句

双标"若……时……"的前标"若"用在表示假设的紧缩前项前，与之配套的"时"用在紧缩前项后，形成框式结构。双标"若……时……"在中古、近代汉语阶段较为活跃，到了现代汉语阶段，已经很难见到相关用例，被"如果……的话"替代，例如：

（138）凤池曰："若出来时作摩生商量？"（隋唐五代《祖堂集》）

（139）若在时打个暗号，我们一齐入去，先把他大门关了，不要大惊小怪，替别人做饭。（元明《初刻拍案惊奇》）

（140）若有时都拿出来，送这刘亲家两匹，做一个帐子我挂，下剩的添上里子，做些夹背心子给丫头们穿，白收着霉坏了。（清《红楼梦》）

（十七）使用双标"非……而/则/不（可）/无（以）……"的紧缩句

双标"非……而/则/不（可）/无（以）……"的前标"非"用在紧缩前项前或前项主语之后，与之配套的后标"而/则/不/无"用在紧缩后项前或后项主语之后，标示紧缩项之间的"假设—结果"关系，相当于现代汉语的"除非……否则……"。这类双标在上古汉语阶段就已出现并较为活跃，有些还沿用至现代汉语阶段，以下举例说明。

1. "非……而……"

（141）古之所谓隐士者，非伏其身而弗见也，非闭其言而不出也，非藏其知而不发也，时命大谬也。（先秦《庄子》）

（142）不食周粟，只是不食其禄，非饿而不食也。（宋《河南程氏遗书》）

2.“非……则……”

（143）世父曰：“戎杀我大父仲，我非杀戎王则不敢入邑。”（秦汉《史记》）

3.“非……不……”

（144）对曰：“胡为文，益其质。故人生而学，非学不入。”（先秦《国语》）

（145）种时欲燥，此菜非雨不生，所以不求湿下也。（魏晋南北朝《齐民要术》）

（146）狱里囚徒，非赦不出。（隋唐五代《大唐新语》）

（147）夫辟邪说以明先王之道，非拔本塞源不能也。（宋《河南程氏遗书》）

（148）内无应门五尺之童，年至十二三者，非呼召不敢辄入中堂。（元明《西厢记》）

（149）代儒道：“自来出门，非禀我不敢擅出，如何昨日私自去了？据此亦该打，何况是撒谎。”（清《红楼梦》）

（150）非经法定程序不得假释。（现代《法律》）

4.“非……不可”是后项为确定项“可”的假设类框式结构紧缩句

（151）元长曰：“夫人之来，非元长在此不可。元长若去，夫人隐矣。侍御夫人久丧，枕席单然，魂（以下缺文）。”（隋唐五代《玄怪录》）

（152）“不玩文学不行？不可能不玩，非玩不可。”我回答。（现代《一点正经没有》）

5.“非……无（以）……”

（153）非学无以治身，非礼无以辅德。（秦汉《盐铁论》）

（154）公孙弘言：“齐王以忧死毋后，国入汉，非诛偃无以塞天下之望。”（秦汉《史记》）

（155）犹有剖析间解之害，又犯时令，非急无伐。（魏晋南北朝《齐民要术》）

（十八）使用双标“不……不……”的紧缩句

双标“不……不……”的两个“不”既分别参与构成紧缩前项和紧缩

后项，又起到关联的作用，其在作用与语义上相当于现代汉语的"如果（不）……就（不）……"。双标"不……不……"于先秦时期已经产生，一直沿用至现代汉语阶段，如：

（156）由是观之，善人不得圣人之道不立，跖不得圣人之道不行。（先秦《庄子》）

（157）古者妇人妊子，寝不侧，坐不边，立不跸，不食邪味，割不正不食，席不正不坐，目不视于邪色，耳不听于淫声。（秦汉《列女传》）

（158）诸子虽冠成人，不命曰进不敢进，不命曰坐不敢坐，不指有所问不敢言，父子之间肃如也。（魏晋南北朝《裴注三国志》）

（159）药不毒不可以触疾，词不切不可以裨过。（隋唐五代《大唐新语》）

（160）学贵信，信在诚。诚则信矣，信则诚矣。不信不立，不诚不行。（宋《河南程氏遗书》）

（161）人是贱虫，不打不招。（元明《窦娥冤》）

（162）自入宫后，时时带信出来与父母说："千万好生扶养，不严不能成器，过严恐生不虞，且致父母之忧。"（清《红楼梦》）

（163）我今儿不给他开了瓢儿我不姓我这姓儿……（现代《我爱我家》）

（十九）使用双标"要……即/则/便/就……"的紧缩句

双标"要……即/则/便/就……"的前标"要"是一个助动词，与后标"即/则/便/就"配套使用，表达"（如果）想要……就……"这样的"假设—结果"关系。这类双标在中古汉语阶段开始使用，除了"要……就……"沿用至现代汉语阶段外，其他的基本仅沿用至近代汉语阶段。例如：

1. "要……即……"

（164）要去即去，要住即住。（隋唐五代《祖堂集》）

（165）师曰："要眠即眠，要坐即坐。"（宋《五灯会元》）

2. "要……则……"

（166）师云："要骑则骑，要下则下。"（隋唐五代《祖堂集》）

3. "要……便……"

（167）净能便於会稽内令人鬼神驱驰魅，无不遂心，要呼便呼，须使

便使。(隋唐五代《敦煌变文》)

(168) 张叶要去便去,又无行李。(宋《张协状元》)

(169) 林冲道:"上下要缚便缚,小人敢道怎的。"(元明《水浒传》)

4. "要……就……"

(170) 那婆子与汪锡两个殷殷勤勤,代替伏侍,要茶就茶,要水就水,惟恐一些不到处。(元明《初刻拍案惊奇》)

(171) 你不过是亲戚的情分,白住了这里,一应大小事情,又不沾他们一文半个,要走就走了。(清《红楼梦》)

(172) 文仪你要说什么就说吧!(现代《我爱我家》)

(二十) 使用双标"要(是)……就/也/可/都……"的紧缩句

尽管都标示"假设—结果"关系,这里的双标"要(是)……就……"与"要……就……"不同,用在这类紧缩句里的前标"要(是)"是连词充当的紧缩标,相当于"如果",该类的用例如下:

(173) 凤姐道:"你去瞧瞧,要是有人有事就罢,得闲儿呢就回,看怎么说。"(清《红楼梦》)

(174) 分局刑警队的,你要能跑得过他们你就试试?(现代《我爱我家》)

(175) 你推三挡四,要是吹牛就明说。(现代《痴人》)

到现代汉语阶段,还出现了"要(是)"与"也/可/都"等系列的组配,如:

(176) 大姐,要是你们中午都不在家我也想出去一下。(现代《我爱我家》)

(177) 你妈要再不走我可走啦!(现代《我爱我家》)

(178) 我要不把他吓得心脏病发我都不算他儿子!(现代《我爱我家》)

一个区别"要……即/则/便/就……"与"要(是)……就/也/可/都……"两种双标的明显方法是,前者的紧缩前项、紧缩后项经常使用相同或近似的谓语形式。

(二十一) 使用双标"如……则/便……"的紧缩句

双标"如……则/便……"的前标"如"用在紧缩前项前,后标"则/便"用在紧缩后项前,二者配套出现,相当于现代汉语的"如果……

就……"。"如……则/便……"始用于中古汉语阶段，随着"如"双音化为"如果"以及"就"对"则/便"的替换，"如……则/便……"在现代汉语中已经基本消亡，以下分别举例说明。

1. "如……则……"

（179）如屋阴则寒，屋阳则燠，不可言于此所寒，于此所热。（宋《河南程氏遗书》）

2. "如……便……"

（180）如到了二龙山便可写封回信寄来。（元明《水浒传》）

（181）原来这"梦甜香"只有三寸来长，有灯草粗细，以其易烬，故以此烬为限，如香烬未成便要罚。（清《红楼梦》）

（二十二）使用双标"爱……（就）……"的紧缩句

在本书的语料中，双标"爱……就……"从近代汉语阶段开始出现，沿用至现代汉语阶段，是较为活跃的假设类紧缩句紧缩标。在语义上，双标"爱……就……"相当于"（如果）喜欢……就……"，是因固定搭配吸收句式的假设义而成了假设类紧缩标。例如：

（182）妹妹爱怎样就怎样，要什么只管拿这个取去，也不必问我。（清《红楼梦》）

（183）我这就把孩子们叫过来，你爱说什么你就跟他们说什么，你说完了我再补充！（现代《我爱我家》）

随着组配的成熟，后标"就"也可以不出现，变成单标"爱"的紧缩式，这样的紧缩句仍旧可以表达假设义，如：

（184）"那随你便，爱怎么玩怎么玩去吧。不过既然同是玩何不给多数人玩？"（现代《一点正经没有》）

（二十三）使用双标"……时即/便……"的紧缩句

双标"……时即/便……"是单标"时"与后标"即/便"的搭配组合，有时两个标记中间有后项主语，而有时单标"时"位于紧缩前项后，后标"即"位于紧缩后项前，形式上便会出现"时即/便"这样的双标连续使用的情况，自中古汉语阶段就有这样的用例，沿用至近代汉语阶段。举例如下：

（185）诚如所言宜时即入室。（隋唐五代《大唐西域记》）

（186）要时你便留住，不要我便将去。（宋《张协状元》）

（187）我旋合与你藿香正气散，吃了时便无事了。（元明《朴通事》）

（二十四）使用双标"如果……就……"的紧缩句

"如果……就……"是现代汉语阶段假设类紧缩句的常见标记，如：

（188）如果变式不充分就会产生两种后果。（现代《心理》）

（二十五）使用疑问代词双标"谁……谁……"的紧缩句

"谁……谁……"紧缩句采用的是疑问代词复现的形式，句子整体上表达假设义，这类双标在现代汉语紧缩句中比较活跃，如：

（189）"谁来谁这么说。"徐达非大咧咧地坐在破藤椅上，一把一把往后捋他那头毛泽东式的长发，"都以为徐达非不定多享受呢，其实……其实我还是个普通人。"（现代《你不是一个俗人》）

（190）丁小鲁去厨房拿来暖瓶，从茶几下端出茶壶茶杯茶叶筒，抓了几撮茶叶撂进茶壶，灌进开水，盖上盖儿焖着，又搬出一个大饼干筒，"谁饿了谁吃。"（现代《顽主》）

（二十六）使用双标"不……谁……"的紧缩句

"不……谁……"这一双标也是因为副词"不"与代词"谁"经常配合使用而形成的，因这一组配的句子使用较为频繁，因此固定下来成为假设类紧缩标，主要在现代汉语阶段开始使用，如：

（191）劳动人民当家作主么，我不作主谁作主？（现代《我爱我家》）

（192）我们不管谁管？（现代《我爱我家》）

（二十七）使用双标"该……（就）……"的紧缩句

双标"该……就……"也是助动词"该"与副词"就"常常配套使用，句子固定表达"（如果）应该……就……"这一假设义，因此"该……就……"也就成了现代汉语假设类紧缩句的紧缩标，如：

（193）"不过我这人讲义气，只要你听话，我决不会难为你。如果你不听话，也别怪我翻脸不认人。你就是天王老子的心头肉，我也是该割就割，该剁就剁。"（现代《千万别把我当人》）

有时后标"就"也可以不出现，如：

（194）算了，你吃也吃了喝也喝了洗也洗了睡也睡了，该活动外边活

动着吧啊！（现代《我爱我家》）

（二十八）假设类有标紧缩句历时使用情况分析

根据语料库中上述假设类紧缩标具体用例表现，我们将不同时期假设类有标紧缩句各标记式的使用频次进行统计（见表3－2）。

表3－2 假设类有标紧缩句各标记式在各时期的使用频次

单位：次

标记式	先秦	秦汉	魏晋南北朝	隋唐五代	宋	元明	清	现代
若 C1C2			2	2		13	25	
如 C1C2						1		
要 C1C2								26
倘若/或 C1C2						1	3	
C1 则 C2	276	218	33	90	168		18	
C1 而 C2	7	5						
C1 辄 C2			17	3				
C1 时 C2				3	2	59	2	
C1 还 C2								12
C1 也 C2								7
C1 都 C2								1
C1 那 C2								5
C1 就 C2						3	11	100
（要是）C1 的话 C2								2
若 C1 则/便/即/犹/方/就 C2	8	2	2	33	47	16	17	1
若 C1 时 C2				2		3	1	
非 C1 而/则/不（可）/无（以）C2	3	12	9	6	2	2	1	5
不 C1 不 C2	9	5	1	2	8	15	6	4
要 C1 即/则/便/就 C2				7	7	12	1	8
要（是）C1 就/也/可/都 C2							1	51
如 C1 则/便 C2					3	2	1	

标记式	先秦	秦汉	魏晋南北朝	隋唐五代	宋	元明	清	现代
爱 C1（就）C2							3	9
C1 时即/便 C2				1	2	10		
如果 C1 就 C2								11
谁 C1 谁 C2								7
不 C1 谁 C2								7
该 C1（就）C2								7

从上古汉语阶段到现代汉语阶段，随着汉语的发展演变，假设类紧缩句的标记形式逐渐丰富，且三种紧缩标记模式各自都有较为丰富的具体标记形式。

上古汉语阶段，假设类紧缩句主要使用单标"则""而"；中古汉语阶段，假设类紧缩句新增"若""辄""时"三个单标；近代汉语阶段，假设类紧缩句加入了新的紧缩标"就"；现代汉语阶段，除了单标"就"高频沿用外，其余古代汉语阶段的假设类单标走向衰亡，并被一系列新出现的单标如"要""还""也""都""那"等替代。在假设类紧缩单标的历时演变中，"则"标是古代汉语假设类紧缩句最主要的单标形式，随着作为多种语义类关联标记的"则"在近现代汉语阶段的逐步衰落，单标"则"用于假设类紧缩句的情况也基本消亡，自近代汉语阶段开始出现的单标"就"代替"则"在假设句中高频使用。

上古汉语阶段，双标形式的假设类紧缩标主要有"若……则/犹……""非……而/则/不/无……""不……不……"三组，但三组紧缩标的使用频率并不高；到了中古汉语阶段，除了继续沿用的这三组假设类紧缩双标外，还出现了"若……时……""要……即/则/便/就……""如……则……"等重要的假设类紧缩双标形式，这一阶段，假设类紧缩双标还拥有"……时即/便……"等特殊表现（这组双标的内部层次为"……时｜即/便……"）；除了沿用中古汉语阶段的双标外，新出现于近代汉语阶段的"要（是）……就……""爱……（就）……"这两组假设类紧缩双标在现代汉语阶段的表现更为活跃；到了现代汉语阶段，新出现的假设类双标除了"如果……就……"外，还出现了诸如"谁……谁……"

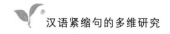

"不……谁……""该……就……"等固定形式的双标。

总体来看，假设类有标紧缩句具备三种关联标记模式。居端依赖式标记以"若"标的平稳使用为主，其使用频率随着时代的推移呈现略微上升的趋势，不过这一趋势并没有延续到现代汉语。此外，假设类有标紧缩句还使用一个并不活跃的居端标记"如"，这一假设类紧缩标也在现代汉语中消亡了，原因是单音节的"若/如"带有文言色彩，不太适应现代汉语的白话色彩，取代它们的是现代汉语居端标记"要"。

古代汉语假设类有标紧缩句的居中粘接式标记是比较丰富的，然后这些标记在近现代汉语阶段完成了相应的更替。此外，不同于其他居中粘接式标记处于居中或是靠紧缩后项的位置，"时/的话"是较为特殊的，因为它们是靠向紧缩前项的居中标记。

同样地，假设类有标紧缩句以前后配套式为重要标记模式，这一模式拥有较为丰富的具体形式表现，且用例也非常丰富。"时/的话"的特殊性，使假设类有标紧缩句的双标"若……时……""要是……的话"具有框式结构的属性，而"……时即/便……"也应当处理为特殊的前后配套式。

就用例数量而言，从古到今假设类有标紧缩句也在逐渐增多，与上古汉语阶段假设类有标紧缩句的使用频率相比，到了中古汉语阶段，假设类有标紧缩句的使用频率明显提高，再到近现代汉语阶段，假设类有标紧缩句的使用频率就非常高了，成为有标紧缩句里的高频成员之一。

可见，从古至今，假设类有标紧缩句的关联标记也逐渐合并并集中到少数几个紧缩标上，尤其是副词"就"，其无论是作为单标使用，还是与其他紧缩前标配套使用，都是表现较为活跃的假设标记。

三　因果类有标紧缩句的历时使用情况

（一）使用单标"因"的紧缩句

连词"因"作为单标用于因果类紧缩句时，标示原因前项，单置于紧缩前项前，始于中古汉语阶段，相当于现代汉语的"因为"，例如：

（195）初在沩山，因见桃华悟道。（宋《五灯会元》）

（196）林善甫见说："此乃吾之故友也，因俟我失期。"（元明《初刻拍案惊奇》）

（197）城里已经报动，听说公子中了，因关切遣人来打听。（清《儿女英雄传》）

（二）使用单标"而"的紧缩句

连词"而"也是古代汉语因果类紧缩句常见的标记，从先秦到清各时期的语料中都有相关用例，位于紧缩项间，连接"原因"紧缩前项与"结果"紧缩后项，例如：

（198）滕人恃晋而不事宋，六月，宋师伐滕。（先秦《左传》）

（199）以为不祥而弃之隘巷，牛羊避而不践。（秦汉《史记》）

（200）援亦少有名行，太尉皇甫嵩贤其才而以女妻之，丞相诸葛亮以援为祭酒，迁从事中郎，卒官。（魏晋南北朝《裴注三国志》）

（201）於时波罗门闻师所说而生欢喜，欲求出家。（隋唐五代《祖堂集》）

（202）莘老受约束而不肯行，遂坐贬。（宋《河南程氏遗书》）

（203）数日之内，病重而死。（元明《初刻拍案惊奇》）

（204）其左寸沉数者，乃心气虚而生火；左关沉伏者，乃肝家气滞血亏。（清《红楼梦》）

（三）使用单标"故"的紧缩句

"故"是因果类紧缩句的常用标记，上古、中古汉语阶段表现较活跃，近代汉语阶段以后，就很少使用了，例如：

（205）不足故求之，争四处而不自以为贪；有余故辞之，弃天下而不自以为廉。（先秦《庄子》）

（206）夫人无谥者何？无爵故无谥。（秦汉《白虎通义》）

（207）玄谓："被亲故泣，不被亲故不泣。"（魏晋南北朝《世说新语》）

（208）受王远请故来赴会。（隋唐五代《大唐西域记》）

（209）不思故有惑，不求故无得，不问故不知。（宋《河南程氏遗书》）

（四）使用单标"以"的紧缩句

在我们的语料中，因果类紧缩句使用单标"以"并不常见，仅在近代汉语阶段有一个用例：

（210）从来正书上面说，孔子貌似阳虎以致匡人之围，是恶人象了圣人。（元明《初刻拍案惊奇》）

（五）使用单标"才"的紧缩句

在现代汉语阶段，出现了单标"才"用于因果类紧缩句的情况，如：

（211）不懂才要学嘛！（现代《我爱我家》）

（六）使用单标"就"的紧缩句

在现代汉语阶段，单标"就"居中用于因果类紧缩句，但并不活跃，相当于"（既然）……那么……"，如：

（212）怨我，知道您好喝口就该叫小张把凉菜也给您端上去。（现代《我爱我家》）

（七）使用复合单标"因而"的紧缩句

由"因"和"而"复合而成的单标"因而"可以用于因果类紧缩句，但仅在近代汉语阶段偶见一例：

（213）又不合因而斗殴，互相不服，揪打踢撞伤重，当时身死。（元明《金瓶梅》）

（八）使用双标"因（为）……而/才……"的紧缩句

双标"因（为）……而/才……"的前标"因（为）"置于表示原因的紧缩前项前，后标"而/才"用在表示结果的紧缩后项之前，二者配套使用，标示紧缩项间的"原因—结果"关系，其中"因……而……"较为活跃，古代汉语各时期都可见丰富用例，如：

（214）故因其惧也而改其过，因其忧也而辨其故，因其喜也而入其道，因其怒也而除其怨，曲得所谓焉。（先秦《荀子》）

（215）晋文公重耳亡过曹，里凫须从，因盗重耳资而亡。（秦汉《韩诗外传》）

（216）遂东巡，因霸来朝而夺其兵。（魏晋南北朝《裴注三国志》）

（217）未十余里，闻击钟声极震响，因悸而瘖。（隋唐五代《宣室志》）

（218）草木，土在下，因升降而食土气。（宋《河南程氏遗书》）

（219）必因落枕而成亲，待挂冠而为密者，皆形骸之论也。（元明《牡丹亭》）

（220）下官此来，并非擅造潭府，皆因奉王命而来，有一件事相求。（清《红楼梦》）

双标"因……才……"的使用起于近代汉语阶段，用例较少，如：

（221）常言道有钱不买张口货，因他养活不过才卖与人，等我肯要，就勾了，如何还要我钱？（元明《初刻拍案惊奇》）

（222）小燕说"荤的因不好才另叫你炒个面筋的，少搁油才好。"（清《红楼梦》）

到了现代汉语阶段，"因"双音节化，"因为"替代"因"作为常用的因果类前标，与后标"才"形成双标"因为……才……"，例如：

（223）我就因为看不惯这一套才参加的革命嘛！（现代《我爱我家》）

（九）使用双标"既（然/是）……就/那……"的紧缩句

标示推断性因果关系的双标"既……就……"于近代汉语阶段开始出现在因果类紧缩句中，现代汉语阶段还出现了前标连词"既"双音节化为连词"既是""既然"，后标也可以是连词"那"的用例，如：

（224）尤氏秦氏未及答话，地下几个姬妾先就笑说："二奶奶今儿不来就罢，既来了就依不得二奶奶了。"（清《红楼梦》）

（225）既是起哄咱就得像个起哄的样子，哄的专业点，该成立组织就成立组织该刻公章就刻公章。（现代《一点正经没有》）

（226）实话告诉你贾志新，这 BP 机是本市最近几起重大抢劫案的主要线索，我们既然找到你就绝不会轻易撒手，你自己考虑吧！（现代《我爱我家》）

（227）既然你对我别无所求那你还跟里头搅和什么？（现代《我爱我家》）

（十）因果类有标紧缩句历时使用情况分析

根据语料库中上述因果类紧缩标具体用例表现，我们将不同时期因果类有标紧缩句各标记式的使用频次进行统计（见表 3－3）。

表 3－3　因果类有标紧缩句各标记式在各时期的使用频次

单位：次

标记式	先秦	秦汉	魏晋南北	隋唐五代	宋	元明	清	现代
因 C1C2					2	10	5	
C1 而 C2	12	7	2	1	6	9	1	

续表

标记式	先秦	秦汉	魏晋南北	隋唐五代	宋	元明	清	现代
C1 故 C2	11	3	2	18	4			
C1 以 C2						1		
C1 才 C2								4
C1 就 C2								7
C1 因而 C2						1		
因（为）C1 而/才 C2	2	5	1	5	15	3	7	5
既（然/是）C1 就/那 C2							1	7

在各逻辑语义类的汉语有标紧缩句中，因果类有标紧缩句的表现并不活跃。总体上看，各时期以单标"因""而""故"及双标"因（为）……而/才……"的使用为主；近代汉语阶段，因果类紧缩句出现了单标"以""因而"居中使用的少量用例；现代汉语阶段，"才""就"类较为通用的紧缩标也开始出现在了因果类紧缩句中。

尽管因果类有标紧缩句在总体上表现并不活跃，但在关联标记模式方面表现活跃，三种关联标记模式均存在：居端依赖式如"因"（居端式形式相对来说较少），居中粘接式如"而""故""以""因而"等，以及前后配套式"因（为）……而/才……""既（然/是）……就/那……"等。

因果类紧缩句中，部分标记随着时代的推进逐渐衰落，如上古、中古汉语阶段，使用单标"而""故"较多，至近现代汉语阶段，"而""故"使用减少并趋于消亡。现代汉语阶段，原因项的关联标记"因"常常双音化为"因为"，并且新加入标示结果项的关联标记"才""就"。目前，因果类紧缩句的紧缩标已经合并并集中在包括单标"就""才"和双标"因（为）……才""既（然/是）……就……"等少数几个/组关联标记上。

四　目的类有标紧缩句的历时使用情况

从上古汉语阶段至近代汉语阶段，目的类紧缩句最常使用的紧缩标是单标"以"，各时代举两例如下：

（228）楚子重侵陈以救郑。（先秦《左传》）

（229）今将借人之力以救其死，若之何铭之？（先秦《左传》）

（230）滕婢曰："杀主以自生，又有辱主之名，吾死则死耳，岂言之哉！"（秦汉《列女传》）

（231）秦常举天下之力以事胡、越，竭天下之财以奉其用，然众不能毕。（秦汉《盐铁论》）

（232）巨伯曰："远来相视，子令吾去，败义以求生，岂荀巨伯所行邪！"（魏晋南北朝《世说新语》）

（233）山阳公深识天禄永终之运，禅位文皇帝以顺天命。（魏晋南北朝《裴注三国志》）

（234）我欲导之以悟诸渔人。（隋唐五代《大唐西域记》）

（235）迨其父病，罄其产以求医术。（隋唐五代《宣室志》）

（236）诗有美刺，歌诵之以知善恶治乱废兴。（宋《河南程氏遗书》）

（237）师乞食以救之，获济者众。（宋《五灯会元》）

（238）乃世间贪嘴好杀之人与迂儒小生之论，道："天生万物以养人，食之不为过。"（元明《初刻拍案惊奇》）

（239）有游客张君瑞，奉书令小僧拜投于麾下，欲求将军以解倒悬之危。（元明《西厢记》）

（240）故相物以配才，苟非其人，恶乃滥乎？（清《红楼梦》）

（241）今日饭后无事，因欲择出数人，胡乱凑几首诗以寄感慨，可巧探丫头来会我瞧凤姐姐去，我也身上懒懒的没同他去。（清《红楼梦》）

现代汉语阶段，动词"好"可以参与构成并标记目的类紧缩句，如：

（242）给你送火车票好让你溜走啊！（现代《我爱我家》）

根据语料库中上述目的类紧缩标具体用例表现，我们将不同时期目的类有标紧缩句各标记式的使用频次进行统计（见表3－4）。

表3－4　目的类有标紧缩句各标记式在各时期的使用频次

单位：次

标记式	先秦	秦汉	魏晋南北	隋唐五代	宋	元明	清	现代
C1 以 C2	72	152	104	54	66	20	5	
C1 好 C2								1

总体来说，以"以"为紧缩标的目的类紧缩句的使用随着时代的推进

呈现逐渐下滑的趋势。在我们的语料范围内，现代汉语阶段"以"标目的类紧缩句未见一例。单标"好"的使用也显得"势单力薄"。

目的类有标紧缩句不仅关联标记较少，关联标记模式也仅限于居中粘接式一种，到现代汉语阶段，目的类有标紧缩句是汉语有标紧缩句中表现不太活跃的成员。现代汉语目的类有标紧缩句的衰落，从紧缩标的角度来看，一方面是汉语史上目的类的关联标记本身相对来说就极为少，另一方面是唯一表现活跃的紧缩标"以"在进入近现代汉语阶段后，作为关联标记的功能也趋向没落。

尽管在我们的语料范围内如此，但现代汉语目的类有标紧缩句并没有消亡。若扩大语料范围去查找，会发现目的类紧缩句除了使用紧缩标"好"外，还可以使用居中的单标"以便""以免"。当然，"以便""以免"由于是双音节形式的关联标记，势必在一定程度上延长有标紧缩句整体的长度，所以使用"以便""以免"标记的因果类紧缩句其实并不丰富，举两例如下：

（243）若有变故，就设法发回一封唁电以便家人知道情况，相机行动。（现代《林徽因》）

（244）冬瓜玉米汤：是很好的减肥食品，同时又具有排水效果。同时要少吃高盐分食物以免增加浮肿感。（现代《生活健康密码》）

五　并列类有标紧缩句的历时使用情况

（一）使用单标"而"的紧缩句

连词"而"于先秦即可用在并列类紧缩句中，一直沿用至清代，至现代汉语阶段衰落。例如：

（245）舍大臣而与小臣谋，一罪也。（先秦《左传》）

（246）乐羊既罢中山，文侯赏其功而疑其心。（秦汉《战国策》）

（247）父慈而子逆，兄友而弟傲，夫义而妇陵，则天之凶民，乃刑戮之所摄，非训导之所移也。（魏晋南北朝《颜氏家训》）

（248）忽生一子，深目而高鼻，疑其非嗣，将不举。（隋唐五代《朝野佥载》）

（249）不愧屋漏，则心安而体舒。（宋《河南程氏遗书》）

（250）自古男治外而女治内，往往男子之名都被妇人坏了者，为何？（元明《金瓶梅》）

（251）彼此相错，则生光而复圆。（清《儿女英雄传》）

（二）使用单标"亦"的紧缩句

"亦"用于并列类紧缩句始于先秦，在本部分语料范围内，现代汉语阶段没有见到"亦"标并列类紧缩句，历代用例如：

（252）曰："奚而不知也？象忧亦忧，象喜亦喜。"（先秦《孟子》）

（253）戴安道就范宣学，视范所为：范读书亦读书，范抄书亦抄书。（魏晋南北朝《世说新语》）

（254）领得真真法，无行亦无止。（隋唐五代《祖堂集》）

（255）前面垒一个花台儿，栽些好名花，临窗看画亦看花。（元明《朴通事》）

（三）使用单标"又"的紧缩句

古代汉语时期，副词"又"用于并列类紧缩句兴起较晚，且用例并不丰富，直至现代汉语阶段，"又"才活跃于并列类紧缩句中，如：

（256）为善的受贫穷更命短，造恶的享富贵又寿延。（元明《窦娥冤》）

（257）马青哼着小调走到饭庄门口，走过去又转回来，瞅见台阶上的杨重，似曾相识又不敢相认，打量着判断着往最坏的地方想了半天仍然难以置信。（现代《一点正经没有》）

（四）使用单标"也"的紧缩句

副词"也"是现代汉语阶段并列类紧缩句的常用标记，如：

（258）你不要家我也不要了！（现代《我爱我家》）

（259）要求应该是难度适中，不能过低也不能过高，过低不能促进发展，过高引不起新需要。（现代《心理》）

（五）使用双标"且/又/既/亦……且/又/既/亦……"的紧缩句

1. "且……且……"

在古代汉语并列类紧缩句中，双标"且……且……"比单标"而""且"表现更为活跃，自先秦到清代都存在"且……且……"双标的用例。在实际用例中，有的"且……且……"相当于"又……又……"，如例

（260）、例（261），有的"且……且……"相当于"一边……一边……"，如例（262）、例（263）、例（264）、例（265）、例（266）：

（260）且暗且聋，无以相通，夜姑杀者也。（先秦《穀梁传》）

（261）居一二日，何来谒上，上且怒且喜，骂何曰："若亡，何也？"（秦汉《史记》）

（262）刘禅以为左将军，修欲刺禅而不得亲近，每因庆贺，且拜且前，为禅左右所遏，事辄不克，故杀□焉。（魏晋南北朝《裴注三国志》）

（263）兵在足食，且耕且战，得地之利，此地阵也。（隋唐五代《大唐新语》）

（264）粘罕且笑且言："贵国与契丹家厮杀多年，直候敌不得，方与银绢。莫且自家门如今且把这事放著一边，厮杀则个。待你败时，多与银绢，我败时，都不要一两一匹，不知如何？"（宋《三朝北盟会编》）

（265）东廓僧且惧且行，也不知走到那里去的是，只信着脚步走罢了。（元明《初刻拍案惊奇》）

（266）忽见那厢来了一僧一道，且行且谈。（清《红楼梦》）

2. "又……又……"

双标"又……又……"于中古汉语阶段开始用于并列类紧缩句，至今表现还很活跃，如：

（267）万般施设不如常，又不惊人又久长。（隋唐五代《祖堂集》）

（268）每岁村公称作主，曾与贫女做场虔，又喜又埋冤。（宋《张协状元》）

（269）可恨那老和尚，又骚又吃醋，极不长进。（元明《初刻拍案惊奇》）

（270）贾政见他母亲来了，又急又痛，连忙迎接出来，只见贾母扶着丫头，喘吁吁的走来。（清《儿女英雄传》）

（271）"于观！"杨重看见穿着件皱巴巴夹克衫的于观正从外面的街上慢慢走过，又敲玻璃又喊。（现代《顽主》）

其余由可表并列的"既""亦""且""又"等词前后配套构成并列关系双标，用法基本相当于"又……又……"，这类双标和各时期用例情况如下：

（272）君子之车，既庶且多；君子之马，既闲且驰。（先秦《诗经》）

（273）盛以为古人云，非所困而困焉名必辱，非所据而据焉身必危，

既辱且危，死其将至，其姜维之谓乎！（魏晋南北朝《裴注三国志》）

（274）见宫阙台阁，既峻且丽。（隋唐五代《宣室志》）

（275）宜富当贵，既寿且昌，将来一定大有造化！（清《儿女英雄传》）

（276）饮利君子，既醉既逞；惠彼小人，亦恭亦静。（魏晋南北朝《齐民要术》）

（277）政教既宽机务亦简。（隋唐五代《大唐西域记》）

（278）看得出来，老太太是受过教育，经过残酷斗争考验的，既平和又保持着尊严。（现代《顽主》）

（六）使用双标"（一）边……（一）边……"的紧缩句

现代汉语并列类紧缩句还可以使用双标"（一）边……（一）边……"，标示"前后动作或事件同时进行"这一并列关系，如：

（279）吉普车还没停稳，于观和冯小刚就一边扒着自己的衣裳一边跳下车，接过镶金边的呢子裤就往腿上套。（现代《你不是一个俗人》）

（280）马青四下屋里望望，奔床就去，连连把头往床垫子上撞，边撞边嚷，"我不活了，我死了算啦。"（现代《一点正经没有》）

（七）使用双标"不是……是……"的紧缩句

双标"不是……是……"使用于现代汉语并列类紧缩句中，既可以用在陈述句或感叹句中，也常活跃于疑问句中，如：

（281）不是不管是条件不许可。（现代《我爱我家》）

（282）不是我们非要去是你们这奖非让我们去呀！（现代《我爱我家》）

（283）不是给志新说的你是给谁说的？（现代《我爱我家》）

（八）并列类有标紧缩句历时使用情况分析

根据语料库中上述并列类紧缩标具体用例表现，我们将不同时期并列类有标紧缩句各标记式的使用频次进行统计（见表3-5）。

表3-5　并列类有标紧缩句各标记式在各时期的使用频次

单位：次

标记式	先秦	秦汉	魏晋南北朝	隋唐五代	宋	元明	清	现代
C1 而 C2	77	49	22	4	9	10	6	

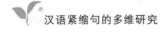

续表

标记式	先秦	秦汉	魏晋南北朝	隋唐五代	宋	元明	清	现代
C1 亦 C2	3		2	22		1		
C1 又 C2						37		7
C1 也 C2								7
且/又/既/亦 C1 且/又/既/亦 C2	8	4	21	42	3	29	58	16
（一）边 C1 （一）边 C2								3
不是 C1 是 C2								4

伴随汉语的发展演变，自上古汉语阶段至中古汉语阶段，并列类紧缩句使用的关联标记也有一定程度的扩充，居中粘接式与前后配套式这两种关联标记模式的具体标记形式日趋丰富。

上古汉语阶段，并列类紧缩句以使用单标形式的居中粘接式为主，其中，连词"而"是古代汉语并列类紧缩句最活跃的单标形式，不过并列类紧缩标"而"随着时代的发展在近现代汉语阶段逐渐衰落。中古汉语阶段，除了"而"之外，并列类紧缩标"亦"作为一个居中粘接式的单标，表现也较好，到近现代汉语阶段，并列类紧缩标则以"又"的使用为主。现代汉语阶段，单标"也"开始使用在并列类紧缩句中。

上古汉语阶段，前后配套式并列类紧缩标主要有双标"且……且……"以及"既……且……"，不过这两组标记的使用频率并不高。中古汉语阶段，前后配套式并列类紧缩标的具体标记和用例数都有一定提升，至近代汉语阶段达到鼎盛。这里面，除了上古汉语阶段就开始使用的"且……且……"以及"且/又/既/亦……且/又/既/亦……"外，还出现了"又……又……"这一表现日渐活跃的并列类紧缩句双标，其使用的频率不断提高，成为现代汉语并列类紧缩句表现较为活跃的双标形式。此外，现代汉语阶段，还新增前后配套式并列标记"（一）边……（一）边……"以及"不是……是……"等。

尽管并列类紧缩标在古今汉语中有更替变化，但并列类有标紧缩句在各时期的用例数量上或者说在使用频率上相对来说是比较均衡的。

并列类有标紧缩句关联标记模式主要包括居中粘接式和前后配套式，

这也受并列类有标紧缩句自身形式语义特点的影响，该语义类有标紧缩句的有标紧缩项之间除了语义上有并列、同等关系外，形式上也往往表现出同构性，尤其是在古代汉语中，这一特征尤为明显，古代汉语并列类有标紧缩句的紧缩前项、后项形式简洁、整齐，那些使用前后配套式双标的并列类有标紧缩句有时与单音节紧缩前后项甚至能构成类似四字格的形式。

六　连贯类有标紧缩句的历时使用情况

（一）使用单标"而"的紧缩句

古代汉语中，连词"而"可以用于连贯类紧缩句，在紧缩项间居中使用，既起连接紧缩项的作用，又能标示前后紧缩项间的先后相继关系。先秦时期即有"而"标连贯类紧缩句，沿用至清，到现代汉语阶段才基本消亡，如：

（284）齐侯曰："余姑翦灭此而朝食。"（先秦《左传》）

（285）君不若引兵疾走大梁，据其街路，□其方虚，彼必释赵而自救。（秦汉《白虎通义》）

（286）夫屯垒相□，形势已交，智勇得陈，巧拙得用，策之而知得失之计，角之而知有余不足，虏之情伪，将焉所逃？（魏晋南北朝《裴注三国志》）

（287）便举左手拍其腹上而喝一声，象兵倒地，不复更起。（隋唐五代《祖堂集》）

（288）凡嫁女，各量其才而求配。（宋《河南程氏遗书》）

（289）四子喜谢，尽欢而散。（元明《初刻拍案惊奇》）

（290）那小厮头儿听了，领命而去。（清《红楼梦》）

（二）使用单标"乃"的紧缩句

自先秦时期开始，副词"乃"用于连贯类紧缩句，位于紧缩项之间，同样既连接了前后紧缩项，也标示了前后紧缩项之间的连贯关系，"乃"标于近代汉语阶段开始衰落，在现代汉语阶段基本不用，例如：

（291）楚人将伐陈，闻丧乃止。（先秦《左传》）

（292）楚王厚赐与约，使反其言，令宋趣降，三要乃许。（秦汉《史记》）

（293）若旧瓶已曾卧酪者，每卧酪时，辄须灰火中烧瓶，令津出，回

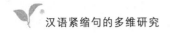

转烧之，皆使周匝热彻，好干，待冷乃用。（魏晋南北朝《齐民要术》）

（294）祖雍按足下事，意未测，闻其死乃对雍流涕，何也？（隋唐五代《大唐新语》）

（295）久之，使人谕孙元规，令暂主席行酒，少服药乃出，数使人勤劳座客，至晓，各未敢退。（宋《梦溪笔谈》）

（296）去门数十里乃下，对举子云："君且归，不可在此！"（元明《初刻拍案惊奇》）

（三）使用单标"即"的紧缩句

从秦汉时期开始，副词"即"可以用于连贯类紧缩句，位于紧缩项间，相当于现代汉语中的"就"。"即"标在连贯类紧缩句中沿用至清代，在现代汉语中比较少见，例如：

（297）用陈平谋而召绛侯周勃受诏床下，曰："陈平亟驰传载勃代哙将，平至军中即斩哙头！"（秦汉《史记》）

（298）世亲闻已即治行装。（隋唐五代《大唐西域记》）

（299）急遣人扬州报亮，亮跨马即至，列坐诸酋长，会议为必渡之举。（宋《三朝北盟会编》）

（300）莫若先到凤姐姐处一看，在彼稍坐即回。（清《红楼梦》）

（四）使用单标"便"的紧缩句

中古汉语阶段，副词"便"始用于连贯类紧缩句，"便"是中古至近代汉语阶段表现活跃的连贯类紧缩句标记，直至现代汉语阶段，连贯类紧缩句中的"便"标被"就"标取代，如：

（301）裴至，下席于地，哭，吊唁毕便去。（魏晋南北朝《世说新语》）

（302）僧众才集，和尚关却门便归丈室。（隋唐五代《祖堂集》）

（303）明日再往礼拜，见国师便展坐具。（宋《五灯会元》）

（304）遂脱下两只裹脚接了，穿在龟壳中间，打个扣儿，拖了便走。（元明《初刻拍案惊奇》）

（305）当下贾琏正同凤姐吃饭，一闻呼唤，不知何事，放下饭便走。（清《红楼梦》）

（五）使用单标"遂"的紧缩句

中古汉语阶段，副词"遂"可以作为紧缩标用于连贯类紧缩句，连接前后紧缩项，例如：

（306）须臾，主人持饭出，腹不能食遂撮饭内着向所吐出物上，即消成水。［魏晋南北朝《古小说钩沉》（上）］

（307）仙人闻命遂还林薮。（隋唐五代《大唐西域记》）

（308）到开德府遂夺了马，教行来。（宋《三朝北盟会编》）

（六）使用单标"再"的紧缩句

中古汉语阶段，副词"再"成为连贯类紧缩句的关联标记之一，并沿用至现代汉语阶段。"再"标用在紧缩前项与后项间，在参与构成紧缩句的同时，标示了紧缩项表达的事件之间的前后相继关系。例如：

（309）簸讫，净淘，炊作再馏饭。（魏晋南北朝《齐民要术》）

（310）绘曰："少间饭罢再来，赵枢决不见吾辈。"（宋《三朝北盟会编》）

（311）便在家手中接过封筒，双手递与王婆道："薄意伏乞笑纳，事成再有重谢。"（元明《初刻拍案惊奇》）

（312）雨村向窗外看道："天也晚了，仔细关了城。我们慢慢的进城再谈，未为不可。"（清《红楼梦》）

（313）从检察院出来咱们再上公安局……（现代《我爱我家》）

（七）使用单标"却"的紧缩句

中古及近代汉语阶段，副词"却"可以用于连贯类紧缩句，相当于现代汉语连贯类紧缩标记"再"，如：

（314）刘尹云："孙承公狂士，每至一处，赏玩累日，或回至半路却返。"（魏晋南北朝《世说新语》）

（315）有一日，心造坐不得，却院外绕茶园三匝了，树下坐，忽底睡著。觉了却归院，从东廊上下。（隋唐五代《祖堂集》）

（316）昨夜路上多吃了一杯酒，不敢来见阿舅；权去庙里睡得醒了却来寻阿舅。（元明《水浒传》）

（八）使用单标"就"的紧缩句

近代汉语阶段，副词"就"用于连贯类紧缩句，"就"标也是现代汉语连贯类紧缩句表现最为活跃的紧缩标，如：

（317）看见中间有个把一点头的，拣了出来，掐破就吃。（元明《初

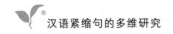

刻拍案惊奇》）

（318）你今日回家就禀明令尊，我回去再禀明祖母，再无不速成之理。（清《红楼梦》）

（319）我刚进去就见个女工，跟办公室几个人嘀嘀咕，嘀嘀咕，我让她有话摆到桌面上说，她说这话不让我听，只能说给妇联同志她们娘家人听……（现代《我爱我家》）

（九）使用单标"辄"的紧缩句

中古汉语阶段，"辄"标可以用于连贯类紧缩句，但用例并不丰富，如：

（320）素无良吏教习，城池又不完固，遇贼畏惧，苟从之以求生，岂其素有背叛之心耶懿宗拥兵数万，闻贼辄退走，失城邑，罪当诛戮。（隋唐五代《大唐新语》）

（十）使用单标"才"的紧缩句

现代汉语阶段，副词"才"可以用在连贯类紧缩句中，承接前后紧缩项，如：

（321）于观掉头抬手往后墙一指。华先生只顾埋头在本上速记，写了一遭才抬头乱找。（现代《你不是一个俗人》）

（十一）使用双音节单标"然后"的紧缩句

双音节单标"然后"从先秦时期开始就可以用在连贯类紧缩句中，表示紧缩前项与后项表达的事件在时间上的先后相继关系，例如：

（322）论辨然后使之，任事然后爵之，位定然后禄之。（先秦《礼记》）

（323）故《土制》曰："赐之弓矢然后专杀。"（秦汉《白虎通义》）

（324）粪塔渐高，挺出于外，去地四百尺然后止。（魏晋南北朝《洛阳伽蓝记》）

（325）愿白父母然后备礼。（隋唐五代《大唐西域记》）

（326）涉江而后至云，入云然后至郡，则云在江北也。（宋《梦溪笔谈》）

（十二）使用双音节单标"而后"的紧缩句

双音节单标"而后"与"然后"相似，表示时间上的先后相继的关系，在我们的语料中，主要用例见于中古及近代汉语阶段，如：

（327）又取龟及鳖，令人脱衣，纵龟等啮其体，终不肯放，死而后已。（隋唐五代《朝野佥载》）

（328）梦其人即病，病即弥连，至手画形容，传于世而后死。（元明《牡丹亭》）

（329）列公，待浮海而后知水，非善观水者也；待登山而后见云，非善观云者也。（清《儿女英雄传》）

（十三）使用双音节单标"一……而/便/即/遂/就……"的紧缩句

双标"一……而/便/即/遂/就……"的前标"一"与后标"而/便/即/遂/就"配套使用，标示紧缩项之间的连贯语义关系，下面分别举例说明。

1. "一……而……"

从中古汉语阶段开始，双标"一……而……"可用于连贯类紧缩句，例如：

（330）一见而异之，问弼曰："夫无者诚万物之所资也，然圣人莫肯致言，而老子申之无已者何？"（魏晋南北朝《裴注三国志》）

（331）太平公主进，则天试之，以银甖盛酒三斗，一举而饮尽。（隋唐五代《朝野佥载》）

（332）不若虚心静看，即涵养、究索之功，一举而两得之也。（宋《朱子语类》）

（333）未冠的在前，其余众人在后，一拥而去。（元明《初刻拍案惊奇》）

（334）那时安太太合张姑娘早躲在西间，众人向洞房里一拥而进。（清《儿女英雄传》）

2. "一……便……"

"一……便……"同样始于中古汉语阶段，如：

（335）王丞相请先度时贤共至石头迎之，犹作畴日相待，一见便觉有异。（魏晋南北朝《世说新语》）

（336）断如来告讫见神通，将身一念便腾空，足下彩云也五色，顶上盘旋有八龙。（隋唐五代《敦煌变文》）

（337）（末）一出来便开放大口。尊兄先行。（宋《张协状元》）

（338）他自家着了急的，叫住了船，一跳便跳上了岸，招呼人家人起来。（元明《初刻拍案惊奇》）

（339）将进门，恰好乌大人也散朝回来，一见他便满脸是笑，却又皱着双眉说了句："恭喜，放了这等一个美缺。"（清《儿女英雄传》）

3. "一……即……""一……遂……"

"一……即……""一……遂……"用于连贯类紧缩句时，例子较少，如：

（340）故此空函寓意，不想公一见即明，慨然认义，养生送死，已出殊恩。（元明《初刻拍案惊奇》）

（341）今日一邀即至，谁知都信真了。（清《红楼梦》）

（342）皇帝默契玄关，一言遂合。（隋唐五代《祖堂集》）

4. "一……就……"

"一……就……"的使用始于近代汉语阶段，在现代汉语连贯类紧缩句中表现非常活跃：

（343）走去推门，门却不拴，一推就开了。（元明《初刻拍案惊奇》）

（344）乌大爷道："门生给老师带了万金来，在后面大船上呢，一到就送到公馆去。"（清《儿女英雄传》）

（345）一进吴胖子家我就第一个去拿麻将匣。（现代《一点正经没有》）

（十四）连贯类有标紧缩句历时使用情况分析

根据语料库中上述连贯类紧缩标具体用例表现，我们将不同时期连贯类有标紧缩句各标记式的使用频次进行统计（见表3-6）。

表3-6　连贯类有标紧缩句各标记式在各时期的使用频次

单位：次

标记式	先秦	秦汉	魏晋南北朝	隋唐五代	宋	元明	清	现代
C1 而 C2	20	8	3	4	6	18	12	
C1 乃 C2	2	3	1	8	8	2		
C1 即 C2		3		20	10		2	
C1 便 C2			13	5	23	84	51	
C1 遂 C2			2	24	4			
C1 再 C2			3		1	36	157	3

标记式	先秦	秦汉	魏晋南北朝	隋唐五代	宋	元明	清	现代
C1 却 C2			1	4	14			
C1 就 C2						20	88	81
C1 辄 C2				1				
C1 才 C2								3
C1 然后 C2	8	2	4	12	4			
C1 而后 C2				16		6	1	
一 C1 而/便/即/遂/就 C2			9	3	10	13	56	46

从古至今，连贯类紧缩句的紧缩标随着汉语的发展而发展。

上古汉语阶段，连贯类紧缩句主要使用单标形式，最常用的紧缩单标有"而""乃""即""然后"等；中古汉语阶段，连贯类紧缩句的单标增加至十个，其中表现更为活跃的单标是"即""便""遂""然后"；近代汉语阶段，单标形式连贯类紧缩句使用最为频繁，尤其是单标"便""再"和新加入的"就"标，促使连贯类有标紧缩句成为有标紧缩句中的高频语义类。现代汉语阶段，连贯类紧缩句主要使用单标"再""就""才"，其中"就"成为使用频率最高的连贯类紧缩句单标。

上古汉语阶段，连贯类紧缩句基本不使用双标形式的紧缩标记。直到中古汉语阶段，连贯类紧缩句才使用双标形式的"一……而/便/即/遂……"配套标记。到了近现代汉语阶段，随着双标"一……就……"作为连贯类紧缩标，双标形式的连贯类有标紧缩句使用频率大大提高。

随着连贯类紧缩句具体关联标记的变化，连贯类紧缩句的关联标记模式也发生了相应的变化。上古汉语阶段连贯类紧缩句的关联标记模式只有居中粘接式，从中古汉语阶段到现代汉语阶段，连贯类紧缩句的关联标记模式逐渐出现并形成居中粘接式和前后配套式并存的局面。

总体来看，连贯类有标紧缩句在使用频率上，从古到今呈现逐渐提高的趋势。上古汉语阶段，连贯类有标紧缩句的使用频率不算高，到中古汉语阶段，连贯类有标紧缩句的用例明显增多，而近现代汉语阶段的使用频率就非常高了，成为有标紧缩句中的高频成员之一。

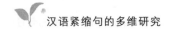

近代汉语阶段是连贯类有标紧缩句变化最明显的阶段。上述连贯类紧缩标的兴衰替换过程中，诸如古代汉语中的"而""乃""即""遂""辄"等关联标记基本上被"再""才""就"等关联标记替代了，这些后起的能用于多种逻辑语义关系的关联标记一直沿用至今。

七　递进类有标紧缩句的历时使用情况

递进类有标紧缩句在有标紧缩句中不是高频成员，用例相对较少，且其紧缩标的具体形式也不太丰富。

（一）使用单标"且"的紧缩句

连词"且"是递进类紧缩句的常用标记，"且"标紧缩句在从古至今的各时期都有用例，如：

（346）其母既死，其子又有谤，可不谓枯乎？枯且有伤。（先秦《国语》）

（347）不孝不信且无义，何以生哉！（秦汉《列女传》）

（348）王云："其地坦而平，其水淡而清，其人廉且贞。"（魏晋南北朝《世说新语》）

（349）久之又来，俯轩而立，挽其首且窥焉，貌甚异。（隋唐五代《宣室志》）

（350）人之未知学者，自视以为无缺，及既知学，反思前日所为，则骇且惧矣。（宋《河南程氏遗书》）

（351）腔子里热血权消渴，肺腑内生心且解馋，有甚腌臜！（元明《西厢记》）

（352）天心至仁且厚，唯恐一物不安其所，不遂其生，怎的又有个叫他想不到身上之说？（清《儿女英雄传》）

（353）他们已经能够掌握全部本族语音，他们的词汇量较前一阶段发展迅速，他们所使用的句型增多且语句完整，他们亦能较连贯地表达自己的思想，并且随着内部言语的产生，言语的自我调节功能也得以发展。（现代《心理》）

（二）使用单标"还"的紧缩句

副词"还"可以作为现代汉语递进类紧缩句的关联标记，如：

（354）你自己破罐破摔还想拉我一起下水，我偏要找个优秀的来给你

瞧瞧！（现代《我爱我家》）

（355）有了良好的方法还需要有良好的实验设计，如在儿童心理学中有所谓"纵向研究和横断研究"两种研究设计。（现代《心理》）

（三）使用单标"而"的紧缩句

连词"而"可以作为递进类紧缩句关联标记，位于前后紧缩项间，上古汉语阶段有相关用例，如：

（356）乃为之请于诸侯而城之，美。（先秦《左传》）

（357）齐将田忌善而客待之。（秦汉《史记》）

（四）使用复合单标"而且"的紧缩句

中古汉语阶段至现代汉语阶段，由"而""且"复合而成的单标"而且"常居中置于递进类紧缩句中，例如：

（358）熬胡麻油著，香而且脆。（魏晋南北朝《齐民要术》）

（359）岩恶之而且悔。（隋唐五代《宣室志》）

（360）被试 C 用了一种完善的学习方法学习，进步迅速而且成绩也较稳定。（现代《心理》）

（五）使用复合单标"且又"的紧缩句

近代汉语阶段至现代汉语阶段，由"且""又"复合而成的单标"且又"可置于递进类紧缩句的紧缩项间，标示前后紧缩项之间的递进关系，如：

（361）"影"字只有一个"魂"字可对，况且"寒塘渡鹤"何等自然，何等现成，何等有景且又新鲜，我竟要搁笔了。（清《红楼梦》）

（362）思维发展与言语发展关系密切且又十分复杂，这是一个必须深入探讨的问题，这里，我们不准备做更多的讨论。（现代《心理》）

（六）使用双音节单标"并且"的紧缩句

现代汉语书面语中，双音节单标"并且"可居中使用于递进类紧缩句，如：

（363）到了青少年期，学生开始对支配自然界的规律发生兴趣，兴趣逐渐变得稳定并且产生了不断丰富自己知识的需要，学习动机也趋于稳定。（现代《心理》）

（七）使用双标"不但/不仅（不）……反而/而且/也/还……"的紧缩句

现代汉语阶段开始出现双标形式的递进类紧缩标，具体有"不但……而且/也/还……""不仅……还/而且……""不但不……反而……""不仅不……反而……"等配套形式，这里举如下几例：

（364）"你比你想的要有用得多。你不但善良而且仁慈，总是替别人考虑得多，心中没有自己只有别人。"（现代《顽主》）

（365）人家说，这位圣人不但话说的质量高数量上也不让你吃亏，只要让他开了牙，小喷子似的，不到点就一句不停。（现代《千万别把我当人》）

（366）"我忍心！"黑脸姑娘怒视着马青说，"不但忍心还幸灾乐祸！"（现代《一点正经没有》）

（367）中国不仅养活了自己还提高了国民的营养水平。（现代《人民日报》）

（368）重要的还是孙武与其他人物的关系，一系列有意味的具有浓重虚构色彩的人物关系描写，不仅敷衍了故事的发展而且使以孙武为中心的人物群体的个性刻画获得了实现。（现代《人民日报》）

（369）可我们不但不预制止反而随声附和，客观上起到了推波助澜的作用，错误是严重的，教训是深刻的……（现代《我爱我家》）

（370）但经济技术差距不仅不能缩小反而会进一步扩大。（现代《人民日报》）

（八）递进类有标紧缩句历时使用情况分析

根据语料库中上述递进类紧缩标具体用例表现，我们将不同时期递进类有标紧缩句各标记式的使用频次进行统计（见表3-7）。

表3-7　递进类有标紧缩句各标记式在各时期的使用频次

单位：次

标记式	先秦	秦汉	魏晋南北朝	隋唐五代	宋	元明	清	现代
C1 且 C2	34	5	3	6	14	2	4	1
C1 还 C2								5

续表

标记式	先秦	秦汉	魏晋 南北朝	隋唐 五代	宋	元明	清	现代
C1 而 C2	2	1						
C1 而且 C2			8	11				1
C1 且又 C2							1	1
C1 并且 C2								2
不但/不仅（不）C1 反而/而且/也/还 C2								18

　　从古至今，递进类紧缩句紧缩标的使用变化不大。递进类紧缩句紧缩标"且"自上古汉语阶段产生并沿用至今，从古至今呈现日趋衰落的趋势。"而"在上古汉语阶段可用于递进类紧缩句。中古汉语阶段产生的双音节单标"而且"、近代汉语阶段产生并沿用至现代汉语阶段的复合单标"且又"，都是表现不太活跃的紧缩标，即使是现代汉语阶段，递进类紧缩句的"还""并且"等紧缩标的相关用例也不丰富。

　　古代汉语阶段，递进类有标紧缩句仅具备居中粘接式关联标记模式，直至现代汉语阶段出现"不但/不仅（不）……反而/而且/也/还……"这组双标关联标记，递进类有标紧缩句才具备居中粘接式和前后配套式两种关联标记模式。

　　总体来看，递进类有标紧缩句在具体关联标记和用例数量上都表现得不够活跃。

八　选择类有标紧缩句的历时使用情况

　　（一）使用单标"孰与"的紧缩句

　　上古、中古汉语阶段，双音节单标"孰与"可用于选择类紧缩句，置于紧缩项间，相当于"还是"，但用例并不丰富，如：

　　（371）齐威王召大臣而谋曰："救赵孰与勿救？"（秦汉《史记》）

　　（372）帝叹其父清，谓威曰："卿清孰与父清？"（魏晋南北朝《裴注三国志》）

　　（二）使用单标"却是"的紧缩句

　　近代汉语阶段，双音节单标"却是"可用于选择类紧缩句，但表现并不活跃，相当于"还是"，例如：

（373）武松一引引到侧首僻静巷内，蓦然翻过脸来道："你要死却是要活？"（元明《水浒传》）

（三）使用单标"或（者）"的紧缩句

现代汉语阶段，单标"或（者）"可居中用于选择类紧缩句，但表现并不活跃：

（374）儿童动作发展离不开自身的活动，家长和成人可参照上述动作发展的常模，给儿童提供锻炼的机会，如让他们自己拿东西，用匙吃饭或做一些力所能及的动作。（现代《心理》）

（375）"哦，我们这儿不给人拉皮条。有专门干这事的地方——婚姻介绍所。你要空闲时间太多，可以练练书法，欣赏欣赏音乐或者义务劳动。"（现代《顽主》）

（四）使用双标"或……或……"的紧缩句

从先秦至现代，双标"或……或……"出现在选择类紧缩句中，连接紧缩前项和紧缩后项，标示前后紧缩项之间的选择关系，相当于"要么……要么……"。各时期使用双标"或……或……"的紧缩句用例丰富，如：

（376）凡此饮酒，或醉或否。（先秦《诗经》）

（377）乐遂斩卫令，直将吏入，行射，郎宦者大惊，或走或格，格者辄死，死者数十人。（秦汉《史记》）

（378）谢太傅于东船行，小人引船，或迟或速，或停或待，又放船从横，撞人触岸。（魏晋南北朝《世说新语》）

（379）或坐或踏，如今镌作佛像，还坐得不？（隋唐五代《祖堂集》）

（380）师遂以指搊面门，分披出十二面观音，妙相殊丽，或慈或威，僧繇竟不能写。（宋《五灯会元》）

（381）谁想倩女孩儿，自与王生别后，卧病在床，或言或笑，不知是何症候。（元明《倩女离魂》）

（382）一时气了，或打或骂，依旧嚷出来不好，所以单告诉你留心就是了。（清《红楼梦》）

（383）一段时间以来，类似的公然抢夺案屡有发生，案犯多是外地

来京人员或聋哑人，作案时或单独或结伙。（现代《人民日报》）

（五）使用双标"非……而/则……"的紧缩句

上古、中古汉语阶段，双标"非……而/则……"可用于选择类紧缩句，但用例不多，近代、现代汉语阶段基本消亡。双标"非……而/则……"相当于"不是……而是……"，例如：

（384）夫子怃然曰："鸟兽不可与同群，吾非斯人之徒与而谁与？天下有道，丘不与易也。"（先秦《论语》）

（385）如起风做雨，震雷闪电，花生花结，非有神而何！（宋《大唐三藏取经诗话》）

（386）非亲则顽，不可入也。（先秦《国语》）

（387）共其地，居是世也，非有灾害疾疫，独以贫穷，非惰则奢也；无奇业旁入，而犹以富给，非俭则力也。（秦汉《盐铁论》）

（388）夫情之所在，非好则美，而美好之集，非人力不成，非谷帛不立。（魏晋南北朝《裴注三国志》）

（389）天下事譬如一家，非我为则彼为，非甲为则乙为。（宋《河南程氏遗书》）

（六）使用双标"与其……宁/不如……"的紧缩句

双标"与其……宁……"在选择类紧缩句中的使用并不频繁，在我们的语料范围内，仅先秦时期有一个用例：

（390）礼，与其亡也宁有。（先秦《穀梁传》）

现代汉语阶段，更常使用的是"与其……不如……"这一双标形式，如：

（391）看来这"户外流动戒烟法"效果不太理想，您呀还是回家来吧，与其让别人监督不如咱自个儿监督。（现代《我爱我家》）

（七）使用双标"不……即……"的紧缩句

双标"不……即……"在选择类紧缩句中的使用也不频繁，在我们的语料范围内，仅秦汉时期有一个用例：

（392）且以季布之贤而汉求之急如此，此不北走胡即南走越耳。（秦汉《史记》）

（八）使用双标"是……还是……"的紧缩句

现代汉语阶段，双标"是……还是……"可以用于选择问句形式的紧缩句中，如：

（393）你们这办的是干部培训班还是婚姻介绍所？是改革工资制度还是破坏家庭关系？（现代《我爱我家》）

（九）使用双标"不是……就是……"的紧缩句

现代汉语阶段，双标"不是……就是……"使用于选择类紧缩句，例如：

（394）哎，人和人之间不是互相瞧不起就是互相攻击，一点真诚的感情都没有，哪像是一群人？（现代《你不是一个俗人》）

（十）选择类有标紧缩句历时使用情况分析

根据语料库中上述选择类紧缩标具体用例表现，我们将不同时期选择类有标紧缩句各标记式的使用频次进行统计（见表3－8）。

表3－8　选择类有标紧缩句各标记式在各时期的使用频次

单位：次

标记式	先秦	秦汉	魏晋南北朝	隋唐五代	宋	元明	清	现代
C1 孰与 C2		8	2					
C1 却是 C2						3		
C1 或（者）C2								6
或 C1 或 C2	23	19	24	32	18	9	16	1
非 C1 而/则 C2	3	1	1		5			
与其 C1 宁/不如 C2	1							2
不 C1 即 C2		1						
是 C1 还是 C2								3
不是 C1 就是 C2								3

选择类紧缩句的紧缩标是以双标形式的使用为主的。上古汉语阶段，双标"或……或……"是表现较为活跃的紧缩标，而"非……而/则……""与其……宁……""不……即……"这三组的用例较少。选择类紧缩句双标"或……或……"的使用相对稳定，沿用至现代汉语阶段才明显降低使

用频次，而双标"非……而/则……"在近代汉语阶段已经趋于消亡。现代汉语阶段，新出现的双标形式"是……还是……""不是……就是……"开始用于选择类紧缩句。

在单标形式上，仅有上古、中古汉语阶段使用的"孰与"以及近代汉语阶段才偶尔使用的"却是"。此外，现代汉语阶段使用的单标"或（者）"表现同样不甚活跃。

就关联标记模式来看，与并列类、连贯类一样，选择类有标紧缩句也仅存在前后配套式和居中粘接式两种模式。邢福义、汪国胜（2003：357）把表示广义并列关系的各类复句归入并总称为并列类复句，然后从并列类复句大类中分出并列句、连贯句、递进句、选择句四个语义小类。就这四个语义小类的有标紧缩句来看，它们的关联标记模式在各自的历时发展过程中都一直仅出现前后配套式和居中粘接式两种模式。不可否认，这四个语义小类应当在语义上有一定的共性，即其前后紧缩项在语义地位上的高低差距与其他逻辑语义关系类（条件类、假设类、因果类、目的类、转折类、让步类）相比还是小了很多，很可能就是这个原因，四个语义小类的紧缩句在关联标记模式（形式上）的表现上也有了共性。

九　转折类有标紧缩句的历时使用情况

（一）使用单标"而"的紧缩句

连词"而"可以用于转折类紧缩句，置于前后紧缩项之间，并在古代汉语各个时期都有用例，例如：

（395）卫庄公娶于齐东宫得臣之妹，曰庄姜，美而无子，卫人所为赋《硕人》也。（先秦《左传》）

（396）故法令可仰而不可逾，可临而不可入。（秦汉《盐铁论》）

（397）济虽俊爽，自视缺然，乃喟然叹曰："家有名士三十年而不知！"（魏晋南北朝《世说新语》）

（398）我当此日，实不为兄弟所容，实有大功而不蒙赏。（隋唐五代《大唐新语》）

（399）知母而不知父，狗彘是也。知父而不知祖，飞鸟是也。（宋《河南程氏遗书》）

（400）韩子贫惟四壁，求淑女而未能，金声富累千箱，得才郎而自弃。（元明《初刻拍案惊奇》）

（401）唇不点而红，眉不画而翠，脸若银盆，眼如水杏。（清《儿女英雄传》）

（二）使用单标"却"的紧缩句

中古汉语阶段，单标"却"开始用于转折类紧缩句，但使用并不频繁，如：

（402）海燕衔泥欲下来，屋里无人却飞去。（隋唐五代《玄怪录》）

（403）然其间却有撞著不好底气以生者，这便被他拘滞了，要变化却难。（宋《朱子语类》）

（404）有心争似无心好，多情却被无情恼。（元明《西厢记》）

（405）只是这条路你走着却大不相宜，便怎么好？（清《儿女英雄传》）

（406）有关信息提取线索的主要的理论是，在识记材料以便把它们储存在长期记忆里的过程中，总是有些线索伴随着，这些线索使得我们能够涉及储存着的信息，如果提取线索不足的话，很多信息将会一直在记忆中保持着却提取不出来。（现代《心理》）

（三）使用单标"竟"的紧缩句

单标"竟"用于转折类紧缩句主要是在中古和近代汉语阶段，用例不多，如：

（407）人信往复竟不会见。（隋唐五代《大唐西域记》）

（408）若不是前世缘故，杀人竟不偿命，不杀人倒要偿命，死者、生者，怨气冲天，纵然官府不明，皇天自然鉴察。（元明《初刻拍案惊奇》）

（409）只顾这阵谈，可把袋烟耽搁灭了，灭了他竟自不知，还在那里闭着嘴只管从嗓子里使着劲儿紧抽。（清《儿女英雄传》）

（四）使用单标"倒"的紧缩句

近代汉语阶段开始，副词"倒"可以居中置于转折类紧缩句中作为关联标记，如：

（410）若不是前世缘故，杀人竟不偿命，不杀人倒要偿命，死者、生者，怨气冲天，纵然官府不明，皇天自然鉴察。（元明《初刻拍案惊奇》）

（411）只是如今并听不见有这样的人，读了书倒更坏了。（清《红

楼梦》)

（412）玩了一辈子鹰倒让鹰给抓了眼！（现代《我爱我家》）

（五）使用单标"可"的紧缩句

现代汉语阶段，连词"可"居中用于转折类紧缩句，例如：

（413）我爸爸死得早，打小我就满世界里想孝敬别人可就没人让我孝敬，今儿这老同志算是成全我啦！（现代《我爱我家》）

（六）使用单标"又"的紧缩句

现代汉语紧缩句中常常出现的紧缩标"又"可用在转折类紧缩句中，例如：

（414）我太了解他们这种人了，心里特苦闷，特想干点什么又干不成什么，志大才疏，只好每天穷开玩笑显出一副什么都看穿的样儿，这种人最没出息！（现代《顽主》）

（七）使用单标"还"的紧缩句

现代汉语副词"还"可以用于构成并标记转折类紧缩句，如：

（415）咱爸都知道了我还不知道？（现代《我爱我家》）

（八）使用单标"但"的紧缩句

现代汉语阶段，连词"但"可用于标记转折类紧缩句，例如：

（416）"真的，我对你印象很好。"司徒聪笨嘴笨舌地回答，模样很忠厚但毫不掩饰。（现代《痴人》）

（九）使用单标"反倒"标的紧缩句

现代汉语阶段，复合单标"反倒"可作为转折类紧缩句的关联标记，如：

（417）"……你别跟他们搅在一起，什么都学不到反倒把自己耽误了。"（现代《顽主》）

（十）转折类有标紧缩句历时使用情况分析

根据语料库中上述转折类紧缩标具体用例表现，我们将不同时期转折类有标紧缩句各标记式的使用频次进行统计（见表3-9）。

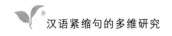

表 3 - 9　转折类有标紧缩句各标记式在各时期的使用频次

单位：次

标记式	先秦	秦汉	魏晋南北朝	隋唐五代	宋	元明	清	现代
C1 而 C2	133	67	60	10	34	14	34	
C1 却 C2				14	8	13	6	3
C1 竟 C2				1		4	5	
C1 倒 C2						16	73	2
C1 可 C2								14
C1 又 C2								6
C1 还 C2								10
C1 但 C2								3
C1 反倒 C2								1

　　总体来看，转折类有标紧缩句无论是在紧缩标的具体形式上，还是在使用频率上，都是汉语各语义类有标紧缩句中活跃度较为一般的类别。其中，产生于上古汉语阶段的单标"而"是上古汉语阶段最常用且使用历史最为长久的转折类紧缩标，随着"而"逐渐丧失单独用作关联标记的功能，转折类紧缩标"而"在现代汉语阶段消亡了。产生于中古汉语阶段的单标"却"虽然沿用至今，但并不是高频出现的紧缩标，其使用量比较有限；单标"竟"产生于中古汉语阶段并沿用至近代汉语阶段，单标"倒"产生于近代汉语阶段并沿用至现代汉语阶段，但其使用频率也呈现下滑趋势。现代汉语阶段新出现的单标"可""又""还""但""反倒"，用例同样不丰富。

　　历代汉语转折类有标紧缩句的关联标记模式表现单一，仅具备居中粘接式，且基本上都是单音节的关联标记。

十　让步类有标紧缩句的历时使用情况

（一）使用单标"虽（然）"的紧缩句

　　先秦开始，连词"虽"置于让步类紧缩句的紧缩前项前，标示紧缩句的"让步—转折"关系，并沿用至近代汉语阶段，到现代汉语阶段，双音化的"虽然"替代了"虽"，如：

（418）虽久不废，此之谓不朽。（先秦《左传》）

（419）又曰："贞女一礼不备，虽死不从。"（秦汉《列女传》）

（420）是时军乱，各间行求太祖，禁独勒所将数百人，且战且引，虽有死伤不相离。（魏晋南北朝《裴注三国志》）

（421）灵怪虽多不为物害。（隋唐五代《大唐西域记》）

（422）且省外事，但明乎善，惟进诚心，其文章虽不中不远矣。（宋《河南程氏遗书》）

（423）英感明公恩德，虽死不忘，若别娶之言，非所愿闻。（元明《初刻拍案惊奇》）

（424）关心群众疾苦是我党的优良传统，虽然改革开放传统不能丢。（现代《我爱我家》）

（二）使用单标"宁"的紧缩句

自先秦起，副词"宁"可以作为关联标记用在让步类紧缩句的紧缩前项前，且紧缩后项往往有"勿/不"等否定词呼应，整个紧缩句的逻辑语义关系相当于现代汉语中"宁可……（也）不……"表达的让步义，例如：

（425）若不幸而过，宁僭勿滥。（先秦《荀子》）

（426）吾今在狱，宁死不辱，汝可早去，唤取鸲鸲。（隋唐五代《敦煌变文》）

（427）某尝以为宁详毋略，宁下毋高，宁拙毋巧，宁近毋远。（宋《朱子语类》）

（428）小娥誓心不嫁，道："我混迹多年，已非得已；若今日嫁人，女贞何在？宁死不可！"（元明《初刻拍案惊奇》）

（三）使用单标"纵"的紧缩句

连词"纵"用于让步类紧缩句始于中古汉语阶段，紧缩标"纵"置于紧缩前项前。现代汉语阶段的语料中，单标"纵"没有在让步类紧缩句中使用。该类紧缩句的用例如：

（429）王曰："若能如是，一任布施，纵施不畏。"（隋唐五代《敦煌变文》）

（430）朋友有些病疾，回避著不照觑，那病人想著没朋友情分，悽惶

呵，纵有五分病添做十分也者。（元明《老乞大》）

（四）使用单标"便"的紧缩句

连词"便"用于让步类紧缩句，在近代汉语阶段有相关用例，如：

（431）慌忙出来喝住道："小厮不要无理！乡里间的师父，既要上杭时，便下船来做伴同去何妨？"（元明《初刻拍案惊奇》）

（五）使用单标"即"的紧缩句

连词"即"用于让步类紧缩句，置于紧缩前项前，在我们的语料范围内，仅有清时期的一个用例：

（432）子兴笑道："说着别人家的闲话，正好下酒，即多吃几杯何妨。"（清《红楼梦》）

（六）使用双音节单标"况且"的紧缩句

双音节单标"况且"能作为紧缩标标记用于让步类紧缩句，清时期语料中有一个用例：

（433）况且误了别人的年下衣裳无碍，他姊妹们的若误了，却是你的责任，老太太岂不怪你不管闲事，这一句现成的话也不说？（清《红楼梦》）

（七）使用单标"不拣"的紧缩句

近代汉语阶段，连词"不拣"可以作为让步类紧缩句的紧缩前项标记单独标示让步关系，且紧缩前项一般为疑问词"怎的"等，"不拣"相当于现代汉语连词"不管"，例如：

（434）前头有的是人松林，猛恶去处，不拣怎的与他结果了罢！（元明《水浒传》）

（八）使用单标"亦"的紧缩句

自先秦至清代，副词"亦"可以用于让步类紧缩句，置于紧缩项间，现代汉语中极少出现这样的情况。古代汉语让步类紧缩句中的"亦"相当于现代汉语的"也"，如：

（435）羽人对曰："言亦死，而不言亦死，窃姣公也。"（先秦《晏子春秋》）

（436）欣见邯曰："赵高用事於中，将军有功亦诛，无功亦诛。"（秦汉《史记》）

（437）若言之亦死，不言亦死，岂不杜归善之心，失正刑之中哉？（魏晋南北朝《裴注三国志》）

（438）又云："成佛成祖出不得，六道轮回亦出不得，汝道出什摩不得？"（隋唐五代《祖堂集》）

（439）我苦志一生，得登黄甲，死亦无恨。（元明《初刻拍案惊奇》）

（440）今复加以气怒伤感，内外折挫不堪，竟酿成干血之症，日渐羸瘦作烧，饮食懒进，请医诊视服药亦不效验。（清《红楼梦》）

（九）使用单标"且"的紧缩句

先秦开始，连词"且"可标记让步类紧缩句，居中连接紧缩项，标示紧缩项间的让步转折关系，但表现不活跃，如：

（441）薳越曰："再败君师，死且有罪。亡君夫人，不可以莫之死也。"（先秦《左传》）

（442）环泣曰："弃背多年，号天莫及。幸蒙追到，慈颜不遥，乞一拜见，死且无恨。"（隋唐五代《玄怪录》）

（十）使用单标"犹"的紧缩句

上古汉语阶段至近代汉语阶段，副词"犹"可以参与构成让步类紧缩句，居中连接并标示让步转折关系，相当于现代汉语的"尚且"，如：

（443）夫子获罪於君以在此，惧犹不足，而又可以畔乎？（秦汉《史记》）

（444）戈戟相冲犹不退，如何闻骂肯抽军？（隋唐五代《敦煌变文》）

（445）又当孝敬母亲，励精学业，以图荣显，我死犹生。（元明《初刻拍案惊奇》）

（十一）使用单标"都"的紧缩句

现代汉语阶段，副词"都"可以参与构成让步类紧缩句，居中连接表示"让步—转折"关系的前后紧缩项，用例如：

（446）人过留名雁过留声，你妈走到哪儿都不能招人说出二话！（现代《我爱我家》）

（447）满处求着人打人都不跟我打，谁也不想找这份死！（现代《我爱我家》）

（十二）使用单标"也"的紧缩句

副词"也"是现代汉语阶段让步类紧缩句表现较为活跃的标记，如：

（448）定金要不要的你们也得去找领导，我们是干一天活儿拿一天钱——（现代《我爱我家》）

（449）这位女同志不要着急，再结一次也不换人，还是跟你，啊？（现代《我爱我家》）

（十三）使用单标"还"的紧缩句

副词"还"是现代汉语阶段表现活跃的紧缩标，"还"也可以标记让步类紧缩句，居中连接并标示"让步—转折"关系，如：

（450）谁敢呀，白送人家我还落一身不是。（现代《我爱我家》）

（十四）使用双标"虽（然/说）……亦/而/犹/也/却/则/尚/且……"的紧缩句

双标"虽（然/说）……亦/而/犹/也/却/则/尚/且……"的前标"虽（然/说）"标记表示"让步"的紧缩前项，后标"亦/而/犹/也/却/则/尚/且"标记表示"转折"的紧缩后项，二者配套使用，从先秦至现代均有相关用例，以下分别举例说明。

1. "虽……亦……"

（451）不与外讨者，因其讨乎外而不与也，虽内讨亦不与也。（先秦《公羊传》）

（452）曰："夫士业已屈首受书，而不能以取尊荣，虽多亦奚以为！"（秦汉《史记》）

（453）若孤根独立者，虽生亦不佳焉。（魏晋南北朝《齐民要术》）

（454）或居兄弟服制，昼则从事，夜则尽会礼堂，虽病亦各卧东西壁，一床而已，除服乃归私室。（隋唐五代《大唐新语》）

（455）大夫士虽或三庙二庙一庙，或祭寝庙，则虽异亦不害祭及高祖，若止祭祢，只为知母而不知父，禽兽道也。（宋《河南程氏遗书》）

（456）但得君一举成名，提掇了妻身出去，相随终身，虽布素亦所甘心。（元明《初刻拍案惊奇》）

2. "虽……而……"

（457）田氏虽无德而施于民。（先秦《晏子春秋》）

（458）是以古者尚力务本而种树繁，躬耕趣时而衣食足，虽累凶年而人不病也。（秦汉《盐铁论》）

（459）绍兵虽多而法不整。（魏晋南北朝《裴注三国志》）

（460）炎虽官达而甚清贫，收其家，略无积聚，时人伤焉。（隋唐五代《大唐新语》）

（461）比之人远，虽负多而费寡，然刍牧不时，畜多瘦死。（宋《河南程氏遗书》）

（462）如若小将折半点便直与杨志，休教截替周谨便教杨志替了小将职役，虽死而不怨。（元明《水浒传》）

（463）"古人云'天然图画'四字，正畏非其地而强为其地，非其山而强为其山，虽百般精而终不相宜……"（清《红楼梦》）

3. "虽……犹……"

（464）未殡，虽有天子之命犹不敢，况临诸臣乎！（先秦《左传》）

（465）矫称蜂出，誓盟不信，虽置质剖符犹不能约束也。（秦汉《史记》）

（466）虽存也犹不宜立，况其既没，而发斯言乎？（魏晋南北朝《裴注三国志》）

（467）岁月虽淹水犹清美。（隋唐五代《大唐西域记》）

（468）"待文王而后兴者，凡民也。若夫豪杰之士，虽无文王犹兴。"（宋《朱子语类》）

4. "虽……也……"

（469）不想我在途中忽然的主仆分离，到此地又险些儿性命不保，若不亏姑娘赶来搭救我，虽死也作个不孝之鬼。（清《红楼梦》）

5. "虽……却……"

（470）曰："虽在彼中却不知。"（宋《五灯会元》）

（471）宝玉道："稻香老农虽不善作却善看，又最公道，你就评阅优劣，我们都服的。"（清《红楼梦》）

6. "虽……则……"

（472）此讨贼也，虽诱之则曷为绝之？（先秦《公羊传》）

（473）除丧，虽相遇则避之，怨其不己悯也。（魏晋南北朝《颜氏家训》）

7. "虽……尚……"

（474）世亲虽没宗学尚传。（隋唐五代《大唐西域记》）

8. "虽……且……"

（475）周氏便夸身上艺：虽为下贱且超群。（隋唐五代《敦煌变文》）

9. "虽然/说……也/但/可……"

随着"虽"的双音化，现代汉语阶段出现了"虽然/说……也/但/可……"双标形式的用例：

（476）虽然我长得好看也经不住你这么看呀！（现代《我爱我家》）

（477）虽然不很严重但总是个隐患。（现代《我爱我家》）

（478）老郑哪，虽说你后来混得比我好可我也算是你的革命引路人吧？（现代《我爱我家》）

（十五）使用双标"纵（然）……亦/也……"的紧缩句

中古汉语阶段至近代汉语阶段，双标"纵（然）……亦/也……"的前标"纵"标记表示让步类紧缩句的紧缩前项，后标"亦/也"标记表示"转折"的紧缩后项，二者配套使用。这一类双标形式在现代汉语中已经基本消亡。

1. "纵……亦……"

（479）师曰："见即见，若不见，纵说得出亦不得见。"（隋唐五代《祖堂集》）

（480）曰："此须是工夫到，义理精，方晓然。未能至此，且据眼前占取义一边，放令分数多，占得过。这下来，纵错亦少。"（宋《朱子语类》）

（481）那些人见了如此，纵要复辨亦不敢辨，只得忍气吞声罢了。（清《红楼梦》）

2. "纵（然）……也……"

（482）若逢知己须依分，纵遇冤家也共和。（宋《五灯会元》）

（483）林家实没了人口，纵有也是极远的。（清《红楼梦》）

（484）宝玉在梦中欢喜，想道："这个去处有趣，我就在这里过一生，纵然失了家也愿意，强如天天被父母师傅打呢。"（清《红楼梦》）

（十六）使用双标"便……亦/也/且……"的紧缩句

让步类紧缩句的双标"便……亦/也/且……"于中古汉语阶段开始使用，沿用至清代。其中，前标"便"用在表示让步的紧缩前项前（或前项主语后），后标"亦/也/且"用在表示转折的紧缩后项前，二者配套使用。

以下分别举例说明。

1. "便……亦……"

（485）若全不识传文大意，便看前头亦难。（宋《朱子语类》）

2. "便……也……"

（486）他只爱官职，便弑父与君也敢！（宋《朱子语类》）

（487）今世不能和你相见了，便死也不忘记你。（元明《初刻拍案惊奇》）

（488）今闻贾琏挪在外书房来，他便没事也要走两趟去招惹。（清《红楼梦》）

3. "便……且……"

（489）你想，这条路带着若干的银子，便华忠跟着且难保无事，何况你孤身一人？（清《儿女英雄传》）

（十七）使用双标"即（使）……亦/也……"的紧缩句

1. "即……亦……"

双标"即……亦……"配套使用前标"即"和后标"亦"，一起标示前后紧缩项之间的"让步—转折"关系，近代汉语阶段有相关用例，如：

（490）那焦大恃着贾珍不在家，即在家亦不好怎样他，更可以任意洒落洒落。（清《红楼梦》）

2. "即使……也……"

现代汉语阶段，因为"即"双音化为"即使"，"也"替换了"亦"，因此让步类紧缩句产生了双标"即使……也……"，如：

（491）即使平时坐车不买票也是为了省下钱来交老师。（现代《我爱我家》）

（492）最后，对时间的知觉不仅取决于客观对象、现象的特点，也受主观因素的影响，例如当要外出等车时，即使时间短暂也会觉得十分漫长。（现代《心理》）

（十八）使用双标"就（是）……亦/也/都/还……"的紧缩句

近代汉语阶段至现代汉语阶段，双标"就（是）……亦/也/都/还……"可以用在让步类紧缩句中，相当于现代汉语的"就算……也……"，下面分别举例说明。

1. "就……亦/也……"

（493）柴进道："就请来一处坐地相会亦好。"（元明《水浒传》）

（494）不争你贪他这老婆，你留他在家里也不好，你就打发他出去做买卖也不好。（元明《金瓶梅》）

（495）张进宝道："老爷此时就过去也来不及了。奴才已经叫人过去回明张亲家老爷，又请奴才大爷过去了。"（清《儿女英雄传》）

2. "就是……也/都/还……"

（496）"就是长期分离我也没意见呀！"（现代《我爱我家》）

（497）要接她自个儿那位，甭说早上8点，就是头天晚上8点让她在外头干冻一宿她都乐意！（现代《我爱我家》）

（498）那岁数的坏人就是抓着了还能改造好吗？（现代《我爱我家》）

（十九）使用双标"宁可……也/都……"的紧缩句

自清代至现代，双标"宁可……也/都……"使用在让步类紧缩句中，并且在现代汉语阶段表现较为活跃，如：

（499）说不得我自己吃些亏，把众人打扮体统了，宁可我得个好名也罢了。（清《红楼梦》）

（500）明白可明白了，我宁可输了都使得，实在不能跟着你：二鞑子吃螺蛳——绕这么大弯儿！（清《儿女英雄传》）

（501）我看到时候人家宁可选喝酒的也不会选抽烟的！（现代《我爱我家》）

（二十）使用双标"况且……也……"的紧缩句

在我们的语料中，清代有一个使用双标"况且……也……"的让步类紧缩句：

（502）况且省下一两银子也有限。（清《红楼梦》）

（二十一）使用双标"却……也……"的紧缩句

双标"却……也……"在清代有一个让步类紧缩句用例：

（503）到了此时，却急也无益，更无气可生，只是苦了你了！（清《儿女英雄传》）

（二十二）使用双标"不（/甭）管……都/也……"的紧缩句

双标"不（/甭）管……都/也……"的前项标记为"不（/甭）管"，

后项一般以"都/也"配套使用在让步类紧缩句中，出现于现代汉语阶段，例如：

（504）不管你写了什么干了什么我都原谅你！（现代《我爱我家》）

（505）甭管出力多少也是个阶级感情。（现代《我爱我家》）

（二十三）使用双标"再……也……"的紧缩句

双标"再……也……"是现代汉语阶段让步类紧缩句表现较为活跃的标记，也是一种固定组配形式，如：

（506）再忙也忙不过您这事儿呀！（现代《我爱我家》）

（507）他送一回我来一次，猎手再狡猾也斗不过好狐狸！（现代《我爱我家》）

（二十四）使用双标"无论……也/都……"的紧缩句

双标"无论……也/都……"标示的是现代汉语阶段无条件让步关系的紧缩句，如：

（508）如只要对人民、对社会、对国家有益的事，无论有多大困难也要坚持完成。（现代《心理》）

（509）因此，婴儿的微笑是一种社会交往的信号，但这种社会交往信号仍然是未分化的，因为从实际生活中我们可以体会到，这时婴儿无论与谁接近都可以，都能引起他的微笑，不加选择。（现代《心理》）

（二十五）让步类有标紧缩句历时使用情况分析

根据语料库中上述让步类紧缩标具体用例表现，我们将不同时期让步类有标紧缩句各标记式的使用频次进行统计（见表3－10）。

表3－10　让步类有标紧缩句各标记式在各时期的使用频次

单位：次

标记式	先秦	秦汉	魏晋南北朝	隋唐五代	宋	元明	清	现代
虽（然）C1C2	45	43	17	47	18	8		2
宁 C1C2	1			2	2	1		
纵 C1C2				2		1		
便 C1C2						12		
即 C1C2							1	

标记式	先秦	秦汉	魏晋南北朝	隋唐五代	宋	元明	清	现代
况且 C1 C2							1	
不拣 C1 C2						1		
C1 亦 C2	4	9	5	15		4	5	
C1 且 C2	2			1				
C1 犹 C2		3		9		1		
C1 都 C2								21
C1 也 C2								22
C1 还 C2								4
虽（然/说）C1 亦/而/犹/也/却/则/尚/且 C2	17	23	36	32	34	6	6	3
纵（然）C1 亦/也 C2				4	2		4	
便 C1 亦/也/且 C2					10	55	14	
即（使）C1 亦/也 C2							1	4
就（是）C1 亦/也/都/还 C2						6	1	18
宁可 C1 也/都 C2							2	2
况且 C1 也 C2							1	
却 C1 也 C2							1	
不（/甭）管 C1 都/也 C2								3
冉 C1 也 C2								5
无论 C1 也/都 C2								2

随着汉语从古至今的变化发展，让步类紧缩句的紧缩标也逐渐丰富起来：一方面，让步类紧缩句紧缩标的具体形式越来越多；另一方面，从上古汉语阶段开始，让步类紧缩句就具备了三种关联标记模式。

上古汉语阶段，让步类紧缩句以使用单标为主，主要使用的紧缩标是单标"虽""宁""亦""且""犹"等；中古汉语阶段新增单标"纵"；近代汉语阶段，增加单标"便""即""况且""不拣"。上述紧缩标虽然形式丰富，但除了单标"虽"外，其他的在古代汉语阶段的用例不丰富。单标"虽"虽然是古代汉语让步类紧缩句表现最为活跃的单标，但随着时代变化，"虽"标呈逐渐衰落之势，到了现代汉语阶段，除了"虽"双音化为"虽然"尚能继续用在让步类紧缩句中，其余单标都已基本消亡。代替它们的，是"都""也""还"这样的通用性较强的关联标记。

上古汉语阶段，让步类紧缩句的双标形式只有"虽……则/亦/而/犹……"这一组，到了中古汉语阶段，双标形式的让步类紧缩标开始丰富，如新增的"纵……亦/也……""便……亦/也……"等；近代汉语阶段，让步类双标的具体形式就相当丰富了，除了使用最为稳定的"虽……亦/而/却/也……"外，"纵……亦/也……""便……亦/也/且……"这两组标记的使用也值得关注，此外，还出现了"即……亦……""就……亦/也……""宁可……也……""况且……也……""却……也……"等多种前后标组配形式；现代汉语阶段，让步类有标紧缩句的双标形式除了沿用已经出现的标记外，还出现了"即使……也……""不（/甭）管……都/也……""再……也……""无论……也/都……"等的配对使用，这些形式的出现，既丰富了让步类有标紧缩句的双标形式，也是对消亡的"纵……亦/也……""便……亦/也……""况且……也……""却……也……"这些双标形式的替换或补充。

从先秦时期开始，让步类有标紧缩句就拥有齐全的三种关联标记模式。并且，上述十种语义类的有标紧缩句中，数让步类有标紧缩句的居端依赖式标记最为发达，其居端依赖式的具体关联标记小类和用例数，都表现出最为显著的活跃度。

总的来说，从上古汉语阶段到现代汉语阶段，让步类有标紧缩句在使用频率上保持稳中有升的趋势，在整个有标紧缩句群体中，让步类有标紧缩句呈现中等使用频率的态势。

第二节 历时视角下汉语有标紧缩句的总体特征

一 历代汉语有标紧缩句各语义类总体使用频次

肖任飞（2009：14~17）根据各种语体语料库的统计，得到了其选定的语料中不同语体复句各语义类使用的频次序列，我们可以将其统计结果进行总结，如表3-11所示。

表 3 – 11　各语体中复句各语义类使用的频次序列

语体	选定的语料范围和语料总字数	复句各语义类使用的频次序列（由高到低排列）
文学语体	《小说月报》（2006 年第 1 期），187932 字	并列、连贯、转折、因果、递进、时间、假设、条件、让步、选择、目的
口语语体	《我爱我家》全台词（第 1 ~ 30 集），181231 字	并列、因果、转折、连贯、递进、假设、让步、时间、条件、选择、目的
报刊语体	《人民日报》2006 年 6 月 6 日，95847 字	并列、连贯、时间、递进、因果、转折、假设、条件、目的、让步、选择
科普语体	"复句优先序列语料库"（CCSOS）中科普语体，67982 字	并列、假设、因果、递进、时间、连贯、目的、转折、条件、让步、选择

接下来，我们将肖任飞统计的各语体中复句各语义类使用的具体频次汇集成表，并计算出每个语义类的总频次（见表 3 – 12）。

表 3 – 12　各语体中复句各语义类的使用频次数及总频次数

单位：次

语体	并列	假设	因果	递进	时间	连贯	目的	转折	条件	让步	选择
文学语体	5172	354	942	562	546	1669	27	1018	205	118	56
口语语体	3483	331	1052	397	84	446	21	738	52	87	38
报刊语体	2024	64	172	179	315	332	43	172	43	21	4
科普语体	942	248	141	130	102	99	88	73	58	27	13
总频次	11621	997	2307	1268	1047	2546	179	2001	358	253	111

根据数据可以得到复句各语义类使用频次的总体序列（从高到低）：

并列、连贯、因果、转折、递进、时间、假设、条件、让步、目的、选择

姚双云（2006：55）统计了其利用《人民日报》连续文本制作的语料样本（总词容为 15429593）中，并列、递进、假设、假转、连贯、目的、让步、推断、条件、选择、因果、转折这 12 类语义关系标记使用的频次（见表 3 – 13）。

表 3 - 13　报刊语体中有标复句各类关系标记使用的频次

单位：次

关系标记类别	出现的总次数	关系标记类别	出现的总次数
并列类	85630	假转类	989
递进类	30128	让步类	12777
目的类	7775	假设类	9255
因果类	24900	条件类	11215
连贯类	7013	推断类	1725
转折类	36211	选择类	5189

据此，我们大致可以得到报刊语体中有标复句各语义类使用频次的序列（从高到低）：

并列、转折、递进、因果、让步、条件、假设、目的、连贯、选择、推断、假转

而历代汉语有标紧缩句的 10 个语义类在使用频次上则有不同于上述两个序列的表现。根据对表 3 - 1 至表 3 - 10 中的数据的统计，历代汉语有标紧缩句各语义类使用频次的情况如表 3 - 14 所示。

表 3 - 14　有标紧缩句各时期各语义类的使用频次

单位：次

语义类	先秦	秦汉	魏晋南北朝	隋唐五代	宋	元明	清	现代	总计
条件类	41	63	59	175	355	498	601	217	2009
假设类	303	242	64	149	239	137	90	263	1487
因果类	25	15	5	24	27	24	14	23	157
目的类	72	152	104	54	66	20	5	1	474
并列类	88	53	45	68	12	77	64	37	444
连贯类	30	16	36	97	66	193	367	133	938
递进类	36	6	11	17	14	2	5	28	119
选择类	27	29	27	32	23	12	16	15	181
转折类	133	67	60	25	42	47	118	39	531
让步类	69	78	58	112	66	95	37	86	601
总计	824	721	469	753	910	1105	1317	842	6941

据此，可以得到历代汉语有标紧缩句各语义类使用频次的总体序列（以本书所选取的语料为样本）（从高到低）：

条件、假设、连贯、让步、转折、目的、并列、选择、因果、递进

其中，选定的 100 万字现代汉语中的有标紧缩句，各语义类的使用频次序列（从高到低）为：

假设、条件、连贯、让步、转折、并列、递进、因果、选择、目的

将上述共同关注到的 4 种句型的 10 个语义类的使用频次序列放在一起，可以得到以下序列。

复句：　　并列、连贯、因果、转折、递进、假设、条件、让步、目的、选择
有标复句：　并列、转折、递进、因果、让步、条件、假设、目的、连贯、选择
历代汉语有标紧缩句：条件、假设、连贯、让步、转折、目的、并列、选择、因果、递进
现代汉语有标紧缩句：假设、条件、连贯、让步、转折、并列、递进、因果、选择、目的

对比可见，有标复句与复句在各语义类的使用频次序列上有更为近似的表现，而有标紧缩句与复句、有标复句却有着明显的差异。在复句、有标复句中使用频次不高的条件类、假设类、让步类在有标紧缩句中使用频次高，而在复句、有标复句中使用频次较高的因果类、递进类、并列类等在有标紧缩句中使用频次不高。

与此同时，我们也可以把历代汉语有标紧缩句语义类使用频次划分成"丰富""一般""不丰富"三个层次，依次为"条件类、假设类、连贯类""让步类、转折类、目的类、并列类""选择类、因果类、递进类"。

二 历代汉语有标紧缩句关联标记的使用情况

（一）关联标记的演变和兴衰情况

总体上看，汉语历史上出现过的紧缩标数量多，具体形式丰富，但是从古至今，稳定性较差。汉语紧缩句的紧缩标在历时发展过程中，经常会出现同义或同功能紧缩标聚合的情况，它们之间的不同表现在产生时代、使用地域、使用环境等，同义或同功能聚合中的成员之间相互竞争，就会出现同义紧缩标此消彼长乃至更替的现象。

古代汉语紧缩标在两种或多种语义类的紧缩句中通用的情况比较常见。上古汉语阶段，关联标记具体小类并不太丰富，主要集中在诸如

"而""则""虽""以"等单标的使用上。像"而""则"是出现有标紧缩句跨语义类使用最为频繁的紧缩标：条件类、因果类、假设类、连贯类、并列类、转折类等紧缩句都可以使用"而"标，假设类等紧缩句都可以使用"则"标，并且使用这两个单标的有标紧缩句在用例数量上也是较多的。

中古汉语阶段，紧缩句关联标记的具体形式丰富起来，但以"而""则""以"为标记的有标紧缩句使用率反而下降，这一时期的显著变化是紧缩双标的丰富。另外，也有一些紧缩标尽管跨类使用程度不高，但用例数量比较多，例如"便""虽"等紧缩标。

近代汉语阶段，紧缩句的标记类型和具体形式处于比较发达的阶段，其中既有如"就""才""便"等高频使用的单标，也出现了更为丰富的单标和双标形式，包括构式型标记也占据了双标的一部分。近代汉语阶段，也是紧缩标出现消长更替现象的阶段，例如"才"标对"乃""始""方"等标记进行的更替，"就"标对"便""遂""辄"等标记进行的更替。

随着时间的推移，现代汉语的白话特征、双音节词占优势的特点促使现代汉语紧缩句逐渐出现紧缩项扩容现象，原来的很多紧缩标一是不适用于白话环境，二是难以负担起变化后的紧缩项，于是紧缩标的使用也出现了极大的变化。"而""则"这样的标记在紧缩句中基本消亡，而"才"标在紧缩句中保持着高使用率，再加上"就""也""都""又""还"等近现代新起标记（陈颖，2005）的"加盟"和高频使用，现代汉语阶段每一语义类有标紧缩句的紧缩标往往就集中在最常用的少数几个，同义或同功能聚合的情况大大减少。

上述规律是对前文描述有标紧缩句的历时使用面貌及其关联标记特点的总结，那么有标紧缩句和紧缩标变化的动因是什么呢？

首先，从古至今，随着社会的发展和社会生活的日益丰富，语言的表达也需要日趋精密，为了适应这一趋势的发展和表达功能的需要，在紧缩句领域，具体的紧缩标记变得越来越丰富。根据认知语言学的"象似性原则"，一个意义用一个形式对应表达是最精确的，因此为了满足语义表达更为精确的需要，形式标志的增加也就在情理之中了，尤其是双标的出现，体现出语义表达的精确化趋势。而紧缩句关联标记模式的多样化实际上也是紧缩标丰富的直接结果，是随着双标形式紧缩标的出现而出现的。

有标紧缩句的使用频率呈现提高的趋势：一方面，关联标记的具体小类的增多必然会带动整个有标紧缩句使用的频繁；另一方面，紧缩句恰好同时符合"经济性原则"（Economy）和"象似性原则"。根据 Croft（2003：102），二者是语言中一对重要的竞争性动因。其中，"经济性原则"指的是语言形式结构上的表达要尽可能最简化；"象似性原则"指的是语言结构反映了说话人对世界结构的认知所形成的经验结构，因此语言结构上的特点相当于是由经验结构与语言结构的匹配程度决定的。在有标紧缩句中，至少有一个或两个紧缩标来标示紧缩前项与紧缩后项之间的逻辑语义关系，这能够保证紧缩项之间的语义关系在形式上得到反映，并且这个语义关系是人类对世界结构进行认知所形成的经验结构，所以实际上，这就是遵循了形式和意义相对应的"象似性原则"。同时，紧缩句相较于形式更为完整的复句，一般会在句中省略某些成分，并且它没有语音停顿，所以整体上显得更为简洁紧凑，然而其表达的基本语义却跟具有更为完整形式的复句有近似性。也就是说，紧缩句以更简单的形式表达了跟比之复杂的形式基本相同的语义，从这个角度来说，紧缩句符合"经济性原则"。恰恰是紧缩句同时符合语言中的这一对重要动因，具有存在价值，所以其使用频率能够提升。

有些紧缩标在紧缩句的历时发展过程中逐渐消亡，而另一些紧缩标加入或替代消亡的紧缩标，这其实是一个语言自然兴替的过程。古代汉语语料既是各个时代的书面语，也是当时口语的反映，从这个角度来说，紧缩标的兴替也反映了当时汉语的实际情况，与汉语的实际发展是同步的。另外，从古至今，汉语的发展总体来说是书面语越来越趋向于跟口语一致，因此近代汉语中的紧缩标跟之前的紧缩标有很多的不一致，一方面是因为口语发生了变化，另一方面是因为书面语本身也发生了变化。

紧缩标在近代汉语阶段发生的变化最大，不仅紧缩标的数量增多，而且很多紧缩标完成了更替变化，并且近代汉语阶段是有标紧缩句发展史上变化最剧烈、对现代汉语有标紧缩句影响最大的一个时期。这些紧缩标之所以在近代汉语阶段发生这么大的变化，其实是汉语本身的变化决定的。近代汉语阶段的汉语发生了很多较大的变化，例如这个时期产生了处置式和述补结构。蒋绍愚（1994：182）就曾说过，"动补结构的产生和发展，是汉语语法史上的一件大事，它使汉语的表达更加精密了"。这句话可以稍做改变借用来描述紧缩句紧缩标的变化：紧缩句紧缩标的兴替和发展，一方面是适应社会发展对语言表达精密化的需要的结果，另一方面是这一适应结果又反过来使得汉语的表达更为精密，促进了汉语的发展，二者由此形成了一个相互促进的良性循环。

（二）历代汉语有标紧缩句的关联标记模式演变情况

储泽祥、陶伏平（2008）论证了汉语因果复句具有居端依赖式、居中粘接式和前后配套式三种关联标记模式，历代汉语有标紧缩句的关联标记也具有这三种常规的关联标记模式。接下来我们统计不同语义类各模式紧缩标在各时期的具体标记数量以及不同语义类各模式紧缩标的紧缩句用例数量（见表 3 – 15、表 3 – 16）。

根据上面两个表格的统计结果，我们有以下发现。

总体来看，有标紧缩句各关联标记模式的具体标记形式在不同时期和不同语义类中共出现 486 次，较为活跃。历代汉语有标紧缩句关联标记模式总体上是比较齐的，其中，居中粘接式与前后配套式的具体标记形式丰富，出现频次较高，而居端依赖式的具体标记形式较少，出现频次也较低。在我们的语料范围内，有标紧缩句三种关联标记模式总体的紧缩标出现频次比例为：

居中粘接式∶前后配套式∶居端依赖式 = 212∶243∶31

据此，我们可以得出历代汉语有标紧缩句关联标记模式小类出现频次从高到低依次为：前后配套式、居中粘接式、居端依赖式。

然而，尽管前后配套式的标记形式比居中粘接式的丰富，但就关联标记模式具体形式对应的紧缩句用例数量来看，却出现了极大的差距。在我们的语料范围内，三种关联标记模式对应的有标紧缩句用例数量的比例为：

居中粘接式∶前后配套式∶居端依赖式 = 5027∶1620∶294

据此，我们可以得到历代汉语有标紧缩句关联标记模式实际使用频次从高到低依次为：居中粘接式、前后配套式、居端依赖式。

三种关联标记模式中，居中粘接式是有标紧缩句最为高效、活跃的关联标记模式，其次是前后配套式，是较为活跃的紧缩句关联标记模式，而居端依赖式则不是紧缩句常用的关联标记模式。这一表现背后的原因值得探究。

表3-15 不同语义类各模式紧缩标在各时期的具体标记数量

单位：次

语义类	居中粘接式								前后配套式								居端依赖式							
	先秦	秦汉	魏晋南北朝	隋唐五代	宋	元明	清	现代	先秦	秦汉	魏晋南北朝	隋唐五代	宋	元明	清	现代	先秦	秦汉	魏晋南北朝	隋唐五代	宋	元明	清	现代
条件类	4	4	4	9	9	7	7	3	0	1	3	3	10	10	5	7	0	0	0	0	0	0	0	1
假设类	2	2	2	3	2	2	3	6	5	4	5	11	10	10	9	14	0	0	1	1	0	3	2	3
因果类	2	2	2	2	2	3	1	2	0	1	1	1	1	2	3	4	0	0	0	0	1	1	1	0
目的类	1	1	1	1	1	1	1	1	1	0	0	0	0	0	0	0	0	0	0	0	0	0	0	0
并列类	2	1	2	2	1	3	1	2	0	1	4	4	2	2	3	5	0	0	0	0	0	0	0	0
连贯类	3	4	7	9	7	7	6	3	3	0	2	3	2	4	4	1	0	0	0	0	0	0	0	0
递进类	2	2	2	2	1	1	2	5	0	0	0	0	0	0	0	7	0	0	0	0	0	0	0	0
选择类	0	1	1	0	0	1	0	2	3	3	2	1	3	1	1	4	0	0	0	0	0	0	0	0
转折类	1	1	1	3	2	4	4	7	4	3	4	6	8	5	14	13	0	0	0	0	0	0	0	0
让步类	2	2	1	3	0	2	1	3	0	0	0	0	0	0	0	0	2	1	1	3	2	5	2	1
总计	19	20	23	34	25	31	26	34	16	13	21	29	36	34	39	55	2	1	2	4	3	9	5	5
	212								243								31							
	486																							

表 3 – 16　不同语义类各模式紧缩标的紧缩句用例数量

单位：例

语义类	居中粘接式	前后配套式	居端依赖式
条件类	1617	391	1
假设类	1040	374	73
因果类	89	51	17
目的类	474	0	0
并列类	256	188	0
连贯类	801	137	0
递进类	101	18	0
选择类	13	168	0
转折类	531	0	0
让步类	105	293	203
总计	5027	1620	294

　　紧缩句不同于复句，对于关联标记模式的选择应当有其特定的考察因子，我们对紧缩句关联标记模式的高效性因子进行了总结，认为理想、高效的紧缩标最好具备经济简便、少延长紧缩项的长度、廓清紧缩项间的界限、密切前后项的关系、取消紧缩项的自足性、对逻辑语义关系有标示作用等。不同的关联标记模式在紧缩句紧缩标的具体考察因子上会有不同的表现程度。我们用数字"1"表示在该项考察因子上关联标记模式的表现程度较低（记为得 1 分）；用数字"2"表示在该项考察因子上关联标记模式的表现程度一般（记为得 2 分）；用数字"3"表示在该项考察因子上关联标记模式的表现程度较高（记为得 3 分）。接下来，我们对居中粘接式、前后配套式、居端依赖式在紧缩句中的高效性表现进行列表评估（见表 3 – 17）。

表 3 – 17　有标紧缩句各关联标记模式的高效性考察

单位：分

高效性因子	居中粘接式	前后配套式	居端依赖式
经济简便	2	1	2
少延长紧缩项的长度	3	1	2
廓清紧缩项间的界限	3	2	1

续表

高效性因子	居中粘接式	前后配套式	居端依赖式
密切前后项的关系	2	3	1
取消紧缩项的自足性	2	3	1
对逻辑语义关系有标示作用	2	3	1
累计得分	14	13	8

高效性因子都是紧缩标促使有标紧缩句成立、具备存在价值并且更加高效的有利因素。在打分过程中，每一横排的三个分值都是三者相对而言得出的。例如，与前后配套式需要一组紧缩标配套使用相比，居中粘接式和居端依赖式更为经济简便，因此前者得 1 分，后两者可得 2 分。又如，一般来说，前后配套式相较另外两个模式会延长紧缩前项和紧缩后项的长度，因此得 1 分；居端依赖式虽简便，但有时会延长所居紧缩项的长度，因此只能得 2 分；居中粘接式既经济简便，又较少延长紧缩项的长度，因此得 3 分。

最后，累计得分越高，越能够促进有标紧缩句的构成和高频使用。三种关联标记模式的紧缩标累计得分比例为：

居中粘接式：前后配套式：居端依赖式 ＝ 14 : 13 : 8

正是三者对有标紧缩句的构成和存在价值的贡献有差别，所以汉语有标紧缩句关联标记模式实际使用频率存在一个优先序列等级。这种贡献或者能力的差别与我们刚才总结的有标紧缩句关联标记模式小类使用频次的优先序列等级是一致的。

当然，这三种关联标记模式在有标紧缩句各项考察因子中都有得分，且累计得分并不低，这是因为三种关联标记模式下的具体标记形式都能完成参与构成紧缩句和标示紧缩句语义关系这两个核心任务，只是在能力上三者的表现有强弱，三者的高效程度存在差别。关联标记模式完成这两个核心任务的能力越强，则其具体的标记形式表现越活跃，总体使用频率越高，反之，则其具体的标记形式表现越不活跃，总体使用频率越低。

总体来看，居中粘接式既经济简便、少延长紧缩项的长度，又对廓清紧缩项间的界限有非常鲜明的作用。此外，在密切前后项的关系上表现也不错，因此居中粘接式具备的"综合素养"最高，参与构成紧缩句和标示紧缩句语义关系的能力最强，具体的标记类型也比较丰富，用例数量也就最多了。事实上，前后配套式小类的丰富在很大程度上是因为一个紧缩前标可以与多个紧缩后项相匹配，或是一个紧缩后项可以与多个紧缩前项相匹配。

可以说，历代汉语有标紧缩句总体上印证了"联系项居中原则"。Dik（1997）提出的"联系项居中原则"是一条倾向性的语序原则，该原则指出了不同语言存在的一个倾向共性，即当联系项将两个有并列或从属关系的成分联结成一个更大的单位时，联系项的优先位置是在两个被联系的成分之间。"联系项居中原则"表述如下（转引自刘丹青，2003：69；储泽祥、陶伏平，2008）：

（i）在两个被联系成分之间；

（ii）如果联系项位于某个被联系成分上，则它会在该被联系成分的边缘位置。

参考这一原则和表述，历代汉语有标紧缩句的关联标记居中原则也可以具体表述为：

（i）在紧缩前项和紧缩后项之间；

（ii）如果关联标记位于紧缩前项或紧缩后项上，则它会在紧缩前项的边缘位置（后端为主）或紧缩后项的边缘位置（前端为主）。

如果对有标紧缩句的各语义类之间进行比较，10个语义小类各自的关联标记模式实际使用频率的优先序列等级有以下差别。

第一，条件类、假设类、因果类、并列类、连贯类、递进类这6个语义小类的有标紧缩句都遵循"居中粘接式、前后配套式、居端依赖式"这一关联标记模式使用优先序列等级；目的类、转折类这两个语义小类的有标紧缩句仅存在居中粘接式，这其实也是对有标紧缩句"居中粘接式、前后配套式、居端依赖式"这一关联标记模式使用优先序列等级的支持。

第二，选择类有标紧缩句遵循"前后配套式、居中粘接式、居端依赖式"这一关联标记模式使用优先序列等级。

第三，让步类有标紧缩句则遵循"前后配套式、居端依赖式、居中粘接式"这一关联标记模式使用优先序列等级。

让步类有标紧缩句在关联标记模式使用优先序列等级的表现上具有较为明显的特殊性：尽管让步类有标紧缩句拥有三种关联标记模式，且各模式下的具体标记类型也较为丰富，但其在关联标记模式的使用上与其他大部分语义类有标紧缩句不同，具体表现为前后配套式关联标记模式占优势，居端依赖式关联标记模式次之，而居中粘接式关联标记模式相对处于劣势。

这是因为，让步语义关系与转折语义关系之间的区别就在于紧缩前项的语义是否表示了"让步"。转折句表示的是直截了当的转折关系，而让步句表示的是先作让步的转折关系（邢福义、汪国胜，2003：366）。这一区别除了在语义上的理解、处理与辨别外，若能在形式上也添加关联标记就会显得更加直接有力。也就是说，让步类紧缩句与转折类紧缩句的差异如果在形式上能有标记，即紧缩前项使用关联标记形成居端依赖式或前后配套式的话，就可以更明确、更直截了当地将让步类有标紧缩句区别于转折类有标紧缩句。没有前项标记的让步类有标紧缩句，当然也还是要处理为让步类紧缩句，只是需要更多的语义加工，才能让听话人或读者识别让步逻辑语义关系。我们认为，这是让步类有标紧缩句紧缩前项倾向于出现关联标记，进而表现出"前后配套式、居端依赖式、居中粘接式"这一关联标记模式使用优先序列等级的根本原因。

若从时间维度纵向观察从古至今的先秦、秦汉、魏晋南北朝、隋唐五代、宋、元明、清、现代八个时期的汉语紧缩句不同关联标记模式使用优先序列等级，各时期的表现基本上是一致的，均表现为"居中粘接式、前后配套式、居端依赖式"这一关联标记模式使用优先序列等级（见表 3 – 18）。

表 3 – 18　各时期汉语紧缩句不同关联标记模式的用例统计

单位：例

时期	居中粘接式	前后配套式	居端依赖式
先秦	704	74	46
秦汉	601	77	43
魏晋南北朝	337	113	19
隋唐五代	520	180	53

时期	居中粘接式	前后配套式	居端依赖式
宋	684	204	22
元明	785	272	47
清	944	338	48
现代	458	355	35
总计	5033	1613	295

（三）历代汉语有标紧缩句紧缩标的长度考察

1. 有标紧缩句紧缩标小类的长度考察

首先，我们统计了考察范围内历代汉语有标紧缩句紧缩标的数量（兼多个语义类的紧缩标重复统计）和长度情况（见表3－19）。

表3－19　历代汉语有标紧缩句紧缩标的长度（以"音节"为单位）分布情况

	单标		双标			
	单音节	双音节	单音节 + 单音节	双音节 + 单音节	双音节 + 双音节	三音节 + 双音节
数量	69个	22个	80组	36组	8组	3组
占比	31.7%	10.1%	36.7%	16.5%	3.7%	1.4%

由表格数据可以得出以下结论。

第一，在218项紧缩标中，单标的使用占41.8%，双标的使用占58.3%。相较于单标的具体小类，双标的具体小类更为丰富。单标的长度≤2个音节，而双标的长度≥2个音节，各小类紧缩标最具优势的长度范围是1～2个音节，占据全部紧缩标小类的78.4%[①]。

第二，在紧缩标单标形式中，单音节单标形式的小类明显比双音节单标形式的小类丰富；在紧缩标双标形式中，"单音节＋单音节"形式的具体小类远远比"双音节＋单音节"形式的丰富。由此可见，无论是单标形式还是双标形式，单音节形式的标记占优势。

第三，尽管双音节单标、"单音节＋单音节"双标都占据2个音节，

---

① 这个数据与表3－18前三个数据相加之和略有出入，是保留百分比数值小数点后一位时四舍五入所致。

但是"单音节＋单音节"双标形式的具体小类却比双音节单标形式的具体
小类要丰富得多。从这个角度也能说明单音节形式的标记（包括单音节单
标和"单音节＋单音节"双标）更占优势。

第四，总体上看，有标紧缩句紧缩标以"单音节＋单音节"双标的具
体小类最为丰富，占36.7％，其次是单音节单标形式，占31.7％，以"三
音节＋双音节"形式的具体小类最为单一，仅占1.4％。就种类而言，长
度越短的紧缩标具体小类越丰富，长度越长的紧缩标具体小类越不丰富。

2. 有标紧缩句在不同长度紧缩标中的分布

紧缩标具体小类在不同长度上的分布情况还不足以充分说明紧缩标显
著的长度范围，我们可以通过进一步统计各种长度紧缩标的具体使用频次
加以说明。我们通过考察划定的历代汉语语料样本中6941例紧缩句紧缩标
的长度情况，得到以下数据（见表3-20）。

表3-20　历代汉语有标紧缩句在不同长度（以"音节"为单位）紧缩标中的分布情况

	单标		双标			
	单音节	双音节	单音节＋单音节	双音节＋单音节	双音节＋双音节	三音节＋双音节
数量	5157 例	164 例	1493 例	114 例	10 例	3 例
占比	74.3%	2.4%	21.5%	1.6%	0.1%	0.0%

由表格数据可以得出以下结论。

第一，紧缩句在不同长度紧缩标中的分布情况由多至少依次为：

单音节单标（74.3％）、"单音节＋单音节"形式的双标（21.5％）、双
音节单标（2.4％）、"双音节＋单音节"形式的双标（1.6％）、"双音节＋
双音节"形式的双标（0.1％）、"三音节＋双音节"形式的双标（0.0％）

紧缩句使用单音节单标最多，占74.3％，使用"三音节＋双音节"形
式的双标最少，占0.0％。紧缩句紧缩标显著的长度是1个音节。

第二，在6941例有标紧缩句中，使用单标的紧缩句占76.7％，使用
双标的占23.3％。① 总体上看，紧缩单标的使用量远远多于紧缩双标的使

---

① 这两个数据与表3-19数据相加之和略有出入，是保留百分比数值小数点后一位时四舍
五入所致。

用量。

第三，单标的紧缩句中，使用单音节单标的紧缩句（74.3%）明显比双音节单标的紧缩句多（2.4%）；双标的紧缩句中，使用"单音节＋单音节"形式的紧缩句（21.5%）远远比使用其他三种双标形式的紧缩句（1.6%、0.1%、0.0%）多。可见，无论是紧缩单标还是紧缩双标，都倾向于选择单音节的紧缩标记。一个有力的证据是：尽管与双音节单标一样，"单音节＋单音节"形式的双标也是2个音节，但使用后者标记形式的紧缩句（21.5%）却比使用双音节单标形式的紧缩句（2.4%）要多得多。

（四）历代汉语紧缩句紧缩单标的词性及其使用强度

根据上述统计和分析，单音节单标是紧缩句最常用、最显著的紧缩标记形式。从历时视角看，各时期各语义类共使用69个单音节单标形式（一个标记兼用于多个语义类则重复计算），使用单音节单标的紧缩句共有5157例[①]，占本书历时语料范围内有标紧缩句的74.3%。因此，本小节以单音节单标的紧缩句为考察对象，分析紧缩标本身的性质特点及其使用强度（见表3–21）。

无论是在词性分布上，还是在不同词性紧缩标对应的紧缩句使用频次上，紧缩句的单音节单标均呈现以连词、副词为主的分布局面。其中，连词性的"则$_{假设}$""以$_{目的}$""而$_{转折}$"、副词性的"便$_{条件}$""才$_{条件}$"等标记是历代紧缩句使用频率较高的单音节单标形式。

紧缩句中高强度使用的单音节单标基本上以居中型紧缩标为主。除了"虽"标为居端型紧缩标外，其他高频次使用的单音节单标均为居中型紧缩标。

一些单音节单标具有兼用多个语义类紧缩句的特点。例如，"而"标可用在条件、假设、因果、并列、连贯、递进等不同语义类紧缩句中，"就"标可用在条件、假设、因果、连贯等语义类紧缩句中。

高频率出现的几个单音节紧缩单标对应的也是在较为高频次使用的条件、假设、连贯等语义类紧缩句。

---

① 5157个例子中，正常使用单音节单标的共有5153例，还有两例"爱C1C2"、两例"该C1C2"形式，属于"爱C1就C2""该C1就C2"的省略式，表中均已列出。

表 3－21　单音节单标类紧缩标的词性考察和紧缩句的使用情况

单位：例

	紧缩标	用例数	紧缩标	用例数	紧缩标	用例数	总计
连词性	则（假设）803		因 17				总计：27 个连词单标，2575 例。
	以（目的）473		可 14				
	而（转折）352		便（让步）12				
	虽 178		而（假设）12				
	而（并列）177		那 5				
	即（条件）170		或 4				
	而（连贯）71		但 3				
	且（递进）69		且（让步）3				
	若 42		纵 3				
	而（因果）38		而（递进）3				
	故 38		即（让步）1				
	则（条件）35		如 1				
	要 26		以（因果）1				
	而（条件）24						
副词性	便（连贯）351		即（连贯）35		也（并列）7		总计：38 个副词单标，2511 例。
	才（条件）345		遂 30		宁 6		
	方 220		亦（并列）25		又（转折）6		
	就（条件）210		乃（连贯）24		还（递进）5		
	再 200		也（让步）22		才（因果）4		
	就（连贯）189		都（条件）21		都（让步）4		
	便（连贯）176		辄（条件）20		还（让步）4		
	就（假设）114		却（连贯）19		才（连贯）3		
	乃（条件）105		犹 13		都（假设）3		
	倒 91		还（假设）12		辄（连贯）1		
	始 84		还（转折）10				
	却（转折）44		竟 10				
	又（并列）44		就（因果）7				
	也（假设）42		亦（让步）7				
其他	时 66		爱 2		该 2		总计：4 个其他单标，71 例。
					妤 1		

三　历代汉语有标紧缩句长度与构造情况考察

本小节，我们选择了横向和纵向两个样本，即以魏晋南北朝时期469例各语义类有标紧缩句（横向跨度）和上古、中古、近代、现代四个阶段157例因果类有标紧缩句（纵向跨度）为样本来观察历代汉语紧缩句在长度（以"音节"为单位）以及句法构造方面的表现。[①]

（一）历代汉语有标紧缩句紧缩项的长度考察

魏晋南北朝时期469例各语义类有标紧缩句（横向跨度）和四个阶段157例因果类有标紧缩句（纵向跨度）紧缩项的长度统计如表3-22所示。

表3-22　历代汉语紧缩句紧缩项长度情况统计

单位：个，例

魏晋南北朝时期有标紧缩句			四个阶段因果类有标紧缩句		
音节长度	用例数		音节长度	用例数	
	紧缩前项	紧缩后项		紧缩前项	紧缩后项
1	65	119	1	6	20
2	127	129	2	34	38
3	102	134	3	42	51
4	85	57	4	34	22
5	53	18	5	16	11
6	22	4	6	10	6
7	5	2	7	4	3
8	6	2	8	6	3
9	2	1	9	2	2
10	1	2	10	1	0
>10	1	1	>10	2	1
总计	469	469	总计	157	157

根据统计数据不难发现，历代汉语紧缩句在紧缩前项、紧缩后项上具有较为相似的长度表现，并且主要集中在1~4个音节、1~6个音节、1~

[①]　因为考察对象是历代汉语紧缩句，古代汉语以单音节词为主，因此我们以"音节"为单位来计算紧缩句、紧缩项的长度。

8 个音节这三个长度范围内，据此我们将这三个长度范围内的数据整理为表 3 – 23 和表 3 – 24。

表 3 – 23　魏晋南北朝时期紧缩句紧缩项长度用例数及其占比情况

音节长度范围（个）	紧缩前项		紧缩后项	
	用例数（例）	占比（%）	用例数（例）	占比（%）
1 ~ 4	379	80.8	439	93.6
1 ~ 6	454	96.8	461	98.3
1 ~ 8	465	99.1	465	99.1

表 3 – 24　四个阶段因果类紧缩句紧缩项长度用例数及其占比情况表

音节长度范围（个）	紧缩前项		紧缩后项	
	用例数（例）	占比（%）	用例数（例）	占比（%）
1 ~ 4	116	73.9	131	83.4
1 ~ 6	142	90.5	149	94.9
1 ~ 8	152	96.8	155	98.7

对比数据可以发现，无论是横向跨语义类的有标紧缩句，还是纵向跨时间的有标紧缩句，无论是紧缩前项还是紧缩后项，绝大部分紧缩项的长度都处于 1 ~ 8 个音节，占比至少为 96.8%。

无论是横向跨语义类的有标紧缩句，还是纵向跨时间的有标紧缩句，有标紧缩句前项的显著长度范围[1]是 1 ~ 6 个音节（至少占 90.5%），有标紧缩句紧缩后项的显著长度范围是 1 ~ 4 个音节（全少占 83.4%）。相较于紧缩前项来说，紧缩后项的长度会短一些。

（二）历代汉语有标紧缩句的长度考察

在分别考察和统计有标紧缩句紧缩项、紧缩标的长度情况之后，再来看看有标紧缩句整体在横向和纵向样本内的长度分布范围。为了更清晰地比较紧缩句整体长度与紧缩前项或紧缩后项各自长度的区别，我们在计算

---

[1]　所谓"显著长度范围"指的是，在这一范围内，该语言单位的长度范围是其最为广泛的体现，得到最精确的衡量，因此显著的水平应该是至少超过一半的使用量，即高于并且明显高于一般水平。显著长度范围要求既涵盖绝大部分同类语言单位的音节量情况，又把这一范围缩小到可以缩小的最小范围，在这二者之间取一个平衡值。

有标紧缩句的长度时，先不计入紧缩标的长度（见表3-25）。

表3-25　有标紧缩句（不含紧缩标）长度表现

紧缩句长度（不含紧缩标）（个）	魏晋南北朝时期有标紧缩句		四个阶段因果类有标紧缩句	
	用例数（例）	占比（%）	用例数（例）	占比（%）
2	37	7.9	1	0.6
3	33	7.0	9	5.7
4	68	14.5	13	8.3
5	83	17.7	29	18.5
6	81	17.3	32	20.4
7	69	14.7	25	15.9
8	48	10.2	16	10.2
9	23	4.9	9	5.7
10	12	2.6	4	2.5
11	7	1.5	9	5.7
12	3	0.6	6	3.8
13	3	0.6	1	0.6
14	2	0.4	0	0.0
15	0	0.0	3	1.9
总计	469	100.0	157	100.0

通过两组数据的对比观察可以发现，紧缩句长度（不含紧缩标）在横向和纵向的统计结果上表现较为相似，紧缩句长度（不含紧缩标）的分布范围是2~15个音节。其中，魏晋南北朝时期有标紧缩句长度（不含紧缩标）分布排名前五的依次是"5个音节""6个音节""7个音节""4个音节""8个音节"，这5个长度的紧缩句占总用例的74.4%；四个阶段因果类有标紧缩句长度（不含紧缩标）分布排名前五的依次为"6个音节""5个音节""7个音节""8个音节""4个音节"，这5个长度的紧缩句占总用例的73.3%。这些数据说明，有标紧缩句长度（不含紧缩标）最主要的分布范围是4~8个音节。

根据前文可知，历代汉语有标紧缩句紧缩标最显著的长度是1个音节，那么，历代汉语有标紧缩句长度最主要的分布范围是5~9个音节，即7±2个音节。

（三）历代汉语有标紧缩句的句法构造

我们继续以上述横向和纵向两个样本为例，考察历代汉语紧缩句紧缩项的构造情况。

与普通小句的基本句法构成成分一样，紧缩项的构成成分主要也是主、谓、宾、定、状、补这六个基本成分，由于定、状、补三种修饰限定性成分并不是紧缩项的高频构造成分，在具体分析和统计过程中，我们将这三种成分统一记作修饰语，同时，谓语是紧缩项必要成分，历代汉语紧缩句紧缩项主要有八种构造式，分别为：

a. "主语 + 谓语 + 宾语 + 修饰语"（简称"主 + 谓 + 宾 + 修"）

b. "主语 + 谓语 + 宾语"（简称"主 + 谓 + 宾"）

c. "主语 + 谓语 + 修饰语"（简称"主 + 谓 + 修"）

d. "谓语 + 宾语 + 修饰语"（简称"谓 + 宾 + 修"）

e. "主语 + 谓语"（简称"主 + 谓"）

f. "谓语 + 宾语"（简称"谓 + 宾"）

g. "谓语 + 修饰语"（简称"谓 + 修"）

h. "谓语"（简称"谓"）

紧缩前项和紧缩后项的句法构造及对应的紧缩句频次情况如表 3 – 26 所示。

表 3 – 26　有标紧缩句紧缩项的句法成分构成情况的用例数（占比）

句法成分构成情况	魏晋南北朝时期紧缩句		四个阶段因果类紧缩句	
	紧缩前项的用例数（占比）	紧缩后项的用例数（占比）	紧缩前项的用例数（占比）	紧缩后项的用例数（占比）
主 + 谓 + 宾 + 修	8 例（1.7%）	2 例（0.4%）	7 例（4.5%）	0 例（0.0%）
主 + 谓 + 宾	24 例（5.1%）	4 例（0.9%）	19 例（12.1%）	5 例（3.2%）
主 + 谓 + 修	21 例（4.5%）	12 例（2.6%）	6 例（3.8%）	5 例（3.2%）
谓 + 宾 + 修	29 例（6.2%）	27 例（5.8%）	10 例（6.4%）	13 例（8.3%）
主 + 谓	79 例（16.8%）	33 例（7.0%）	31 例（19.7%）	11 例（7.0%）
谓 + 宾	131 例（27.9%）	164 例（35.0%）	44 例（28.0%）	66 例（42.0%）
谓 + 修	44 例（9.4%）	65 例（13.9%）	16 例（10.2%）	22 例（14.0%）
谓	133 例（28.4%）	162 例（34.5%）	24 例（15.3%）	35 例（22.3%）
总计	469（100%）	469（100%）	157（100%）	157（100%）

根据统计数据，历代汉语有标紧缩句紧缩前项构造情况按照用例情况可以得到以下三个由高频到低频的序列。

序列一（魏晋南北朝有标紧缩句紧缩前项构造情况的用例序列）：

"谓语"（28.4%）、"谓语+宾语"（27.9%）、"主语+谓语"（16.8%）、"谓语+修饰语"（9.4%）、"谓语+宾语+修饰语"（6.2%）、"主语+谓语+宾语"（5.1%）、"主语+谓语+修饰语"（4.5%）、"主语+谓语+宾语+修饰语"（1.7%）

序列二（因果类有标紧缩句紧缩前项构造情况的用列序列）：

"谓语+宾语"（28.0%）、"主语+谓语"（19.7%）、"谓语"（15.3%）、"主语+谓语+宾语"（12.1%）、"谓语+修饰语"（10.2%）、"谓语+宾语+修饰语"（6.4%）、"主语+谓语+宾语+修饰语"（4.5%）、"主语+谓语+修饰语"（3.8%）

如果在等级上做出归类，则可以合并序列一和序列二，得出序列三。

序列三（有标紧缩句紧缩前项构造情况的用列序列）：

"谓语+宾语""谓语""主语+谓语"，"谓语+修饰语""主语+谓语+宾语"，"谓语+宾语+修饰语""主语+谓语+修饰语""主语+谓语+宾语+修饰语"

同样，根据统计数据，历代汉语有标紧缩句紧缩后项构造情况按照用例情况也可以得到以下三个由高频到低频的序列。

序列一（魏晋南北朝有标紧缩句紧缩后项构造情况的用例序列）：

"谓语+宾语"（35.0%）、"谓语"（34.5%）、"谓语+修饰语"（13.9%）、"主语+谓语"（7.0%）、"谓语+宾语+修饰语"（5.8%）、"主语+谓语+修饰语"（2.6%）、"主语+谓语+宾语"（0.9%）、"主语+谓语+宾语+修饰语"（0.4%）

序列二（因果类有标紧缩句紧缩后项构造情况的用例序列）：

"谓语+宾语"（42.0%）、"谓语"（22.3%）、"谓语+修饰语"（14.0%）、"谓语+宾语+修饰语"（8.3%）、"主语+谓语"（7.0%）、"主语+谓语+修饰语"（3.2%）、"主语+谓语+宾语"（3.2%）、"主语+谓语+宾语+修饰语"（0.0%）

如果在等级上做出归类，则可以合并序列一和序列二，得出序列三。

序列三（有标紧缩句紧缩后项成分构造情况的用例序列）：

"谓语＋宾语""谓语""谓语＋修饰语""主语＋谓语""谓语＋宾语＋修饰语""主语＋谓语＋修饰语""主语＋谓语＋宾语""主语＋谓语＋宾语＋修饰语"

对比不同构造紧缩项的用列情况、占比和两组用例序列，我们至少可以得到以下结论。

第一，在我们的考察样本中，无论是紧缩前项还是紧缩后项，历代汉语紧缩句紧缩项最为常见的句法构造形式是"谓语＋宾语"，最为罕见的句法构造形式是"主语＋谓语＋宾语＋修饰语"。多项成分出现的紧缩项由于形式相对臃肿不符合紧缩句"缩"的要求，而"谓语＋宾语"的构造形式既在一定程度上满足核心语义表达的要求，又较为经济简便，在满足"缩"的需要与表达事件要素之间达到了一个平衡点。

第二，定语、状语、补语等修饰语成分是构成紧缩项的最不活跃的成分。紧缩前项中，用例占比较高的前三种句法构造形式中（横向、纵向分别占73.1%、63.0%），均没有修饰语的参与；紧缩后项中，用例占比较高的前两种句法构造形式中（横向、纵向分别占69.5%、64.3%），同样没有修饰语的参与。由此可见，历代汉语有标紧缩句紧缩项以不出现修饰性成分为主，这一构造特点有效控制了紧缩项的长度。

第三，在我们的考察样本中，无论是紧缩前项还是紧缩后项，主语也不是紧缩项常现成分。在横向跨语义类用例中，紧缩前项不出现主语的占比达71.9%，紧缩后项不出现主语的占比更是高达89.2%；在纵向跨阶段的紧缩项构造情况统计中，紧缩前项不出现主语的占比达59.9%，紧缩后项不出现主语的占比更是高达86.6%。这一方面印证了相较于谓语、宾语来说，主语是更容易省略的成分［如黄南松（1996）等］；另一方面说明了紧缩项在尽可能地"缩"掉不必要的成分。

第四，对比紧缩前项和紧缩后项的构造复杂度可以发现，在大部分的用例中，由四种成分（"主语＋谓语＋宾语＋修饰语"）或三种成分（"主语＋谓语＋宾语"或"主语＋谓语＋修饰语"或"谓语＋宾语＋修饰语"）构造而成的相对复杂形式，紧缩前项用例数要多于紧缩后项；相反，仅由两种成分（"谓语＋宾语"或"谓语＋修饰语"）或一种成分（"谓语"）构造而成的相对简洁形式，紧缩前项用例数要少于紧缩后项。可见，就历代汉语紧缩句来看，紧缩前项在句法构造上要比紧缩后项在句法构造上复杂一些。

第四章　共时视角下现代汉语紧缩句的构造与特征

对现代汉语紧缩句共时使用面貌的考察，可以从形式、语义、语用三个层面深入、细致地展开。现代汉语紧缩句的句法属性如何？语义构造有怎样的特征？语体分布、篇章特征、语用价值是怎样的？共时视角下现代汉语紧缩句的构造与特征的考察可以进一步加深对紧缩句性质和特点的认识。

第一节　现代汉语紧缩句的形式构造及特征

分析紧缩句的形式构造及特征，主要从紧缩句句长，紧缩句紧缩项的长度与构造，紧缩句主语的省略与异同情况，紧缩句的语气，紧缩句紧缩标的长度、词性及其使用强度，紧缩句紧缩项的语序安排，以及紧缩句的构式形式等角度展开分析。在进行量化分析时，我们以《小说月报》（2016 年 1～12 月共 12 期，纸质版）中收集到的 1000 例紧缩句（随机）为统计对象，这一样本基本能够反映现代汉语紧缩句的构造及特征。

一　现代汉语紧缩句句长

黄自然（2018）根据 120 万字汉语本族语者语料中所有句子的切分与统计分析[①]，发现汉语以"字"为单位的句长分布范围为 1～63 个字，平

[①]　该文以"小句"作为句长统计的基本单位，将"小句"界定为"具有独立性和表述性的单位，主要包括单句和复句的分句"。

均句长为 10.910 个字，最高频的句长区间为 6~8 个字，最常用的句长区间为 2~15 个字。

现代汉语紧缩句的句长情况是紧缩句"紧缩"的直观表现和结果，是说明紧缩句形式构造及特征的重要指标。我们将以"字"和"词"为单位，从两个角度观察紧缩句及其必备构件紧缩项的长度。总体上看，紧缩句的平均句长要少于复句，而与单句、分句更为靠近。

（一）以"字"为单位的现代汉语紧缩句句长考察

汉语书面语中，"字"的界限十分清晰，因此"字"是测量汉语句子长度最为直观的单位（黄自然，2018）。通过手工统计，在 1000 例现代汉语紧缩句中，同一长度紧缩句的数量，也就是紧缩句在各个句长（以"字"为单位）上的频次分布及占比情况可见表 4-1。

表 4-1　现代汉语不同长度紧缩句频次分布及占比情况

紧缩句句长（字）	紧缩句频次（次）	占比（%）	累计占比①（%）
4	42	4.2	4.2
5	52	5.2	9.4
6	89	8.9	18.3
7	108	10.8	29.1
8	111	11.1	40.2
9	114	11.4	51.6
10	121	12.1	63.7
11	75	7.5	71.2
12	73	7.3	78.5
13	56	5.6	84.1
14	39	3.9	88.0
15	38	3.8	91.8
16	24	2.4	94.2
17	16	1.6	95.8
18	14	1.4	97.2
19	8	0.8	98.0

---

① 累计占比是指某一句长值（包括该句长值）前所有紧缩句频次占比的累计。

续表

紧缩句句长（字）	紧缩句频次（次）	占比（%）	累计占比（%）
20	7	0.7	98.7
21	5	0.5	99.2
22	3	0.3	99.5
25	2	0.2	99.7
26	2	0.2	99.9
28	1	0.1	100.0

我们将不同长度紧缩句的频次分布及变化情况制图如图 4 - 1 所示。

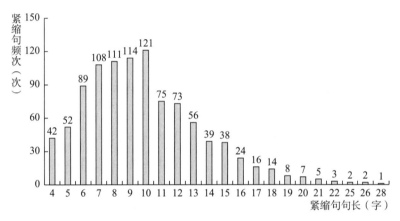

图 4 - 1　现代汉语不同长度紧缩句的频次分布及变化情况

根据表 4 - 1 和图 4 - 1 的相关数据，可以发现以下规律。

第一，1000 例紧缩句的句长分布范围为 4 ~ 28 个字，紧缩句平均长度为 9.888 个字[①]。根据黄自然（2018）对 112431 个汉语句子（指单句和分句）的统计，汉语句子的句长分布范围为 1 ~ 63 个字，句子平均长度为 10.910 个字。可见，紧缩句的平均长度比汉语句子的平均长度还要短 1.022 个字。紧缩句的长度说明其在表面形式上更接近单句或分句。

第二，从整体上看，紧缩句在各句长上的分布呈现不均衡的状态。紧缩句频次在句长为 10 个字时达到顶峰，然后逐渐下降。句长超过 21 个字的紧缩句数量占全部紧缩句数量的比例不到 1%。句长超过 15 个字的紧缩

---

① 紧缩句平均长度（以"字"为单位）是将每一句的句长乘以对应频次，将它们相加之和除以紧缩句的总数 1000 后得出的。

句数量占全部紧缩句数量的比例不到 10%，尽管它们占据了分布链上近一半的长度，但它们的使用频次很低。

第三，使用频次最高的前 5 种紧缩句句长分别为：10 个字（12.1%）、9 个字（11.4%）、8 个字（11.1%）、7 个字（10.8%）、6 个字（8.9%），分布范围为 6~10 个字，总体占据 54.3%。

第四，从累计占比看，句长为 4~9 个字的紧缩句数量占全部紧缩句数量的比例为 51.6%，句长为 4~13 个字的紧缩句数量占全部紧缩句数量的比例为 84.1%。也就是说，汉语大多数紧缩句的分布范围为 4~13 个字。

第五，与汉语单句、分句相比，紧缩句肯定不存在 1 字句长的情况，也不存在 2 字句长的情况，紧缩句至少应该有 3 个字的长度，3 个字的紧缩句之所以在我们统计的样本里没有，是因为 3 个字的紧缩句是紧缩句中不活跃的成员。

第六，紧缩句句长整体的跨度不大，存在较短的"拖尾"现象。与汉语句子 1~63 个字的"长尾"分布态势（黄自然，2018）有明显区别。

（二）以"词"为单位的现代汉语紧缩句句长考察

相对于"字"而言，以"词"为单位考察现代汉语紧缩句的长度更为科学，更能反映现代汉语紧缩句的长度与构造之间的联系。黄水清、王东波（2019）以 1998 年和 2018 年《人民日报》的语料为样本，研究发现，句子（以句号、问号、感叹号、分号、冒号、省略号六种标点结尾的，即包括单句和复句）主要长度分布在 9~28 个词之间，最高频次出现在 11~29 个词之间。

姚双云（2006：36）通过对华中师范大学语言与语言教育研究中心开发的"汉语复句语料库"（The Corpus of Chinese Compound Sentences）中的 80 万个有标复句词长的统计与计算，发现有标复句的平均长度约为 18 个词长。那么现代汉语紧缩句的情况如何呢？

通过手工统计，1000 例任意选取的现代汉语紧缩句样本中，同一长度紧缩句的数量，也就是紧缩句在各个句长（以"词"为单位）上的频次分布及占比情况可见表 4-2。

表 4 - 2　现代汉语不同长度紧缩句频次分布及占比情况

紧缩句句长（词）	紧缩句频次（次）	占比（%）	累计占比（%）
2	1	0.1	0.1
3	9	0.9	1.0
4	76	7.6	8.6
5	113	11.3	19.9
6	161	16.1	36.0
7	174	17.4	53.4
8	142	14.2	67.6
9	104	10.4	78.0
10	75	7.5	85.5
11	61	6.1	91.6
12	38	3.8	95.4
13	18	1.8	97.2
14	10	1.0	98.2
15	8	0.8	99.0
16	2	0.2	99.2
17	2	0.2	99.4
18	2	0.2	99.6
19	3	0.3	99.9
20	1	0.1	100.0

　　同样地，我们将不同长度紧缩句的频次分布及变化情况制图如图 4 - 2 所示。

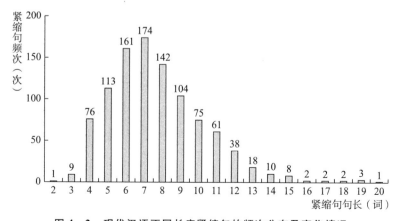

图 4 - 2　现代汉语不同长度紧缩句的频次分布及变化情况

根据表4-2和图4-2的相关数据，可以发现以下规律。

第一，1000例紧缩句的句长分布范围为2～20个词，紧缩句平均长度为7.704个词[①]。紧缩句的长度说明其在表面形式上更接近单句。

第二，整体上看，紧缩句在各句长上的分布呈现不均衡的状态。紧缩句频次在句长为7个词时达到顶峰，然后逐渐下降。句长超过14个词的紧缩句数量占全部紧缩句数量的比例不到1%。句长超过11个词的紧缩句数量占全部紧缩句数量的比例不到10%，尽管它们占据了分布链上近一半的长度，但它们的使用频次很低。

第三，使用频次最高的前5种紧缩句句长分别为：7个词（17.4%）、6个词（16.1%）、8个词（14.2%）、5个词（11.3%）、9个词（10.4%），分布范围为5～9个词，总体占据69.4%。

第四，从累计占比看，句长为2～7个词的紧缩句数量占全部紧缩句数量的比例为53.4%，句长为2～10个词的紧缩句数量占全部紧缩句数量的比例为85.5%。也就是说，汉语大多数紧缩句的分布范围为2～10个词。

第五，与汉语单句、小句相比，紧缩句肯定不存在只有1个词的情况，紧缩句至少应该有2个词，而2个词的紧缩句在我们统计的样本里只有1例，这是因为2个词的紧缩句在紧缩句中表现并不活跃。

第六，紧缩句句长整体的跨度不大，存在较短的"拖尾"现象。与汉语句子2～198个词（1998年语料）和2～309个词（2018年语料）的"拖尾"分布态势（黄水清、王东波，2019）有明显区别。

二　现代汉语紧缩句紧缩项的长度与构造

（一）现代汉语紧缩句紧缩项的长度

1. 以"字"为单位的紧缩项长度考察

紧缩项是紧缩句的必备构件。从形式上考察紧缩项，首先是看其长度。以"字"为单位可以更为直观地呈现紧缩项的长度。样本中，1000例现代汉语紧缩句不同长度紧缩项（包括紧缩前项和紧缩后项）的频次分布及占比情况可见表4-3。

[①] 紧缩句平均长度（以"词"为单位）是将每一句的句长乘以对应频次，将它们相加之和除以紧缩句的总数1000后得出的。

表 4 - 3　紧缩句不同长度紧缩项频次分布及占比情况

紧缩项长度（字）	紧缩前项频次及占比			紧缩后项频次及占比		
	紧缩项频次（次）	占比（%）	累计占比（%）	紧缩项频次（次）	占比（%）	累计占比（%）
1	61	6.1	6.1	89	8.9	8.9
2	163	16.3	22.4	150	15.0	23.9
3	225	22.5	44.9	206	20.6	44.5
4	206	20.6	65.5	167	16.7	61.2
5	125	12.5	78.0	114	11.4	72.6
6	79	7.9	85.9	79	7.9	80.5
7	52	5.2	91.1	67	6.7	87.2
8	33	3.3	94.4	38	3.8	91.0
9	21	2.1	96.5	37	3.7	94.7
10	10	1.0	97.5	22	2.2	96.9
11	7	0.7	98.2	10	1.0	97.9
12	5	0.5	98.7	2	0.2	98.1
13	5	0.5	99.2	7	0.7	98.8
14	3	0.3	99.5	7	0.7	99.5
15	4	0.4	99.9	2	0.2	99.7
16	0	0.0	99.9	2	0.2	99.9
17	0	0.0	99.9	0	0.0	99.9
18	1	0.1	100.0	0	0.0	99.9
19	—	—	—	0	0.0	99.9
20	—	—	—	0	0.0	99.9
21	—	—	—	1	0.1	100.0

同样的，我们将不同长度紧缩项的频次分布及变化情况制图如图 4 - 3 所示。

根据表 4 - 3 和图 4 - 3 的相关数据，我们可以发现以下规律。

第一，1000 例紧缩句中，紧缩前项长度的分布范围为 1～18 个字，紧缩前项平均长度为 4.224 个字；紧缩后项长度的分布范围为 1～21 个字，紧缩后项平均长度为 4.451 个字。

第二，整体上看，紧缩项在各长度上的分布呈现不均衡的状态。紧缩前项和紧缩后项的频次在长度为 3 个字时达到顶峰，然后逐渐下降。长度

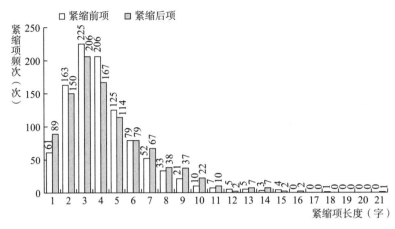

图 4 - 3　紧缩句不同长度紧缩项的频次分布及变化情况

大于 13 个字的紧缩前项、长度大于 14 个字的紧缩后项的紧缩句数量占全部紧缩句数量的比例均不到 1%，长度大于 7 个字的紧缩前项、长度大于 8 个字的紧缩后项的紧缩句数量占全部紧缩句数量的比例均不到 10%，尽管它们占据了分布链上一半左右的长度，但它们的使用频次很低。

第三，使用频次最高的前 5 种紧缩前项长度分别为：3 个字（22.5%）、4 个字（20.6%）、2 个字（16.3%）、5 个字（12.5%）、6 个字（7.9%），分布范围为 2 ~ 6 个字，总体占据 79.8%。使用频次最高的前 5 种紧缩后项长度分别为：3 个字（20.6%）、4 个字（16.7%）、2 个字（15.0%）、5 个字（11.4%）、1 个字（8.9%），分布范围为 1 ~ 5 个字，总体占据 72.6%。

第四，从累计占比看，长度为 1 ~ 4 个字的紧缩前项数量占全部紧缩前项数量的比例为 65.5%，长度为 1 ~ 6 个字的紧缩前项数量占全部紧缩前项数量的比例为 85.9%，也就是说，汉语大多数紧缩前项的分布范围为 1 ~ 6 个字；长度为 1 ~ 4 个字的紧缩后项数量占全部紧缩后项数量的比例为 61.2%，长度为 1 ~ 6 个字的紧缩后项数量占全部紧缩后项数量的比例为 80.5%，也就是说，汉语大多数紧缩后项的分布范围为 1 ~ 6 个字。

第五，紧缩前项和紧缩后项的长度基本相当，后项比前项稍长，但差距很小。

2. 以"词"为单位的紧缩项长度考察

以"词"为单位考察汉语紧缩项的长度更符合汉语构造的特点，也更能反映紧缩项的长度与构造之间的联系。紧缩项在各个长度（以"词"为单位）上的频次分布及占比情况可见表 4 – 4。

表 4 – 4 紧缩句不同长度紧缩项频次分布及占比情况

紧缩项长度（词）	紧缩前项频次及占比			紧缩后项频次及占比		
	紧缩项频次（次）	占比（%）	累计占比（%）	紧缩项频次（次）	占比（%）	累计占比（%）
1	114	11.4	11.4	134	13.4	13.4
2	245	24.5	35.9	235	23.5	36.9
3	294	29.4	65.3	254	25.4	62.3
4	168	16.8	82.1	139	13.9	76.2
5	92	9.2	91.3	104	10.4	86.6
6	39	3.9	95.2	65	6.5	93.1
7	20	2.0	97.2	35	3.5	96.6
8	15	1.5	98.7	15	1.5	98.1
9	8	0.8	99.5	6	0.6	98.7
10	1	0.1	99.6	5	0.5	99.2
11	3	0.3	99.9	2	0.2	99.4
12	0	0.0	99.9	2	0.2	99.6
13	0	0.0	99.9	1	0.1	99.7
14	0	0.0	99.9	1	0.1	99.8
15	1	0.1	100.0	2	0.2	100.0

同样地，我们将不同句长紧缩项的频次分布及变化情况制图如图 4 – 4 所示。

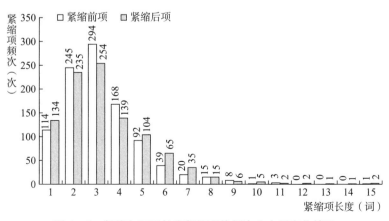

图 4 – 4 紧缩句不同长度紧缩项的频次分布及变化情况

根据表 4 - 4 和图 4 - 4 的相关数据，我们可以发现以下规律。

第一，1000 例紧缩句中，紧缩前项长度的分布范围为 1 ~ 15 个词，紧缩前项平均长度为 3.242 个词；紧缩后项长度的分布范围为 1 ~ 15 个词，紧缩后项平均长度为 3.404 个词。

第二，整体上看，紧缩项在各长度上的分布呈现不均衡的状态。紧缩前项和紧缩后项的频次在长度为 3 个词时达到顶峰，然后逐渐下降。长度大于 9 个词的紧缩前项、长度大于 10 个词的紧缩后项的紧缩句数量占全部紧缩句数量的比例均不到 1%；长度大于 5 个词的紧缩前项、长度大于 6 个词的紧缩后项的紧缩句数量占全部紧缩句数量的比例均不到 10%，尽管它们占据了分布链上一半左右的长度，但它们的使用频次很低。

第三，使用频次最高的前 5 种紧缩前项长度分别为：3 个词（29.4%）、2 个词（24.5%）、4 个词（16.8%）、1 个词（11.4%）、5 个词（9.2%），分布范围为 1 ~ 5 个词，总体占据 91.3%；使用频次最高的前 5 种紧缩后项长度分别为：3 个词（25.4%）、2 个词（23.5%）、4 个词（13.9%）、1 个词（13.4%）、5 个词（10.4%），分布范围为 1 ~ 5 个词，总体占据 86.6%。

第四，从累计占比看，长度为 1 ~ 3 个词的紧缩前项数量占全部紧缩前项数量的比例为 65.3%，长度为 1 ~ 4 个词的紧缩前项数量占全部紧缩前项数量的比例为 82.1%，也就是说，汉语大多数紧缩前项都分布在 1 ~ 4 个词之间；长度为 1 ~ 3 个词的紧缩后项数量占全部紧缩后项数量的比例为 62.3%，长度为 1 ~ 5 个词的紧缩后项数量占全部紧缩后项数量的比例为 86.6%，也就是说，汉语大多数紧缩后项的分布范围为 1 ~ 5 个词字。

第五，紧缩前项和紧缩后项的长度基本相当，后项比前项稍长，但差距很小。

（二）现代汉语紧缩句紧缩项的构造

随着紧缩句使用的日趋成熟，与第三章中讨论的历代汉语紧缩句的构造相比，现代汉语紧缩句相对来说会复杂一些，因此本部分对现代汉语紧缩句紧缩项的构造分析相比第三章也更细致一些。

在对 1000 例紧缩句紧缩项的构造进行分析时，我们发现紧缩项的构造复杂度不一，以下是紧缩前项的构造。

（1）"你回不回去过年？要是回去，我跟你一起回，我想到乡下看

看。"（杨仕芬《和影子赛跑的人》）

（2）他说："<u>骗你</u>我被枪毙好了。"（麦家《畜生》）

（3）那时她听了心里便冷笑，想上海又没拿绳子栓你，<u>嫌不好你倒是走啊</u>，占着好处还骂人。（滕肖澜《在维港看落日》）

（4）张孝德逗她说："就是算计你那钱呀，<u>你把钱花了</u>我还算计个啥。"（葛水平《小包袱》）

（5）<u>我平时打一下孩子</u>她都要跟我吵。（王璞《再见胡美丽》）

（6）首先想到的是找关系，<u>有的像串糖葫芦一样串几个人</u>才找到关系，却乐此不疲。（季栋梁《绑架》）

（7）我一个姑娘家，<u>一看到那堆得像小山似的图书资料</u>就吓坏了，这要搬到什么时候啊。（鸿琳《告密者》）

例（1—7）展示了紧缩前项（画双横线）从简单到复杂的构造情况：例（1）的紧缩前项是"回去"，由一个光杆动词充当，类似这样的构造我们用"0＋"标记；例（2）的紧缩前项是"骗你"，其结构可以分析为"动＋宾"，类似这样由两个成分构造而成只需要用1个"＋"的结构我们用"1＋"标记；例（3）的紧缩前项是"嫌不好"，其结构可以分析为"动＋宾（状＋中）"，类似这样需要用2个"＋"来描述的构造层次，我们用"2＋"标记；例（4）的紧缩前项是"你把钱花了"，其结构可以分析为"主＋谓［状（介＋宾）＋中］"，类似这样需要用3个"＋"来描述的构造层次，我们用"3＋"标记；例（5）的紧缩前项是"我平时打一下孩子"，其结构可以分析为"主＋谓［状＋中（动＋补）］＋宾"，类似这样需要用4个"＋"来描述的构造层次，我们用"4＋"标记；例（6）的紧缩前项是"有的像串糖葫芦一样串几个人"，其结构可以分析为"主＋谓｛状［比况（动＋宾）］＋中［动＋宾（定＋中）］｝"，类似这样需要用5个"＋"来描述的构造层次，我们用"5＋"标记；例（7）的紧缩前项是"看到那堆得像小山似的图书资料"，其结构可以分析为"动（动＋补）＋宾｛定＋中［定（动＋补）＋中（定＋中）］｝"，类似这样超过5个"＋"来描述的构造层次，我们用"＞5＋"标记。从"0＋"到"＞5＋"，紧缩前项的构造越来越复杂。

同样地，紧缩后项的构造复杂度也有不同的表现，以下是紧缩后项的构造。

（8）如果不是因为米瑞的画，按照当初的设想，<u>她领了骨灰就走</u>，不会在这个叫作故乡的地方稍作停留。（尹学芸《祥瑞图》）

（9）<u>他一不回答农迎春就紧张了</u>，怎么，你忘了？（杨映川《找爸爸》）

（10）储户有存取款的自由，<u>我想什么时候取就什么时候取</u>，我都说过了，我愿意受点损失，你还要怎么样？（姚鄂梅《红颜》）

（11）<u>两个大人一进门就向他们跪了下来</u>。（方方《云淡风轻》）

（12）<u>她一进来就反身将房门关紧</u>，然后回过头来背靠门上。（王璞《再见胡美丽》）

（13）他冲到二牛蛋子跟前想夺回她的鞋，<u>还没挨身就被石头一把推开了</u>，照他屁股上连踢了几脚，骂道，想干什么？（寒郁《草木爱情》）

（14）男人必须要跟上这样的变化<u>才可以适应人类这种高级动物的变化</u>。（邱华栋《云柜》）

例（8—14）中画双横线的紧缩后项，依次可以作"光杆动词谓语""主＋谓""状（定＋中）＋中""状（介＋宾）＋中（动＋补）""连＋动［状（介＋宾）＋中（动＋补）］""状（介＋宾）＋中［状（数＋量）＋中（动＋补）］""状＋中【动＋宾〖定＋中｜同＋位［定（指＋量）＋中（定＋中）］｜〗】"这样的构造层次分析，跟紧缩前项一样，我们可以把类似这样的构造复杂度依次标记"0＋""1＋""2＋""3＋""4＋""5＋"">5＋"。

按照这样的构造层次分析和标记法，我们将1000例紧缩句的紧缩前项与紧缩后项的构造情况进行统计、分析，得出表4-5的数据。

表4-5 紧缩句不同构造紧缩项频次分布及占比情况

紧缩项构造	紧缩前项频次及占比			紧缩后项频次及占比		
	紧缩项频次（次）	占比（%）	累计占比（%）	紧缩项频次（次）	占比（%）	累计占比（%）
0＋	137	13.7	13.7	204	20.4	20.4
1＋	360	36.0	49.7	256	25.6	46.0
2＋	313	31.3	81.0	298	29.8	75.8
3＋	141	14.1	95.1	178	17.8	93.6
4＋	45	4.5	99.6	46	4.6	98.2

紧缩项 构造	紧缩前项频次及占比			紧缩后项频次及占比		
	紧缩项频次 （次）	占比 （%）	累计占比 （%）	紧缩项频次 （次）	占比 （%）	累计占比 （%）
5 +	2	0.2	99.8	13	1.3	99.5
>5 +	2	0.2	100.0	5	0.5	100.0

我们将不同构造紧缩项的频次分布及变化情况制图如图 4 - 5 所示。

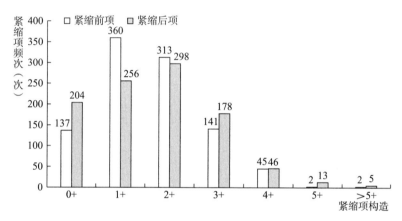

图 4 - 5　紧缩句不同构造紧缩项的频次分布及变化情况

根据表 4 - 5 和图 4 - 5 的相关数据以及我们的统计、分析，可以发现以下规律。

第一，整体上看，紧缩项在各构造复杂度的分布上呈现不均衡的状态，紧缩前项的构造复杂度在"1 +"时达到顶峰，紧缩后项的构造复杂度在"2 +"时达到顶峰。复杂度大于"4 +"的紧缩前项、复杂度为">5 +"的紧缩后项的紧缩句数量占全部紧缩句数量的比例均不到1%。复杂度大于"3 +"的紧缩前项、紧缩后项的紧缩句数量在全部紧缩句数量中的比例均不到10%，尽管它们占据了分布链上一半左右的长度，但它们的使用频次很低。

第二，使用频次最高的前 3 种紧缩前项构造复杂度分别为："1 +"（36.0%）、"2 +"（31.3%）、"3 +"（14.1%），总体占据81.4%；使用频次最高的前 3 种紧缩后项构造复杂度分别为："2 +"（29.8%）、"1 +"（25.6%）、"0 +"（20.4%），总体占据75.8%。

第三，从累计占比看，构造复杂度为"0＋"至"2＋"的紧缩前项数量占全部紧缩前项数量的比例为81.0%，也就是说，汉语大多数紧缩前项的构造复杂度都分布在"0＋"至"2＋"之间。构造复杂度为"0＋"至"3＋"的紧缩后项数量占全部紧缩句数量的比例为93.6%，也就是说，汉语大多数紧缩后项的构造复杂度都分布在"0＋"至"3＋"之间。

第四，紧缩项不同构造层次的具体构造形式较为丰富。

1000例现代汉语紧缩句中，紧缩前项的具体构造形式共有132种，分别为："0＋"（3种）、"1＋"（7种）、"2＋"（29种）、"3＋"（53种）、"4＋"（36种）、"5＋"（2种）、"＞5＋"（2种）。其中，使用频次最高的紧缩前项构造形式为："动＋宾"（138例）、"动谓"（118例）、"主＋谓"（91例）、"状＋中"（70例）、"动＋补"（53例）、"主＋谓＋宾"（64例）、"主＋谓（状＋中）"（50例）、"动＋宾（定＋中）"（41例）、"状＋中（动＋宾）"（22例）、"主＋谓（动＋补）"（21例）。而大部分构造形式的使用频次很低，紧缩前项共有74种构造形式，仅有1个用例。

紧缩后项的具体构造形式共有148种，分别为："0＋"（3种）、"1＋"（5种）、"2＋"（38种）、"3＋"（49种）、"4＋"（37种）、"5＋"（11种）、"＞5＋"（5种）。使用频次最高的紧缩后项构造形式为："动谓"（136例）、"状＋中"（117例）、"动＋宾"（93例）、"形谓"（67例）、"动＋补"（48例）、"状＋中（动＋宾）"（47例）、"主＋谓（状＋中）"（43例）、"主＋谓"（41例）、"主＋谓＋宾"（27例）、"动＋宾（定＋中）"（25例）。而大部分构造形式的使用频次很低，紧缩后项共有89种构造形式，仅有1个用例。

第五，紧缩前项和紧缩后项的构造复杂度基本相当，后项比前项稍复杂些，但差距很小。

三 现代汉语紧缩句主语的省略与异同情况

紧缩句"缩"的表现中，主语的出现与否是最为直观、突出的，无论是紧缩前项还是紧缩后项，紧缩句都以不出现主语为更常见的形式，本小节将对现代汉语紧缩句主语的省略与异同情况做更为细致的考察。

（15）"我就是听不得肉麻吹捧，<u>听见就起鸡皮疙瘩</u>。"（王朔《你不是一个俗人》）

（16）走到复兴路上，小朋友们面向马路排成两行，小合唱一样伸着脖子等着，<u>驶过一辆汽车就拍手雀跃</u>，齐声欢唱：大汽车大汽车大，汽，车。（王朔《看上去很美》）

（17）他们不了解情况，<u>我一直想解释一直也张不开口</u>，我想告诉他们：不是别人家孩子坏，是我坏。（王朔《致女儿书》）

（18）爷爷是搞情报出身的，神出鬼没，<u>我们去哪儿玩都能找到</u>，冷不丁现身大吼一声。（王朔《致女儿书》）

（19）很多有过家庭破裂经历的人说，<u>大了孩子都会理解的</u>。（王朔《致女儿书》）

（20）每回气完奶奶，我比她后悔，觉得自己很操蛋，怎么办，毕竟是自己的妈，她就不能招我，<u>一招我我就特别歹毒</u>。（王朔《致女儿书》）

（21）<u>你要知道陆军有多少兵种你就挨牌数吧</u>。（王朔《看上去很美》）

（22）最后一次离开你们，你妈妈一边哭一边喊你的名字，你不应声，悄悄坐在自己屋里哭，<u>我进你屋你抬头看我一眼</u>，你的个子已是大姑娘了，可那一眼里充满孩子的惊慌。（王朔《致女儿书》）

如例（15—22）展示的，我们把例（15）、例（16）画线的这种紧缩前、后项主语都不出现的称为"主语无现式"紧缩句，把例（17）、例（18）画线的这种紧缩前项出现主语而紧缩后项不出现主语的称为"主语前现式"紧缩句，把例（19）、例（20）画线的这种紧缩后项出现主语而紧缩前项不出现主语的称为"主语后现式"紧缩句，把例（21）、例（22）画线的这种紧缩前、后项主语都出现的称为"主语全现式"紧缩句。

接下来，我们以现代汉语《小说月报》中的 1000 例紧缩句为统计样本，统计构成紧缩句的两个紧缩项在主语省略方面的情况。统计结果如表 4-6 所示。

表 4-6　现代汉语紧缩句主语省略情况

	主语无现式	主语前现式	主语后现式	主语全现式	合计
频次（次）	538	280	106	76	1000
占比（%）	53.8	28.0	10.6	7.6	100.0

根据表 4-6 数据，紧缩句在主语省略方面的分布呈现不均衡的状态，

其分布情况从高到低依次为：主语无现式、主语前现式、主语后现式、主语全现式。

　　紧缩句的两个紧缩项除了有省略与否的表现外，两个主语还有异同表现，即可以分为共主式紧缩句和异主式紧缩句。无论是主语无现式、主语前现式紧缩句，还是主语后现式、主语全现式紧缩句，都存在共主式紧缩句和异主式紧缩句的具体用例。如上文的例（15）是主语相同的主语无现式紧缩句，可以称为"共主无现式"紧缩句；例（16）是主语不同的主语无现式紧缩句，可以称为"异主无现式"紧缩句；例（17）是主语相同的主语前现式紧缩句，可以称为"共主前现式"紧缩句；例（18）是主语不同的主语前现式紧缩句，可以称为"异主前现式"紧缩句；例（19）是主语相同的主语后现式紧缩句，可以称为"共主后现式"紧缩句；例（20）是主语不同的主语后现式紧缩句，可以称为"异主后现式"紧缩句；例（21）是主语相同的主语全现式紧缩句，可以称为"共主全现式"紧缩句；例（22）是主语不同的主语全现式紧缩句，可以称为"异主全现式"紧缩句（见表4-7）。

表4-7　现代汉语紧缩句主语模式

主语异同	主语隐现	紧缩句主语模式	例句
共主式	主语无现式	共主无现式	听见就起鸡皮疙瘩
	主语前现式	共主前现式	我一直想解释一直也张不开口
	主语后现式	共主后现式	大了孩子都会理解的
	主语全现式	共主全现式	你要知道陆军有多少兵种你就挨牌数吧
异主式	主语无现式	异主无现式	驶过一辆汽车就拍手雀跃
	主语前现式	异主前现式	我们去哪儿玩都能找到
	主语后现式	异主后现式	一招我就特别歹毒
	主语全现式	异主全现式	我进你屋你抬头看我一眼

　　那么，紧缩句在这8个主语模式中的实际分布情况如何呢？我们继续以现代汉语《小说月报》中的1000例紧缩句为统计样本，统计紧缩句在不同主语模式中的分布情况，并将统计结果用表4-8和图4-6作直观呈现。

表 4 - 8 现代汉语紧缩句不同主语模式频次分布及占比情况

紧缩句主语模式	频次（次）	占比（%）
共主无现式	413	41.3
共主前现式	213	21.3
异主无现式	125	12.5
异主全现式	68	6.8
异主前现式	67	6.7
共主后现式	55	5.5
异主后现式	51	5.1
共主全现式	8	0.8

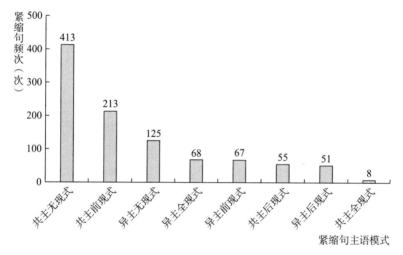

图 4 - 6 现代汉语紧缩句不同主语模式的频次分布及变化情况

根据表 4 - 8 和图 4 - 6 数据，紧缩句在主语模式方面的分布呈现不均衡的状态，其分布情况从高到低依次为：共主无现式、共主前现式、异主无现式、异主全现式、异主前现式、共主后现式、异主后现式、共主全现式。

当然，关于紧缩句主语的省略也会存在歧义。比如，有时出现紧缩后项与紧缩前项之间切分的两可现象，这种情况往往是因为紧缩后项的主语刚好是紧缩前项的宾语，若省去一个，从句法表现来看，判定为省去前项宾语也可，判定为省去后项主语也可。如：

（23）小康的声音已经发颤，他说只要吓唬吓唬她就行了，她一个山

里女子，就是犟一点，<u>吓唬一下她肯定就走了</u>。（苏童《万用表》）

（24）人哪敢作践钱，钱是长了腿脚的，<u>你这样作践它就要往人家门</u><u>上走了</u>。（葛水平《小包袱》）

（25）<u>既然怀疑我就直接告诉她</u>。（葛水平《小包袱》）

例（23）中，"她"既可以划入紧缩前项，看作"吓唬一下"的宾语，也可以划入紧缩后项，看作"肯定就走了"的主语；例（24）中，"它"既可以划入紧缩前项，看作"作践"的宾语，也可以划入紧缩后项，看作"要往人家门上走了"的主语；例（25）中，"我"既可以划入紧缩前项，看作"怀疑"的宾语，也可以划入紧缩后项，看作"直接告诉她"的主语。

此时，若两者同现不省略其中之一，紧缩句的两个紧缩项就会显得界限分明，如：

（26）你有丈夫了，你不用提醒<u>我我</u>也知道。（张惠雯《场景》）

四　现代汉语紧缩句的语气

语气问题属于句法范畴讨论的问题（万光荣，2012：4）。语气问题需要从"句"的层面来讨论，并且"句"的含义也必须包含语气。汉语语法学中的"句子"是由独立表达一个"意旨"或"意图"的词、短语等成分构成的单位，加上语气以后形成的。

语气与停顿密切相伴。和复句一样，紧缩句是由小句和小句整合而成的小句整合体；并且，紧缩句是比复句整合度更高的小句整合体，二者在形式上最直观的区别是复句句中有分句间停顿，紧缩句句中无语音停顿。整合过程中不具备句子语气的紧缩项已经不是"句"层面的语法单位了，紧缩句整体上只能算一个句子，作为句子的紧缩句仅有一个句末语调，在整个紧缩句末尾才会出现一个正式的语音停顿，表现在书面上即一个紧缩句只有一个句末点号。也即紧缩句是拥有单一语调曲拱的句子。

就汉语单句来说，其末尾是一个终止性的停顿，书面上用句末点号表示，汉语单句具备陈述、疑问、祈使和感叹四种语气类型。跟单句一样，从语气上看，紧缩句具备陈述、疑问、祈使、感叹四种语气类型，我们各举两例现代汉语不同语气类型的紧缩句。

（27）他们去逛大街买东西，<u>叫我去我没去</u>。（王朔《我是你爸爸》）

（28）关心呗，<u>同学之间没事也议论</u>。（王朔《我是你爸爸》）

（29）你还少在我这儿抖骚，<u>我砸了你那车你信不信</u>？（王朔《许爷》）

（30）冯小刚大喝一声打断他，"<u>你干不好别人就干得好吗</u>？"（王朔《你不是一个俗人》）

（31）农迎春笑了笑说，你不用怪金有礼，<u>有空你去看看他吧</u>。（杨映川《找爸爸》）

（32）"马上抄，<u>不抄完不许吃饭</u>！"（王朔《我是你爸爸》）

（33）许立宇十分焦急地分辨，"<u>没说我是孙子</u>！"（王朔《许爷》）

（34）他苦恼、焦虑甚至暗地里饮泣，<u>哪怕最微不足道的一个念头记录下来也足以惊天地泣鬼神啊</u>！（王朔《我是你爸爸》）

例（27）、例（28）画线的是表达陈述语气的紧缩句，例（29）、例（30）画线的是表达疑问语气的紧缩句，例（31）、例（32）画线的是表达祈使语气的紧缩句，例（33）、例（34）画线的是表达感叹语气的紧缩句。

尽管紧缩句具备齐全的语气类型，但是紧缩句在四种语气类型的分布上却差异巨大，我们对 1000 例现代汉语紧缩句在语气类型上的频次及占比情况进行统计，统计结果如表 4—9 所示。

表 4—9　现代汉语紧缩句在语气类型上的频次分布及占比情况

语气类型	频次（次）	占比（%）
陈述语气	914	91.4
疑问语气	41	4.1
祈使语气	33	3.3
感叹语气	12	1.2

由表 4—9 数据可知，陈述语气是紧缩句中最为普遍的语气类型，占有绝对分布优势。紧缩句也可以表达疑问、祈使、感叹语气，但这三种语气的使用总体上极不普遍。紧缩句在语气类型上的分布情况（从高频次到低频次）为：陈述语气、疑问语气、祈使语气、感叹语气。

五　现代汉语紧缩句紧缩标的长度、词性及其使用强度

在我们统计的 1000 例现代汉语紧缩句中，从数量上看，有标紧缩句有 809 例、意合紧缩句有 191 例，可见有标紧缩句是紧缩句的典型成员，紧

缩标是紧缩句的常见构件。因此对现代汉语紧缩句的考察离不开对紧缩标长度、词性及其使用强度的考察。

从紧缩标的长度看，如图4－7① 所示，紧缩标中，单字词紧缩标是紧缩句最常用、最显著的标记形式，这一特点有以下两方面的具体表现。一方面，"单字词单标"是出现频次最高的紧缩标形式，使用"单字词单标"的有标紧缩句共有534例，占全部紧缩句的53.4%，占有标紧缩句的66.0%。另一方面，在紧缩单标的使用中，呈现"单字词单标"高于"双字词单标"的分布序列；在紧缩双标的使用中，由高频到低频呈现"单字词标＋单字词标""单字词标＋双字词标""双字词标＋双字词标"的分布序列。

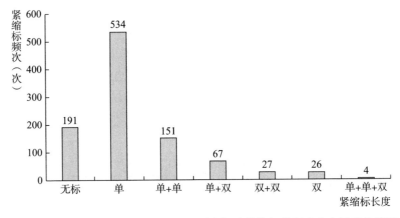

图4－7　紧缩句不同长度紧缩标（以"字"为单位）的频次分布及变化情况

从词性看，充当紧缩标的可以是副词、连词、助词、数词、动词、介词等，它们单独或组配使用，构成汉语紧缩标较为丰富的具体形式。与此同时，不同词类形式紧缩标、不同词性紧缩标的分布呈现不均衡的状态，二者的频次分布及变化情况如图4－8、图4－9所示。

由图4－8和图4－9可以发现，无论是在紧缩标的词类形式分布上，还是在紧缩句的词性分布上，紧缩标都呈现以副词标记占主要优势的分布局面。

---

① 图中的横轴标签中的"单"指单字词（单音节词）紧缩标，"双"指双字词（双音节词）紧缩标。

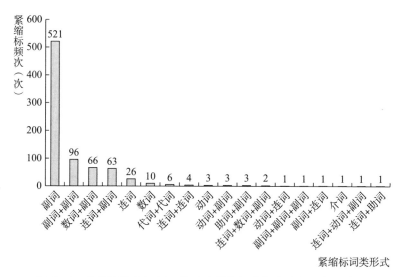

图 4 - 8　有标紧缩句不同词类形式紧缩标的频次分布及变化情况

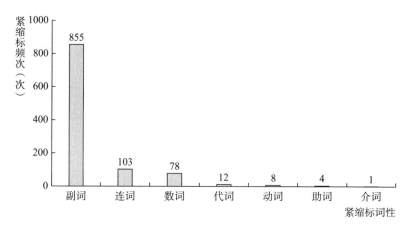

图 4 - 9　有标紧缩句不同词性紧缩标的频次分布及变化情况

六　现代汉语紧缩句紧缩项的语序安排

　　语言的线性编码一般多为单向型结构，尤其是表示动作、行为、事件的语言符号在时间轴上一般都是按照单向性的方向展开。因此，当需要表达发生在不同时间里的不同动作、行为、事件时，语言结构就自然按照先后关系的线性原则编排，即用先后关系来体现时序关系。事理逻辑的顺序与时序有着天然的关联。Jakobson（1965）在《探索语言的本质》一文中着重指明语言结构组合关系上的一种象似性：复句中两个分句的排列顺序映照它们表达的两个事件实际发生的先后顺序（沈家煊，1993）。汉语复句大致如此但并不严格，而汉语紧缩句对这一象似性准则的遵循更为严格。

汉语复句表达在语序上较为灵活，例如条件类复句的语序既可以是"条件—结果"（例35），也可以是"结果—条件"（例36）；假设类复句的语序既可以是"假设—结果"（例37），也可以是"结果—假设"（例38）；因果类复句的语序既可以是"原因—结果"（例39），也可以是"结果—原因"（例40）；目的类复句的语序既可以是"行为—目的"（例41），也可以是"目的—行为"（例42）；让步类复句的语序既可以是"让步—转折"（例43），也可以是"转折—让步"（例44）。

（35）只要他提出来，我就愿意帮助他。

（36）我愿意帮助他，只要他提出来。

（37）如果你不想去上海，我们就去哈尔滨。

（38）我们去哈尔滨，如果你不想去上海的话。

（39）因为你已经吃过了，所以这些就给他吃吧。

（40）这些就给她吃吧，因为你已经吃过了。

（41）他把头往后仰，以便能看到她。

（42）为了能看到她，他把头往后仰。

（43）虽然不想参加她的聚会，但他还是去了。

（44）他还是去了，虽然不想参加她的聚会。

我们把类似例（35）、例（37）、例（39）、例（41）、例（43）这样遵循事件/状态实际发生的自然的先后顺序的句子看作顺序表达，把类似例（36）、例（38）、例（40）、例（42）、例（44）这样违背事件/状态实际发生的自然的先后顺序的句子看作逆序表达。逆序表达在复句中的比例不低，例如肖任飞（2009：21）在一定语料范围内对比统计了"因—果"复句和"果—因"复句的使用情况（见表4－10）。

表4－10　不同语体中"因—果""果—因"复句的使用情况

单位：句

复句类型	小说	口语	报刊	科技	合计
"因—果"复句	591	473	145	115	1324

复句类型	小说	口语	报刊	科技	合计
"果—因"复句	351	579	27	26	983
合计	942	1052	172	141	2307

　　而紧缩句紧缩项的语序安排则更为稳定，不似复句灵活。例如，我们可以看到"结果—条件"复句，但是很难看到"结果—条件"紧缩句；同样，也很难看到"结果—原因"的因果类紧缩句、"结果—假设"的假设类紧缩句等。从目的类句式看，现代汉语复句以"目的—行为"的顺序为优势，而古代汉语有标紧缩句则几乎全部以"行为—目的"为顺序。现代汉语紧缩句中，目的类紧缩句的出现频次很低，这很可能是语序的冲突导致的低频次。紧缩句一般没有逆序表达，紧缩句紧缩项的语序在执行事理逻辑顺序时相对复句要稳定得多、严格得多。绝大多数情况下，我们看到的都是顺序表达的紧缩句，紧缩句前后紧缩项的语序往往是事件/状态实际时间顺序的直接投射。这一点也启发我们今后可以探索紧缩句与复句之间由"紧缩"造成的差异，或者说不同整合度的小句整合体在语序安排方面的差异。显然，随着小句整合度的提升，小句或经过整合操作后的谓核之间的语序安排越来越受到限制。

七　现代汉语紧缩句的构式形式

　　皇甫素飞（2015：37）对紧缩构式进行了多平面、多角度的研究，其对紧缩构式的定义为：

　　　　紧缩构式指形式上又紧又缩，包含一定逻辑语义关系的两条互不做句法成分的表述性结构关联形成的有一定整体意义的序列配置。

　　我们研究的紧缩句是句层面的，构式紧缩句是紧缩句中的重要成员，除了具备紧缩句的形式构造特点外，还具有构式的特征。

　　构式可以分为"实体构式""图式构式"（严辰松，2006），从形式上看，我们也可以把现代汉语构式紧缩句分为"实体构式型紧缩句""图式构式型紧缩句"两类，前者是由全固定的习语充当的紧缩句，后者是由半固定的习语、句型等充当的紧缩句。

（一）实体构式型紧缩句的主要形式

实体构式型紧缩句包括熟语、成语、谚语、俗语等形式完全固定下来的紧缩句，它们各自有着稳定、确定的构式义。举例如下：

（45）"没错。"我点点头，"爱谁谁。"（王朔《玩的就是心跳》）

（46）苍天总是那么慈善，终于使天生一对、地就一双的好人，一见钟情，终身相伴。（《作家文摘》1996）

（47）他说过，"不到长城非好汉"，事实正是这样。（《人民日报》1993）

（48）然而，现实生活中有些当父母的却忽视了提高自身素质，有的一边教育孩子听老师话，好好学习，自己却对本职工作马马虎虎，做一天和尚撞一天钟。（《报刊精选》1994）

（49）何必呢？我砍马江威，一人做事一人当。我怕他什么？（杨银波《中国的主人》）

（二）图式构式型紧缩句的主要形式

常见的图式构式型紧缩句常常使用固定关联格式（皇甫素飞，2015：44），如"爱X不X""一A就B""非A不B""越A越B""不A不B""没A没B""又A又B""边A边B""一A一B""A一量B一量""爱/想/说X就X""X就X""爱XX""V来V去""V副不（没）V""怎么A怎么B""A哪边B哪边""谁A谁B""A什么B什么""V也VP"等，举例如下：

（50）"爱吃不吃，真他妈不识好歹。"（王朔《我是你爸爸》）

（51）她不能张嘴，一张嘴就会有血喷出来。（尹学芸《祥瑞图》）

（52）南宋王朝把杨么起义军看作心腹大患，非把他们镇压不肯罢休。（曹余章《中华上下五千年》）

（53）小元说她是从高中开始胖的，有遗传也有心理原因，她体重过百时拼命想减肥，越减越糟。（陈蔚文《彼此》）

（54）这是什么银行，不闹不给钱，闹了才给钱。（姚鄂梅《红颜》）

（55）这两个土匪同意带我们去见坐山雕，我们把他俩的手朝后捆了，枪给卸了撞针，枪还由他们自己背着，没打没骂。（《作家文摘》1994）

（56）她又急又难受，想躲没地方躲，躲开了又怕等的人来了找不到。（陈蔚文《彼此》）

（57）我边走边哭，两只手都被热心的女孩子紧紧攥着，拉扯着，一脸鼻涕眼泪没手擦，结了嘎巴，整只脸蛋紧绷绷的。（王朔《看上去很美》）

（58）在讨论中，三位同学提出了许多观点、问题，一问一答，问答之间夹带着许多的辩驳与争论，以至引来多人围观，使这种本来是讨教问题的过程一下子演变成了"辩论大赛"，直到他们感到满意了，才高高兴兴地走出了展厅。（《报刊精选》1994）

（59）他说遇到你这样的人，见一个收拾一个。（苏童《万用表》）

（60）"爱和谁就和谁。"（王朔《永失我爱》）

（61）今天我也没学会数着次数尿尿，想尿就尿，怎么可能呢，像火车进站那样准时定点。（王朔《致女儿书》）

（62）李缅宁瞪着眼睛喊，"说离就离，咱们也认真一回。"（王朔《无人喝彩》）

（63）"她没告诉你？反正靠我一个人也养不起家了，散了就散了！"（陈希我《摇篮与坟头》）

（64）学的是自己喜欢的专业，做的是自己喜欢做的事，爱几点起几点起，爱和谁交往和谁交往。（陈蔚文《彼此》）

（65）我们想翻身过来，考虑来考虑去，只有这种办法也比较实际……（《报刊精选》1994）

（66）他立起身便走，理也不理，老子身上长了麻风不成？（白先勇《孽子》）

（67）见了窑里这情景，我吓了一跳，想也没想，我就扑了过去，抱住了烂眼圈的一个腿，往炕下面拉。（《作家文摘》1995）

（68）像光洁花纹精致的瓷盘子，透明闪动光芒的水晶杯，刚喷过水透着新鲜的瓜果蓝，怎么看怎么喜悦，看得越久越舒服。（王朔《看上去很美》）

（69）她想从一旁绕过去，走到哪边我迎到哪边。（王朔《看上去很美》）

（70）不是猫淹死，就是鱼渴死，总之，谁主动谁死。（斯继东《西凉》）

（71）李毓秀说，也没什么忌讳，他这个人，你准备什么他穿什么。

（邵丽《北地爱情》）

（72）但闫小莉终究不是黄蔚妮，羡慕也没用，<u>学也学不来</u>。（石一枫《营救麦克黄》）

图式构式型紧缩句还有一种情况是紧缩前项或紧缩后项是确定的紧缩构式句，如"非 X 不可""说什么·X""越来越 X"等，举例如下：

（73）狗屁！<u>你非娶不可</u>。（姚鄂梅《必须学会唱歌》）

（74）"不行，不干了，<u>说什么也不干了</u>！"（王朔《你不是一个俗人》）

（75）走向市场的人们，<u>越来越精打细算</u>，这也难怪。（《报刊精选》1994）

第二节　现代汉语紧缩句的语义构造及特征

对紧缩句句法成分之间语义关系的考察，可以更为具体地展现紧缩句的语义构造和语义特征，也是接下来进一步挖掘紧缩句语义对接机制的前提。紧缩句内部语义关系的考察角度有很多，既包括紧缩前项内部或紧缩后项内部的同项考察，也包括紧缩前项与紧缩后项之间的跨项考察，我们重点观察跨项句法成分之间的语义关系，例如前项主语与后项谓语间的、后项主语与前项谓语间的、前项谓语与后项宾语间的、后项谓语与前项宾语间的、前项主语与后项主语间的语义关系等。

一　现代汉语紧缩句紧缩项间的语义关联度

吴锋文（2011）在讨论复句分句之间的语义关联情况时，从分句内部主谓句法成分出发，发现影响分句语义关联度的因素主要表现在"紧邻分句主语的一致性""谓语语义的相关性"两个维度。紧缩句作为比复句整合度更高的小句整合体，其紧缩项之间的语义关联情况也可以从"紧缩句前后紧缩项主语的相关性""紧缩句前后紧缩项谓语的相关性"这两个维度进行考察。

（一）现代汉语紧缩句前后紧缩项主语的相关性

第四章第一节中，我们从形式上考察现代汉语紧缩句主语的隐现情况与异同情况。本小节，我们将从前后紧缩项的主语在语义上的一致性表现，来论证紧缩项之间语义联系的密切性。

根据吴锋文（2011），主语指称一致性可以分为两类，一类是主语指称完全一致，一类是主语指称部分一致。将这一分类沿用到紧缩句中，前者指的是紧缩项间的主语语义所指对象在指称范围内完全相同，二者全部重合，体现等同关系；后者指的是紧缩句间的主语语义所指对象在指称范围内部分相同，二者局部重合，体现"整体—部分"关系或是隶属相同关系。

经过第四章第一节的分析和统计，1000 例紧缩句中，共主式紧缩句有689 例、异主式紧缩句有 311 例，这里的 689 例共主式紧缩句指的是前后两个紧缩项的主语语义的所指对象完全相同的紧缩句，例如：

（76）我再加把劲，<u>有了线索随时向您汇报</u>。（尹学芸《祥瑞图》）

（77）<u>我老爸死都不让我参军</u>。（黄咏梅《病鱼》）

（78）<u>不用镜子我也知道自己的模样</u>，四年的专业练习让我收获了一流的肱二头肌。（姚鄂梅《红颜》）

（79）二流子"噗通"就跪下了，赌咒发誓说："让你姐说，<u>我要是欺负过她我就不是人</u>！"（葛水平《小包袱》）

例（76—79）分别为共主无现式、共主前现式、共主后现式、共主全现式，在统计的 1000 例紧缩句中，类似这样紧缩前项与后项的主语完全一致的有 689 个用例，紧缩句的紧缩项间表现出主语指称完全一致占主导的局面，68.9% 的紧缩句的两个紧缩项呈现的是围绕同一个对象发生的事件、状态或命题。由此可见，紧缩句前后紧缩项之间的语义联系程度是比较高的。

而在 311 例异主式紧缩句中，主语之间的关系有三种：一是紧缩项间主语指称部分一致（即也属于主语指称的一致性情况）；二是主语指称不一致，但在语义上有密切关系；三是主语指称完全不一致。紧缩句中前两种情况的表现较多，下面分别举例说明。如：

（80）农迎春说，<u>生完孩子我的身材就走样了</u>，我脸上已经开始长斑了。（杨映川《找爸爸》）

（81）可是他却把痛苦承接了过来，像得了后遗症似的，很长一段时间不敢去医院，<u>看到医院的标志心口就发紧</u>。（裘山山《琴声何来》）

（82）<u>嫁给哪个男人她的鬓角都会有白发的</u>。（向春《飞蚊症》）

例（80—82）中，紧缩前项的主语都没有出现，但可以从上下文的语义表达中补出，分别是"我""他""她"，后项主语都出现了，分别是"我的身材""心口""她的鬓角"，紧缩句前后两个主语语义所指对象在指称范围上部分相同，二者局部重合，体现"整体—部分"关系。类似这样的紧缩句前后紧缩项主语，既表示紧缩项间主语指称部分一致，也表示主语指称相关性很高。

再如：

（83）单冬花咽不下饭，做母亲也有偏袒儿女的时候，她不想偏袒张小梅，偏偏压不住心口的跳动，几次想张嘴，却似言又无，端碗又放下，头脑出乎意料地清醒了，不能挑明，闺女算计包袱里那点钱呢，<u>越在我眼前晃越视她如无物</u>。（葛水平《小包袱》）

（84）顾素芳问他当年为什么没有把"喜欢"俩字说出来，吕治说，<u>借他二两胆子也不敢</u>。（尹学芸《祥瑞图》）

（85）<u>谁有钱认谁做哥哥</u>。（学群《甲胺磷》）

从语义上可以判断，例（83—85）都是异主式紧缩句，但例（83）省去的前项主语，其指称的施事与后项宾语指称的受事是一致的，都是"她"；例（84）省去的后项主语，其指称的施事与前项宾语指称的受事是一致的，都是"他"；例（85）前项主语指称的施事与后项宾语指称的受事是一致的，都是"谁"。类似这样的紧缩句，尽管紧缩前项和紧缩后项主语指称不一致，但其中一项主语指称的施事与另一项宾语指称的受事是一致的，这也是紧缩句前后紧缩项关系密切的表现。

（二）现代汉语紧缩句前后紧缩项谓语的相关性

吴锋文（2011）进一步指出，复现的特定词汇、语义范畴相同的谓核及相似的句法结构是影响分句关联的重要特征。在紧缩句中，我们发现紧缩项谓语之间经常出现复现的特定词汇、语义范畴相同的谓核及相似的句法结构，这说明紧缩句前后紧缩项谓语相关性是比较高的。

首先，外围成分词汇复现这种情况在紧缩句中出现极少，这可能是因为紧缩句"缩"的原因。紧缩句谓语部分特定词汇复现主要是紧缩项间谓核词汇复现。例如：

（86）"前一秒还是晴空万里，<u>说下雨就下雨</u>，结果一分钟后又出太阳了……"（滕肖澜《在维港看落日》）

（87）母亲知道，这趟父亲回来，<u>指望他拿钱又指望不上了</u>。（贺小晴《天衣》）

（88）开头的日子很开心，不用上课了，<u>不用做作业更不用考试</u>，<u>每天爱上哪玩上哪玩</u>。（王璞《再见胡美丽》）

（89）那虽已有些浮肿却依然清晰的蛋形脸，尤其是鼻翼旁那明显的小黑痣，<u>不是胥阿姨又是谁</u>？（姜琍敏《胥阿姨》）

例（86）紧缩前项与紧缩后项的谓核动词"下雨"复现；例（87）紧缩前项与紧缩后项的谓核动词"指望"复现；例（88）紧缩前项与紧缩后项出现否定副词和能愿动词组成的"不用"的复现，动词、代词、动词组成的"上哪玩"的复现；例（89）紧缩项中的动词"是"复现。这些例子都属于紧缩项间谓核词汇复现，这样的用例在紧缩句中经常出现。

其次，紧缩句的两个紧缩项谓核在语义上相近、相反或相关的情况也经常出现，这是紧缩项间语义范畴相同的情况。例如：

（90）原先他对安定很抗拒，后来听说他们学校一位九十多岁的老教授一直是靠安定入睡的，好好的，<u>既没糊涂也没痴呆</u>，他也不再抗拒了，备了一小盒在床头。（裘山山《琴声何来》）

（91）小康一惊，<u>想说什么又没说</u>。（苏童《万用表》）

（92）女子站起来说，那咱们就去剧场吧，<u>边演戏边看戏</u>。（裘山山《琴声何来》）

例（90）两个谓核"糊涂""痴呆"语义上是同义相近关系；例（91）两个谓核"想说""没说"语义上是相反关系；例（92）两个谓核"演戏""看戏"在语义上是相关关系。

最后，紧缩句前后紧缩项谓语结构相似的情况也不少。如：

（93）谢东信伸个懒腰说他们这样的人才我不缺，<u>要多少有多少</u>。（季栋梁《绑架》）

（94）谁会嫌钱多呀，<u>多一分算一分</u>。（姚鄂梅《红颜》）

（95）他说遇到你这样的人，<u>见一个收拾一个</u>。（苏童《万用表》）

例（93）的紧缩前项"要多少"和紧缩后项"有多少"都属于动词结构"V多少"；例（94）的紧缩前项"多一分"和紧缩后项"算一分"都属于动词结构"V一分"；例（95）的紧缩前项"见一个"和紧缩后项"收拾一个"都属于动词结构"V一个"。

由上述三个方面的分析可知，紧缩句前后紧缩项谓语的相关性是比较高的，这是紧缩句前后紧缩项语义相关性高的重要表现，也是紧缩句"紧"的前提。

二 现代汉语紧缩句紧缩项的语义复杂度

紧缩句的语义内容有两层含义：一是紧缩前项、紧缩后项与单句或分句一样，各表达一个事件（或命题，主要是事件），在此基础上，涉及施事、受事、致事、主事、与事、对象、处所、方式、材料、工具、原因、结果等各种语义角色；二是由这两个事件关联而产生的逻辑语义关系。这里先讨论紧缩项在表达事件方面的复杂度表现。

在本章第一节讨论紧缩项的构造时，我们发现紧缩项使用频次最高的紧缩前项构造为"动+宾""动谓""主+谓""状+中""动+补"，使用频次最高的紧缩后项构造为"动谓""状+中""动+宾""形谓""动+补"，这一形式表现从语义上来解读的话，可以认为接近一半用例的紧缩项表达的事件，从语义上看要么仅出现事件核心——动作，要么仅出现一项语义角色（且该语义角色没有被修饰限定），并且相关的语义角色的类型也不丰富，集中在受事、方式、结果等高频出现的语义角色上。由此可见，紧缩句的紧缩项倾向于表达复杂度低的简单事件。

总的来说，与单句相比，紧缩句更偏向于表示由两个小句亲密接触而产生的逻辑语义关系；与复句相比，紧缩句经常省缩成分，涉及与动作有关的施事、受事、致事、主事、与事、对象、处所、方式、材料、工具、原因、结果等各种语义角色的成分都可以省略或删减，它们不再是表义的重点。相较于复句来说，整合度更高的紧缩句在紧缩的过程中，减弱了表达语义细节和小句命题的能力，而偏重于体现逻辑语义关系。

三 现代汉语紧缩句紧缩项之间的语义关系

（一）现代汉语紧缩句的语义关系分类

紧缩句紧缩项之间的语义关系与复句分句之间的语义关系具有类似性，因此讨论紧缩句的语义关系分类势必要参考复句语义关系的分类体系。传统汉语语法研究领域对汉语复句语义关系的分类存在共性和差异。

如郭昭穆《复句分类初探》（1980）认为复句的分类标准是意义及语法特征，其分类体系为：

一级分类	二级分类
等立复句	并列、迭加、选择
承接复句	应承、先后、顺序、递进、倚变
主从复句	因果、转折、纵予、条件、取舍、意合

这一分类体系涉及双重标准，因此有时两个标准之间的比重不太容易把握，最后的类别划分就产生了交叉的可能。

朱晓农《复句重分类——意义形式化的初次尝试》（1989）根据逻辑意义形式化的标准、贯彻二分法对复句进行分类：

$$
复句\begin{cases}
推导复句\begin{cases}正推导复句\\反推导复句\end{cases}\\
非推导复句\begin{cases}牵连复句\begin{cases}选择复句\\非选择复句\end{cases}\\非牵连复句\end{cases}
\end{cases}
$$

再如王维贤等的《现代汉语复句新解》（1994：68～69）也是以逻辑二分的方法对复句（形合句，即使用关联标记的复句）进行分类：

$$
复句\begin{cases}
单纯的\begin{cases}条件的\begin{cases}一般条件\\非一般条件\end{cases}\\非条件的\begin{cases}选择\\非选择\end{cases}\end{cases}\\
非单纯的
\end{cases}
$$

这种分类体系有利于保持复句分类标准的统一性和分类结果的系统性，但这样的分类方法也因为复句分句间语义关系的多重性而存在一些不合理的地方。

目前出版的《现代汉语》教材中，一般是把复句（语义分类）先分为联合复句和偏正复句这两个一级分类，然后再分别作二级分类。不同的教材，二级分类得出的具体小类会有差异。如胡裕树主编的《现代汉语》（1981/1995）把联合复句分为并列、连贯、递进、选择四个小类；偏正复句分为转折、假设、条件、让步、因果、目的六个小类。黄伯荣、廖序东主编的《现代汉语》（2002）将联合复句分为并列、顺承、解说、选择、递进五个小类；偏正复句分为转折、条件、假设、因果、目的五个小类。两家对一些小类（解说类、让步类）是否具有单独分类价值的认识有所不同。

邢福义在《汉语复句研究》（2001）中首先采用三分法，按照分句间的因果性、列举性、转折性关系把复句分成因果关系、并列关系、转折关系三大类。进而从关系出发，用标志控制，在因果复句下面划分得出因果句、推断句、假设句、条件句、目的句等；并列复句下分出并列句、连贯句、递进句、选择句等；转折复句下分出转折句、让步句、假转句等。

刘丹青（2012）认为复句按照"并列—主次—主从"三分法更能兼顾句法和语义，其中，区别传统语法而特有的主次复句，其特点是语义关系或逻辑关系跟某种主从复句相同或相近，但是构成主次复句的次要分句因为在句法上不受连词的管辖而并不处于从属依附的地位，有着自身的独立性，因此有必要分出来，与并列、主从一起成为复句的一级分类。

Halliday（2000：216－273）认为，小句与小句之间的关系（type of relationship between clause）是修饰关系（modifying），具体来说包括互相依赖关系（type of interdependency）和逻辑语义关系（the logical-semantic relation）。根据互相依赖关系，英语小句之间的关系有两种，一种是并列（parataxis），另一种是从属（hypotaxis）。根据逻辑语义关系，可以得到扩展（expansion）和投射（projection）两个大类，并分别得到解释（elaboration）、延伸（extension）、增强（enhancement）、报道（report）、思想（idea）、事实（fact）共计六个小类。

参考 Halliday（2000：216－273）、刘丹青（2012）的分类思想，我们认为，小句和小句整合而成的紧缩句，其紧缩前项和紧缩后项之间的语义关系，同样可以从相互依赖关系和逻辑语义关系这两个角度观察，只是具体的小类与英语有别。

对于汉语来说，相互依赖关系可以理解为小句之间的语义轻重和依附关系，把汉语复句按照"并列—主次—主从"三分就是从这个角度来分的，句法上的表现（关联标记的位置）其实是内在语义关系的外在体现。所谓的兼顾句法和语义，其实是形式和意义的表里互证，其本质是从语义角度对小句整合体从构成小句之间的语义轻重和依附关系做出的分类。

因此，紧缩句的语义类别，应当从紧缩项间的语义轻重和依附关系出发来考虑。考虑到汉语的特点，对两个小句整合而成的紧缩句的分类，可以得到"并列关系紧缩句""主次关系紧缩句""主从关系紧缩句"三个一级分类结果。

> 并列关系紧缩句：逻辑语义关系跟某种并列复句相同或相近，紧缩项与紧缩项之间地位同等，语义上没有轻重之分，互不管辖的紧缩句。
>
> 主次关系紧缩句：逻辑语义关系跟某种主次复句相同或相近，紧缩项与紧缩项在语义上有轻重之分，语义表达偏轻的紧缩项在语义上不处于从属依附地位，在句法上表现为不受关联标记管辖的紧缩句。
>
> 主从关系紧缩句：逻辑语义关系跟某种主从复句相同或相近，紧缩项与紧缩项在语义上有轻重之分，语义表达偏轻的紧缩项在语义上处于从属依附地位，在句法上表现为受到关联标记的管辖的紧缩句。

Dixon & Aikhenvald（2009：3）将小句整合中的小句及相关语法标记（grammatical marker）区别为：

> FC（焦点句 Focal Clause）：关于中心事件的小句。
>
> SC（辅助句 Supporting Clause）：附着于焦点句的是辅助句，它可以为焦点句设置现实环境，或为其列举条件、假设、前始状态等。
>
> Ms（主标 Marker attached to supporting clause）：附着于辅助句的标记。
>
> Mf（副标 Marker attached to focal clause）：附着于焦点句的标记。

并举例如下：

主标（Ms）	辅助句（SC）	副标（Mf）	焦点句（FC）
Although	John has been studying German for years,	–	he does not speak it well.
–	John has been studying German for years,	but	he does not speak it well.

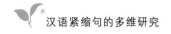

我们也可以对紧缩项间语义有轻重之分的汉语紧缩句进行类似的分析：

主标（Ms）	辅助句（SC）	副标（Mf）	焦点句（FC）
—	不想去	也	得去
如果	她出事	—	我会内疚
只要	明天不下雨	就	按期举行

由此可见，语义有轻重关系的紧缩句，两个紧缩项根据语义轻重可以分为紧缩主项（FC）和紧缩副项（SC），对应的紧缩句关联标记，也可以区分为紧缩主标（Ms）和紧缩副标（Mf），那么：

若 S = SC + Mf + FC，则 S = 主次关系紧缩句，例如："不想去也得去"；

若 S = Ms + SC + FC，则 S = 主从关系紧缩句，例如："如果她出事我会内疚"；

若 S = Ms + SC + Mf + FC，则 S = 主从关系紧缩句，例如："只要明天不下雨就按期举行"。

此外，紧缩句中的意合紧缩句，则根据其紧缩项之间的语义是并重关系还是轻重关系，分属于并列关系紧缩句与主次关系紧缩句。

根据上述论证和分析，以及紧缩句的实际表现，我们将紧缩句语义关系的二级分类结果总结如下：

紧缩句
- 并列关系紧缩句
  - 并列关系并列类紧缩句
  - 并列关系选择类紧缩句
  - 并列关联递进类紧缩句
  - 并列关系连贯类紧缩句
- 主次关系紧缩句
  - 主次关系条件类紧缩句
  - 主次关系假设类紧缩句
  - 主次关系因果类紧缩句
  - 主次关系目的类紧缩句
  - 主次关系转折类紧缩句
  - 主次关系让步类紧缩句

$$
紧缩句
\begin{cases}
\cdots \\
主从关系紧缩句
\begin{cases}
主从关系条件类紧缩句 \\
主从关系假设类紧缩句 \\
主从关系因果类紧缩句 \\
主从关系目的类紧缩句 \\
主从关系让步类紧缩句
\end{cases}
\end{cases}
$$

　　总之，由于典型紧缩句和复句有着相似的语义关系，既包括基本的逻辑语义关系上的共性表现，也包括其构成部分（即构成紧缩句的紧缩项与紧缩项、构成复句的分句与分句）在语义轻重关系上的相似表现，因此，综合参照传统的复句逻辑语义分类以及语义轻重、语义依赖关系的"并列—主次—主从"三分法，我们认为，对紧缩句的分类，可以综合两种语义分类标准，结合这两种语义因素和紧缩句的自身特点做出更为细致和系统的分类。如此，每一个具体的紧缩句都可以根据紧缩项之间的语义关系归入紧缩句的二级类别体系中，在这一紧缩句分类系统中找到归宿。

　　与此同时，我们统计了上述 1000 例不同语义类紧缩句的使用频次，如图 4 - 10 所示。

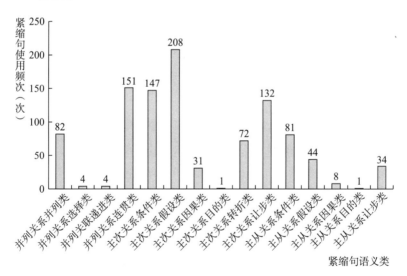

图 4 - 10　不同语义类紧缩句的使用频次

　　从 1000 例不同语义类紧缩句使用频次的统计结果来看，紧缩句表现出如下语义关系表达特点。

　　第一，紧缩句表现出以表达主次关系占优势的倾向，主次关系紧缩句有 591 例、并列关系紧缩句有 241 例、主从关系紧缩句有 168 例。

第二，具体来看，不同语义类紧缩句使用频次从高到低依次为：主次关系假设类（208 次）、并列关系连贯类（151 次）、主次关系条件类（147 次）、主次关系让步类（132 次）、并列关系并列类（82 次）、主从关系条件类（81 次）、主次关系转折类（72 次）、主从关系假设类（44 次）、主从关系让步类（34 次）、主次关系因果类（31 次）、主从关系因果类（8 次）、并列关系选择类（4 次）、并列关联递进类（4 次）、主从关系目的类（1 次）、主次关系目的类（1 次）。

（二）现代汉语紧缩句表达的逻辑语义关系

这里我们按照上述紧缩句的二级分类顺序，依次举例展现紧缩句表达的逻辑语义关系。

并列关系并列类紧缩句表达紧缩项之间的平列、对照等关系，如：

（96）马林生按照价钱的可接受程度搭配着点了几个菜，并让马锐点了两样他喜欢感兴趣的菜。给自己叫了啤酒给儿子要了饮料。（王朔《我是你爸爸》）

（97）"人家是富二代，既不坐公交也不坐火车。"（东西《私了》）

并列关系选择类紧缩句表达紧缩项之间的选择关系，如：

（98）乡下人都知道，被部队中途处理回家的兵，不是思想出了毛病就是身体出了毛病。（衣向东《紧急集合》）

（99）这几年，村里人来找赵大嘴最多的事情就是看病，无论大病小病都会来省城烦扰他，要么让给安排医院要么借钱啥的。（杨小凡《大学》）

并列关系递进类紧缩句表达紧缩项之间的层递关系，如：

（100）最终她相中了张坤乙，张坤乙相貌堂堂而且才华横溢，是女孩们心中的白马王子。（晓航《霾永远在我们心中》）

（101）小慧一两个月跟她通一个电话，电话里小慧跟她说话，如同对着动画片说话，天真幼稚而且没有什么太多的感情依赖。（许春樵《麦子熟了》）

并列关系连贯类紧缩句表达紧缩项之间的先后相继关系，如：

（102）也嫌弃人的肚子，过一会儿就要饿要渴，吃多了又积食；嫌弃皮肤，怕冷怕热出汗出油要洗要擦，尤其是小弟，穿少了伤风感冒，穿多

了又出汗，汗歇了还是受凉感冒。（冬安居《母爱》）

（103）我们开始在手机上讨论轮值的问题，许静说她值上半夜班，那我就值下半夜班，她值班时我可安安稳稳地睡一会儿，<u>时间到了她来叫醒我</u>，换她去睡。（姚鄂梅《红颜》）

主次关系条件类紧缩句表达紧缩项之间的条件和结果关系，且条件项不依附于结果项，如：

（104）郭妮也笑，"……不用出去，<u>想吃就能吃</u>。"（滕肖澜《在维港看落日》）

（105）紫云每天都觉得很累，<u>闭上眼睛就能睡着</u>，但同时也觉得从来没有这么踏实过，踏实到可以不去想那些铭刻在心头的往事。（畀愚《丽人行》）

主次关系假设类紧缩句表达紧缩项之间的假设和结果关系，且假设项不依附于结果项，如：

（106）许诺说我才不稀罕你的钱，你爱给谁给谁，我就要王安，<u>不嫁万安就嫁给阎王爷</u>。（衣向东《紧急集合》）

（107）"……我只知道，在这个世界上，<u>没有钱你就不能活</u>。"（张玉清《一百元》）

主次关系因果类紧缩句表达紧缩项之间的原因和结果关系，且原因项不依附于结果项，如：

（108）<u>她在国企她知道</u>，动了国企尤其是央企就是动了一个利益集团，这是天翻地覆的事啊。（向春《飞蚁症》）

（109）老汉说："<u>太小了不能吃</u>，扔回去让它们长大。"（张玉清《一百元》）

主次关系目的类紧缩句表达紧缩项之间的行为和目的关系，且行为项不依附于目的项，如：

（110）她得一直控制自己，不要把看到的美丽或者有趣的东西拍下来发给他，不要给他打电话或无聊地告诉他她正在干什么，<u>不要给他机会倾诉什么以免她忍不住向他倾诉什么</u>……（张惠雯《场景》）

（111）<u>你就逼着、折磨我好让这句话从我嘴里说出来呢吧</u>？（王朔《过把瘾就死》）

主次关系转折类紧缩句表达紧缩项之间的转折关系，且转折前项不依附于转折后项，如：

（112）妻子跟我冷战，这可不好，一个屋檐下，<u>低头不见抬头见</u>，见了不说话，总被提醒着有什么事。（陈希我《父》）

（113）<u>吃斋念佛却不上不事善行</u>，<u>捐赠寺院却不赡养父母</u>，<u>建立功德却无视公德</u>……（陈希我《父》）

主次关系让步类紧缩句表达紧缩项之间的让步和转折关系，且让步项不依附于转折项，如：

（114）紫云说，<u>我死也不会去的</u>。（畀愚《丽人行》）

（115）刘昭铭看着紫云说，不过你放心，只要我在秀洲，<u>你想做任何事我都会帮你</u>。（畀愚《丽人行》）

主从关系条件类紧缩句表达紧缩项之间的条件和结果关系，且条件项依附于结果项，如：

（116）"她对他好呀，<u>一有空就给他按摩</u>。"（东西《私了》）

（117）<u>只有这样才能救赎</u>。（陈希我《父》）

主从关系假设类紧缩句表达紧缩项之间的假设和结果关系，且假设项依附于结果项，如：

（118）他摇头，"<u>你要是不去我也不去</u>。……"（滕肖澜《在维港看落日》）

（119）比如这几棵树，<u>如果画门外的就没法画门里的</u>，画门里的就没法画门外的。（张玉清《一百元》）

主从关系因果类紧缩句表达紧缩项之间的原因和结果关系，且原因项依附于结果项，如：

（120）休息了最多半个小时，慰问演出就开始了，必须抓紧时间，<u>因为天一黑他们就要下山</u>，山上是没法安排客人住宿的。（裘山山《红围巾》）

（121）下游企业对产品十分挑剔，我们不能为了人情而开这个口子，<u>制度既然定下就要上下共同遵守</u>，乡长同志，我对万发乡的产品表示遗憾。（李金波《我姐》）

主从关系目的类紧缩句表达紧缩项之间的目的和行为关系，且目的项依附于行为项，如：

（122）<u>为了气你我什么事都干得出来</u>，可干了又特别空虚。（文珍《夜车》）

（123）<u>那时我只是为了不过分丢脸才上上课</u>。（王朔《动物凶猛》）

主从关系让步类紧缩句表达紧缩项之间的让步和转折关系，且让步项依附于转折项，如：

（124）没想到已经这么晚了，<u>就是去瑜伽房也练不了多久了</u>，而且也没有健身的心了。（须一瓜《灰鲸》）

（125）有一种表情介于哭笑中间，<u>无论平时怎样挤眉弄眼也拿不出来</u>，必须是窘事才产生才能逼出来。（李金波《我姐》）

四　现代汉语构式紧缩句的构式义

"紧缩构式不仅在结构组成上具有鲜明的特点，更为重要的是其语义发生了增殖，产生出新的意义……紧缩构式前后项之间、结构内部也有'主—谓—宾''施—受—动'及逻辑语义关系，但这只是一种潜在的语义关系，而实际凸显的是另外的语义关系……紧缩构式最高层面的构式义是主观性"（皇甫素飞，2015：109），构式紧缩句在语义上的表现也基本如此。

从共性上看，构式紧缩句最高层面的构式义是表达主观性，例如表达"主观情态""主观隐性量"等（皇甫素飞，2015：140）。具体构式紧缩句则有具体的构式义，需要做具体的语义分析，可另做个案分析。

第三节　现代汉语紧缩句的语体分布、篇章特征与语用特征

一　从语体视角考察现代汉语紧缩句的分布特征

根据不同交际领域和交际目的而形成的各具特点的语言表达体系就是语体，各种语体在运用语体材料、运用语言的表现手段时所呈现的不同特点，就集中表现为不同的语体色彩。参照邢福义、汪国胜（2003：498～500），现代汉语语体类型首先可以分为"口语语体""书面语体"两个大类，其中，书面语体又可以再分为"文艺语体"、"科技语体"、"政论语体"和"事务语体"四个小类。"语体成为语法解释的重要角度，是语言研究发展的必然结果，是我们从关注孤立的结构延伸到关注语言的社会交

际环境的产物"（张伯江，2012）。研究紧缩句的语体分布情况，既可以更全面地把握紧缩句的使用特点，也为汉语的学习者与使用者更为恰当合理地学习与使用紧缩句提供借鉴和参考。

根据 100 余万字现代汉语不同语体语料（口语、文艺、科技、政论、事务五种语体的语料字数分别约为 20 万字）中的 842 例有标紧缩句的考察与统计，有标紧缩句在不同语体中的分布和频次存在较大差异[1]（见表 4 - 11）。

表 4 - 11　有标紧缩句在不同语体语料中的分布和频次

所属语体	有标紧缩句用例数（例）	占比（%）	语料字数（万字）	每万字有标紧缩句出现频次（次）
口语语体	385	45.7	20	19.25
文艺语体	338	40.1	20	16.90
科技语体	91	10.8	20	4.55
政论语体	21	2.5	20	1.05
事务语体	7	0.8	20	0.35
总计	842	100	100	8.42

根据表 4 - 11 可以发现，不同语体中有标紧缩句的分布特点如下。

总体上看，100 余万字现代汉语不同语体语料共计出现有标紧缩句 842 例，相当于每万字出现 8.42 次。

口语语体与文艺语体中的有标紧缩句在用例数和出现频次上有相近表现，相对其他语体来说，这两种语体中更容易接受有标紧缩句的出现，口语语体每万字语料出现 19.25 次有标紧缩句，文艺语体每万字语料出现 16.90 次有标紧缩句；其他三种语体中的有标紧缩句则不太活跃，科技语体每万字语料中出现 4.55 次有标紧缩句，政论语体每万字语料中出现 1.05 次有标紧缩句，事务语体则更为排斥有标紧缩句，每万字语料中仅出现 0.35 次有标紧缩句。因此，有标紧缩句在各语体语料中出现频次由高到低排序为：口语语体、文艺语体、科技语体、政论语体、事务语体。

有标紧缩句更容易出现在口语语体和文艺语体中，这是因为有标紧缩

---

[1]　这里暂时没有考虑作家语言风格的差异以及作品地域因素的影响。

句的语用特点与口语语体、文艺语体的特点更为契合。紧缩句的主要语用特点可以概括为"简洁明了，随意自然，生动活泼，颇具情意性、生动性"，口语语体的主要特点是"遣词造句较为随意，话题经常更换，语气生动活泼，风格平易自然"（邢福义、汪国胜，2003：501），文艺语体的主要特点是"具有情意性、形象性、生动性、变异性、音乐性、多样性、独创性等"（邢福义、汪国胜，2003：504）。由此可见，紧缩句与口语语体、文艺语体具有相当多的共通相融的因素。

而科技语体、政论语体、事务语体的共同特点是经常带有术语，说明性、科学性强，其中，事务语体更为严谨。三种语体与紧缩句的特点之间存在更多的冲突，因此，这三种语体也就不太适合出现紧缩句。总的来看，紧缩句在不同语体中的分布频次序列与五种语体的书面性程度序列刚好是一致的，即书面性越强的语体中，紧缩句出现的频次越低，口语性越强的语体中，紧缩句出现的频次越高。

二　现代汉语紧缩句的基本篇章特征

（一）现代汉语紧缩句在篇章类型中的分布情况

现代汉语以文体特征为依据的篇章类型可以分为叙事类、议论类、说明类、新闻类四种（郑贵友，2002：233～248）。其中议论、说明、新闻这三类篇章从整体上看书面风格特征较强，偏向于以书面词语为主，在句式的选择上也比较严整，选用专业术语较为频繁，呈现较强的中性风格。

至于叙事类篇章，则是为叙述某个事件发生及发展过程而使用的文章体裁。现代汉语叙事类篇章在语言特征方面起码有以下表现（郑贵友，2002：233～234）。

  a. 句式的选用比较灵活，其中，散句的使用频率比较高；

  b. 词语的语体风格也比较灵活，口语词、书面语词均有较为自由的表现；

  c. 句子铺排的顺序也较其他篇章类型而最为灵活，顺逆不拘；

  d. 整体表述推进线索的种类也比较丰富，除了以人物描写为线索

外，时间变化线索和空间移动线索等也都有比较频繁的表现。

无论是对事件过程的叙述，还是对事件结果的评价，紧缩句灵活的形式、简洁的风格和口语体特征，以及构式紧缩句主观性的表达，都更适用于叙事类篇章，事实也是如此。

（二）现代汉语紧缩句在语篇中的分布特点

张新华（2007：100～101）说到汉语："从内部看，一个句子往往就是一个小型的语篇，即语篇句，""从外部看，句子之间的界限也缺乏刚性。两个或多个句子可以联结构成一个较大的语篇单元，这就是语段。"徐赳赳（2010：4）认为："从最底层看，两个彼此有关联的小句，就进入了篇章研究的范围，大于两个小句的语言单位，如多重复句，段落，一直到整个篇章，都是篇章研究的对象。"

紧缩句具备句属性，其在语篇中的分布，主要以"作为分句"或"独立成句"两种形式出现。邢福义（2001：561）认为有一种紧缩形式可以看作"准单句"，作为"准单句"的紧缩句，如果跟别的分句组成复句，则只算一个分句。例如：

（126）他们不打了，却突然把手里的坷垃一窝蜂似的掷向她们，大姐二姐挨了几下，随手反撒了几把土，眼看敌不过就骂着跑开了。（寒郁《草木爱情》）

上例算五个分句，紧缩形式"眼看敌不过就骂着跑开了"算一个分句，不算两个分句。

紧缩句在篇章中的位置，更偏向于处于居中或靠后的位置，表现出以后续句格局为主、以始发句格局为次这一倾向性篇章布局规律。在语篇句中是如此，如：

（127）这样想着就让他上了，杨光标对罗娇娇一向言听计从，哪敢不上。（曹军庆《胆小如鼠的那个人》）

（128）她撑着一把遮阳伞从裁缝铺里出来，一见紫云就快步迎上去，关切地拉起她的手，说，少奶奶，我们借步说话。（畀愚《丽人行》）

（129）罗娇娇虽是残疾，人却长得漂亮，皮肤白，一笑露出俩酒窝。（曹军庆《胆小如鼠的那个人》）

例（127）是紧缩句作为始发句的用例，例（128）、例（129）紧缩句作为后续句的用例。在实际用例中，像例（128）、例（129）这样的情况是紧缩句在语篇句中更为常见的篇章布局。

紧缩句作为句层面的单位，还可以作为单句出现在语段中，并且也遵循上述篇章布局规律，如：

（130）他一看到带着儿子回来的前妻就知道他赢了。前妻不是个有城府的女人，喜怒哀乐都挂在脸上，她好像哭过，弄糟的眼影像熊猫一样黑了两个大圆圈。她气呼呼的，对待儿子也不像早晨那么甜腻了。（王朔《我是你爸爸》）

（131）"上啊，怎么不上？爱讲着呢。不给我们上课她干吗去呀？谁要她呀？"（王朔《我是你爸爸》）

（132）"是真的又怎么样？"马锐越发的来劲，声音提得很高，"也用不着这么自个儿可怜自个儿。我最讨厌那种想从别人那儿得到点什么反倒吃了亏把自己弄得可怜兮兮的人，活该！你凭什么想要什么就得到什么！你要是无私的怎么会觉得挨了坑？"（王朔《我是你爸爸》）

例（130）是紧缩句作为始发句的用例，例（131）、例（132）紧缩句作为后续句的用例。在实际用例中，像例（130）、例（132）这样的情况是紧缩句在语段中更为常见的篇章布局。

紧缩句在语篇中表现出的布局规律，是由以下原因造成的。

一是，在具体的语篇中，紧缩句本身负载了一定的信息量，因此可以看作一个信息块。紧缩句在语篇中具有信息传递的功能，该功能具体表现为紧缩句这一信息块与语篇中其他信息块之间的信息互动，即它们之间往往是围绕同一话题展开，而这也是紧缩句参与或实现语篇衔接和连贯的前提。从另一个角度来说，也正是因为语篇中的信息块需要围绕同一话题展开，紧缩句的一些构成成分才能省略。

二是，紧缩句单独成句的情况要远远少于其作为分句用于语篇中的情况，因为，从语义层面上看，紧缩句除了紧缩项之间相互依存外，紧缩句对上下文，尤其是对上文的依赖程度也特别强，语义上的较强依存性，对应在形式上表现为自足性较差，而表现在语篇分布上，则其在语篇中的位置倾向于以居中或靠后为主。因此，语篇的始发位置不是紧缩句出现的有利位置。紧缩句需要简省的形式构造、简洁的语义内容，若置于后续位置，则可以依托前述语篇提供的背景知识，促进紧缩句的生成和使用。语篇中，顺着上文的话题或谈话对象推进，是一个语篇语流连续和信息结构安排最为自然的状态。正是紧缩句的简省特点要求其置后一些以便其可以依存于语篇，尤其是上文语篇。而这也是"省略与依存"这对关系对语篇中紧缩句的位序格局的作用表现。

（三）现代汉语紧缩句在语篇中的衔接功能

"衔接"（cohesion）指的是构成篇章的语句以某种方式前后连接在一起，它是篇章的有形的网络，它体现在篇章的表层结构上（郑贵友，2002：22~24）。Halliday&Hason（2001）系统讨论了英语篇章中存在的五种衔接方式，即指示（reference）、替代（substitution）、省略（ellipsis）、连接（conjunction）、词汇衔接（lexicalcohetion）。

现代汉语紧缩句在语篇中主要通过省略这一方式与其他语句衔接起来。

省略具有重要的篇章连贯作用（Halliday&Hason，2001：142；朱永生等，2001：63；陈伟英，2009：36）。篇章意义上的省略，是组成篇章的句子中的一些基本结构成分发生缺省，且这些缺省成分可以在上下文中找到的现象。上下文中出现的含有省略对象的部分给含有缺省项目的部分提供理解上的参照或依据，这两类部分之间在意义上相互依存、密切联系，这一联系通过省略的方式得以实现，是省略发挥了特定的衔接作用（田然，2003；郑贵友，2002：36~38）。

若仅就单个的句子讨论某个成分的省略，严格来说，这是不够稳妥的：因为单个的句子其实无法印证某个成分语法存在的客观真实性。而如果把这个问题放到篇章中讨论，就比较容易解决了。因此，一些学者认为省略通常是一种发生在篇章内部的超句法的现象，那么对于省略现象，也就应该以篇章为基本背景来加以考察和解释才是更为妥当、合理的。

同时，省略也可以看作篇章对小句结构的要求。周国正（2005）认为，每一句都符合语法规律的句子合起来反而令人产生不恰当的感觉。省略可以"逼迫"各句外求，与其他语句联结，由是产生衔接而给人"一段话"（语篇）的感觉。因此除了遵守句法合法性之外，语篇结构的恰当性也要求语篇中的各句之间要有所衔接和连贯，省略作为衔接手段之一，可以使这些句子不能展开完全独立的运作，而只能连成一体，相互联系、相互依存，以共同构成"一段话"（语篇）。

三 现代汉语紧缩句的语用特征

吕叔湘（2002）指出："语气可广狭两解。广义的语气包括语意和语势。……所谓语势，指说话的轻重，缓或急。……语势以语调为主。"并进一步细分为：

$$语势\begin{cases}轻与重\\缓与急（缓：提顿）\end{cases}$$

参考这一区分，我们认为紧缩句与复句在语势上的区别表现为：前者相对重，多少有强调、凸显的意味，后者相对轻，偏向于客观陈述；前者相对急，语调高、快、急切，后者相对缓[1]，平静、缓和、自然。

紧缩句表现出来的语势的强化，一方面来自对话语内容的强调性，另一方面则来自说话人急切或紧张态度带来的急速表达，并由此产生语调的上扬。

我们发现，与复句不同，紧缩句总是带来紧急或是紧张的氛围，例如对以下三组用例进行对比：

（133a）还是那句话，钱不是万能的，<u>你再有钱，也摆脱不了</u>。（季栋梁《绑架》）

（133b）有的说，<u>金有礼再没情没义也要回来送人一程</u>，一日夫妻百日恩。（杨映川《找爸爸》）

（134a）当然，<u>即使他们让她穿，她也不会穿</u>。（赵大河《灼心之爱》）

（134b）当时我说像傻子那样的人就该抓走，<u>即使不放火也应该抓</u>。（杨仕芬《和影子赛跑的人》）

（135a）<u>那天小倩一进门，就咔咔地笑</u>，我问她，你又怎么了？（张世勤《聂小倩》）

（135b）<u>采姨一进门就把自己扔在沙发上喘气</u>，就像她不是刚下了出租车，刚从电梯里出来，而是干了一天活刚回家。（姚鄂梅《一辣解千愁》）

相较于中间有分句间停顿的复句，一口气说完一个紧缩句显然需要付

---

① 吕叔湘说的"缓"是指"提顿"，提顿是为了强调语意，体现感情色彩，有意在两个成分之间作停顿的修辞方式。而我们这里说的"缓"指的是语势上的轻缓。二者有所区别。

出更多的气力和注意力，阅读这三组句子明显可以感觉到语势强度上的差别：类似例（133a）、例（134a）、例（135a）画线的用例所示，复句是比较平缓的；而如例（133b）、例（134b）、例（135b）画线的用例所示，紧缩句是偏向急促的。复句的语势比较轻缓一些，紧缩句的语势显得重一些。

表现在具体的交谈和阅读中，紧缩句往往需要说或读得重一些、快一些，需要听话人或读者一口气用力说或读完，这就会带来语势上扬、语调增高；而复句则一般来说与前后话语或上下文保持基本一致的语势、语调和节奏。当二者表达基本一致的逻辑语义关系等语义内容时，通过这种语势、语调的区别，传达给听话人或阅读者的，往往是说话人或写作者并不相同的情感态度。由此可见，紧缩句"语势的加强"是其语用特征的主要表现。

第五章　汉语紧缩句的紧缩机制与紧缩动因

研究紧缩句最重要的，就是要弄清楚紧缩句从古至今是如何在语言使用和演变的过程中引发和实现的。我们把由两个小句整合成一个紧缩句的运作机制称为"紧缩机制"，把触发紧缩句形成的动因称为"紧缩动因"。那么，紧缩机制的具体运作内容如何？紧缩动因是怎样触发两个小句整合成紧缩句的呢？在具体解析紧缩机制和紧缩动因的同时，对个案"爱 A 就/不 B"形成过程的讨论，可以为紧缩句典型的形成阶段、机制和动因的考察提供一个样本。

第一节　紧缩句的紧缩机制

小句整合成紧缩句的机制，即"紧缩机制"。接下来，我们从语义、句法、语用三个层面解析汉语紧缩句的紧缩机制，依次称为紧缩句的"语义整合机制""句法紧接机制"和"语用缩选机制"。

一　语义整合机制

我们将在概念整合原则的框架下，构拟紧缩句的语义整合机制。

概念整合的过程与结果由四个心理空间参与，分别是：

a. 输入空间（input space）：输入空间是我们在话语中所提供、构建的可及、可感的表层心理空间。语言是通过认知语义构建所产生的心理空间这一解释中介来反映客观事件与场景的（王红孝，2004a、2004b）。在整合理论中，至少有两个输入空间参与整合。

输入空间 1 和输入空间 2 之间对等成分的部分映现叫作"跨空间映

现"（cross-space mapping）（Fauconnier，1997：149－150）。如图 5－1 所示，两个输入空间既有对等的部分，也有不对等的部分，其中对等的部分（用实线连接的对应的原点）就能相互映现，即跨空间映现。

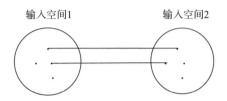

输入空间1   输入空间2

图 5－1　输入空间及跨空间映现

b. 类属空间（generic space）（Fauconnier，1997：149－150）。如图 5－2 所示，类属空间映现到每个输入空间，反映的是输入空间共同的、更为抽象的共享结构和组织，类属空间同时决定空间映现的核心部分（Fauconnier，1997：D26）。

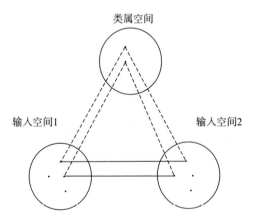

类属空间

输入空间1   输入空间2

图 5－2　输入空间和类属空间

c. 整合空间（blended space）（Fauconnier，1997：150－151）。如图 5－3 所示，在输入空间中相互映现的部分通过组合（composition）、完善（completion）与扩展（elaboration）① 形成了整合空间里的各个部分。

_____

① 新创结构的产生包括三种相互联系的方式（Fauconnier，2010：D26）：组合（composition），将来自输入空间的投射组合在一起产生新的关系，而新的关系并不存在于任何单个的输入空间中；完善（completion），运用背景框架、认知和文化模式等知识把来自输入空间的组合结构视为整合空间中更大的独立结构的一部分；扩展（elaboration），根据整合空间自身的突生（新创）逻辑对结构进行认知加工。

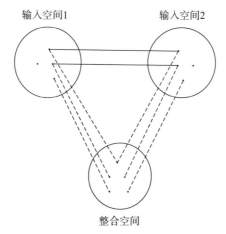

图 5 - 3　输入空间和整合空间

　　把整合空间里的部分进行整合，就产生了新的结构，形成了新的概念，这就是新创结构（emergent structure）（Fauconnier，1997：150 - 151）。新创结构是整合后产生的合成的心理空间，或者说新概念。图 5 - 4 是由四个空间构成的整合过程和结果，其中，整合空间中的正方形就代表新创结构。

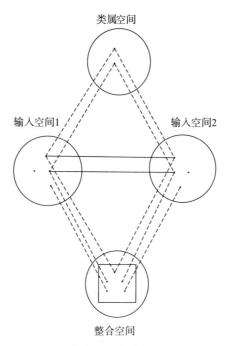

图 5 - 4　四个空间构成的整合过程和结果

最后，新创结构就可以通过选择词汇和结构将具体的语码序列表达出来。通过上述分析可知，整合的过程的确就是一个提取和新建的过程（王华，2007：16）。我们认为，紧缩句的形成过程从语义层面上看，也是一种整合过程。

具体看来，紧缩句语义整合的动力来自：

a. 表达内容复杂化的需求

相较于一般的语义关系表达来说，逻辑语义关系是比较复杂、处理难度较高的语义关系。

b. 表达形式简洁化的需求

复句是表达逻辑语义关系的最重要手段，然而，复句是由两个独立性较高的小句充当分句来整合表达的，分句在形式上较为独立，形式复杂度仅次于独立单句，且复句语义上还要兼顾句法成分之间的语义关系，因此总体上复句形式更为复杂。

c. 表达内容复杂化与表达形式简洁化平衡的需求

在语言交际中，我们有时需要更为经济简洁的形式表达复杂的逻辑语义关系，以满足交际的需要。

整合的基本手段，沈家煊（2006a）认为是"压缩"和"隐退"两种，并提及了在形式上的相应表现是：由重读变轻读；由长大变短小；由自由变黏着。我们认为，就紧缩句来看，其整合手段在语义上的具体表现是紧缩项细节意义、内部语义关系的压缩和隐退，在形式上的具体表现是在小句变紧缩项的过程中"由长大变短小"和"由自由变黏着"。本章节我们从语义层面探索紧缩句的语义整合机制，包括对紧缩句语义整合的主要方式的概括，和对紧缩句语义整合的浮现意义的分析。紧缩句的语义整合机制可以表述为：

> 两个事件或命题通过概念整合的具体方式，整合成一个新创结构——紧缩句概念，并且产生浮现意义的过程和规则。

Fauconnier & Turner（2002）在书中第七章（"Compressions and Clashes"）从心理空间的拓扑结构（topology）以及框架的角度将基本概念整合分成了单纯型框架（simplex networks）、镜像型框架（mirror networks）、

单域型框架（single-scope networks）、双域型框架（double-scope networks）四类。我们认为，紧缩句概念的生成和发展经历了双域型框架整合方式和单纯型框架整合方式。

（一）紧缩句的双域型框架整合方式

双域型框架整合方式的两个输入空间有各自不同的组织框架，两个组织框架均是部分投射到整合空间中，因此，整合空间的组织框架同时包括来自两个输入空间的部分结构（Fauconnier & Turner，2002）。

紧缩句最初在生成时，是两个小句的整合而成，这两个小句通过两个不同的心理空间来反映客观的事件/状态，两个空间之间对应的跨空间映现的概念，在语义上必须具备一些"重要关系"（vital relation）才能整合成更大的单位。这些重要关系是两个输入空间之间的，因此称为外部空间（outer space）的重要关系（Fauconnier & Turner，2002：92），常见的如变化（change）、一致性（identity）、时间（time）、空间（space）、原因—结果（cause-effect）、部分—整体（part-whole）、代表（representation）等（Fauconnier & Turner，2002：101）。两个空间之间的重要关系在整合空间中得到压缩和分解，成为整合空间［相对于外部空间来说，就是"内部空间"（inner space）］中的重要关系。就紧缩句来说，这种内部重要关系即我们在第四章第二节中概括的并列、选择、连贯、条件、假设、因果、目的、递进、转折、让步这些逻辑语义关系，除此之外，在整合空间里，产生了新创结构——紧缩句概念，以及新创结构（紧缩句）的浮现意义（emergent meaning）[①]。

紧缩句双域型框架的整合过程如图 5 - 5 所示。

这当中，在输入空间中相互映现的部分通过组合、完善与扩展就构成了整合空间中的新创结构——紧缩句概念［S1′·S2′（G′）］，其中，不仅来自不同输入空间的小句概念 S1′、S2′经过整合变成了新的参与部分，有时"标记"概念（G′）的参与同样受到整合过程中组合、完善、扩展这些方式的作用。

我们以条件类"才"标紧缩句整合的情况为例，各时期用例如下。

---

① 沈家煊（2006b）论及，浮现意义（emergent meaning）指的是"由整合产生的整体意义"。

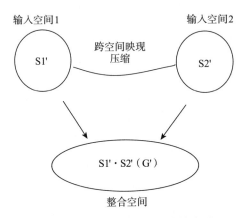

输入空间1　　　　　　　　　　　　输入空间2

跨空间映现
压缩

S1'　　　　　　　　　　　S2'

S1' · S2' (G')

整合空间

图 5 - 5　紧缩句双域型框架的整合过程

（1）曰："如此，上面知止处，其实未有知也。<u>通此五句，才做得'致知在格物'一句</u>。"（北宋《朱子语类》）

（2）赵正道："可奈王遵、马翰日前无怨，定要加添赏钱缉获我们；又可奈张员外悭吝，别的都出一千贯，偏你只出五百贯，把我们看得恁贱！<u>我们如何去蒿恼他一番，才出的气</u>。"（南宋《宋代话本选集》）

（3）谢青天老爷做主！<u>明日杀了窦娥，才与小人的老子报的冤</u>。（元《窦娥冤》）

（4）你说道少盐欠醋无滋味，<u>加料添椒才脆美</u>。（元《窦娥冤》）

（5）三年此居，三年此埋，死不能归，<u>活了才回</u>。（明《牡丹亭》）

从宋代开始，"才"可以参与表示条件类逻辑关系的复句，例（1）、例（2）、例（3）都是分别由两个小句整合构成的"才"标条件类复句。到了元代，两个小句经过概念整合，开始出现"才"标紧缩句概念，并进而生成"才"标紧缩句，如例（4）"加料添椒才脆美"经历的语义整合过程如图 5 -6 所示。

选择表示"只有在某种条件下然后怎样"的"才"以标记两个小句概念整合后的条件关系，新创结构"汤只有加料添椒然后才脆美"最后选择"加料添椒才脆美"这一形式表达。

双域型框架整合方式是紧缩句不断生成新的标记类型的重要手段。

（二）紧缩句的单纯型框架整合方式

通过双域型框架整合方式，紧缩句形成了一系列相对固定的由关联标

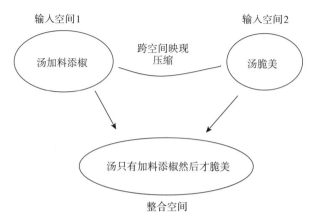

图 5 - 6　紧缩句"加料添椒才脆美"双域型框架的整合过程

记参与的模式。这之后，紧缩句就可以通过单纯型框架的整合方式进行大规模的类推和扩展使用。

类推指的是已经存在的结构对现存形式产生的吸引同化，类推是沿着在任何一个构成成分的节点上选择的"纵聚合"轴在起作用。

在单纯型框架整合过程中，一个输入空间包含的是特定的框架及其角色，另一个输入空间包含的是无框架组织的元素，跨空间映现将角色与元素进行匹配。于是，输入空间 1 中的框架和角色映现到整合空间中，输入空间 2 中的角色对应的价值也映现到整合空间中，在整合空间中，框架、角色以及元素在其中进行压缩，产生一个新的整体——新创结构。

单纯型框架整合方式是同一紧缩标紧缩句不断繁殖扩张的手段，也是紧缩句能产性的重要表现。以 C1 + G + C2（"条件—结果"关系）这一紧缩句构造形式为例，在输入空间 1 中，提供了框架"C1 + G + C2"，其中，C1、C2 是由关联标记 G 联系的两个角色；在输入空间 2 中，具体的两个小句提供了元素。输入空间 1 中的框架和角色映现到整合空间中，输入空间 2 把角色的价值，也就是元素映现到整合空间中。在整合空间中，框架中的角色和元素压缩为一个整体——新创结构"S1′ + G′ + S2′"，从而产生整合的效果，也就是紧缩句的浮现意义。

这一映现和整合过程分别如图 5 - 7、图 5 - 8 所示。

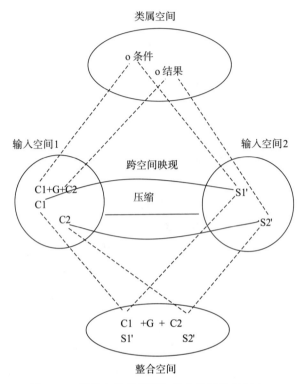

图 5 - 7　紧缩句单纯型框架整合的网络表征之一

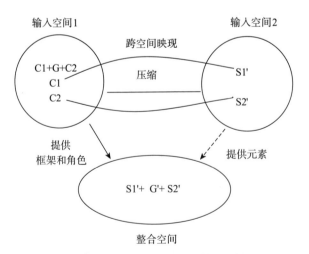

图 5 - 8　紧缩句单纯型框架整合的网络表征之二

下面我们继续以具体的条件类"才"标紧缩句为例，进一步加以说明。

在历时发展过程中，自元代"才"标紧缩句诞生之后，"才"标条件类紧缩句在单纯型框架整合方式的作用下逐渐使用开来，并沿用至今，在现代汉语中成为活跃的紧缩句式，例如：

（6）你饶四着时<u>才好</u>。（元明《朴通事》）

（7）服药十来日，冯相病已好了，却是羸瘦了好些，<u>拄了杖才能行步</u>。（明《初刻拍案惊奇》）

（8）少不得朝晨起早，晚夕眠迟，睡醒来，千思想，万算计，<u>拣有便宜的才做</u>。（元明《初刻拍案惊奇》）

（9）据我看这脉息，<u>应当有这些症候才对</u>。（清《红楼梦》）

（10）贾琏笑着忙说："多谢大爷费心体谅，我就不过去了。<u>正经是这个主意才省事</u>，盖造也容易，若采置别处地方去，那更费事，且倒不成体统。你回去说这样很好，若老爷们再要改时，全仗大爷谏阻，万不可另寻地方。明日一早我给大爷去请安去，再议细话。"（清《红楼梦》）

（11）篯铿就过去问他们道："这山上有一种异鸟，<u>要两只合起来才能飞</u>，汝等见过吗？"（民国《上古秘史》）

（12）腾六道："小神职司降雪。但与云师有连带关系，<u>必先有云才能降雪</u>，请崇伯召了云师来，共同商量。"（民国《上古秘史》）

（13）<u>无私才能无畏</u>。（邢福义、汪国胜，2003：375）

（14）<u>看过东西才好谈价钱</u>。（张斌，2002：506）

以上各时期"才"标条件类紧缩句可以看作通过单纯型框架整合方式生成的。以例（11）为说明对象，其整合过程如图5－9所示。

两个小句表示的概念"（这种鸟）要两只合起来""（这种鸟）能飞"提供了元素或者说价值，已有的"才"标条件类紧缩句提供了框架和角色，整合出新创结构"这种鸟只有两只合起来然后才能飞"，这个新概念选择"要两只合起来才能飞"这一具体形式在具体语流中使用。

在单纯型框架下，紧缩句的整合实质上就是一种匹配，是紧缩句框架与小句之间的彼此协调和相互制约。

（三）双域型框架和单纯型框架的共同作用

"越……越……"这一形式历来受到高度的关注［如邢福义（1985）、陈群（1999）、刘楚群（2004）、朱其智（2010）等］。以"越……越……"

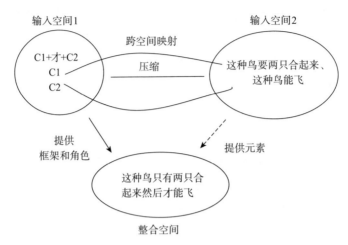

图 5-9　紧缩句"要两只合起来才能飞"单纯型框架的整合过程

为例可以很好地说明紧缩句是通过双域型框架和单纯型框架的共同作用进行的语义整合及使用规模的发展扩大。

"越……越……"作为关联标记在句中使用，起始于北宋时期（蒋冀骋、吴福祥，1997：429；杨荣祥，2005：108），紧缩句双域型框架和单纯型框架的共同作用可以通过"越……越……"从两个小句整合成复句，再到两个小句整合成紧缩句，再到两个小句整合成单句形式的发展演变过程中体现出来，以下为各时期典型用例。

（15）曰："不要说高了圣人。高了，学者如何企及？越说得圣人低，越有意思。"（北宋《朱子语类》）

（16）故浙中不如福建，浙西又不如浙东，江东又不如江西。越近都处，越不好。（北宋《朱子语类》）

（17）当时越思量越烦恼，转恨这万员外。（南宋《万秀娘仇报山亭儿》）

（18）王头儿捏着两把汗，又怕拿不住猴儿，又怕王第二十的有失闪，连忙拦说："众位瞧就是了，莫乱说。越说他在上头越不得劲儿。"（清《七侠五义》）

（19）那韩七洋洋得意，越想越乐越欢喜。（清《侠女奇缘》）

（20）小姜哭着说："我是前赵知府的女儿，家在四川，父亲死后，家中越来越贫困，便将我卖掉，来筹划安葬父亲的费用。"（民国《古今

情海》）

阶段Ⅰ是北宋时期关联标记"越……越……"和两个小句"（我们/你）说得圣人低""（这事/这道理）有意思"整合成的复句表达阶段，两个小句主语不同，构造比较复杂。

阶段Ⅱ仍旧是北宋时期关联标记"越……越……"和两个小句"（某地）近都处""（某地）不好"整合成的复句表达阶段，两个小句主语相同，构造比较简洁。

阶段Ⅲ则是南宋话本小说中的例子，关联标记"越……越……"开始使用于紧缩句中，两个小句"（陶铁僧）思量"和"（陶铁僧）烦恼"主语相同，构造更为简洁。与上两个阶段相比，"越……越……"从使用于复句中扩大到使用于紧缩句中，两个小句通过紧缩更为紧密地结合在一起，这是双域型框架的整合结果。

到了阶段Ⅳ，随着"越……越……"在紧缩句中使用频率的提高，"越……越……"紧缩句成熟度也不断上升。在清代，整合成"越……越……"紧缩句的两个小句，也可以是主语不同或是构造较为复杂的，如例（18）的两个小句"（众位）说""他在上头不得劲儿"。这是单纯型框架整合方式促使"越……越……"紧缩句使用频率大大提高。

阶段Ⅴ，"越……越……"紧缩句更为成熟灵便，已经可以使用在三个小句整合而成的"越 X 越 Y 越 Z"[①]之中了，同样，这种形式刚刚开始出现，因此要求每一个小句主语相同、构造简洁，如例（19）的"（韩七）想""（韩七）乐""（韩七）欢喜"。这是递归机制[②]对"越……越……"紧缩句的作用促成的。

阶段Ⅵ，"越来越……"这一用法于清代中叶开始萌芽（朱其智，2010），到晚清直至现代，"越来越……"已经发展成为常用句式。"越来越"这一单位的性质，也从"来"作为动词到看作代动词等非实义成分

---

① 这一形式的概念意义也可以看作由多域型框架整合方式而来。多域型框架是参照"双域型框架"整合方式来命名的，当输入空间大于两个时，我们可以将与双域型框架整合方式运作过程一致的整合方式叫作多域型框架整合方式。例如"越 X 越 Y 越 Z"就是由多域型框架整合方式整合而来的。当然，其整合过程在极大程度上是对"越 X 越 Y"的模仿。

② 即"递归性"，指"同样的结构规则可以反复运用"（邢福义、吴振国，2002：149）。

（朱其智，2010）而逐渐整体化，被看成是一个固定格式（吕叔湘，1999：640；陈群，1999），这是重新分析机制①的作用表现。

以上过程如图 5 – 10 所示。

		横向整合轴
阶段 Ⅰ	越 X,越 Y（X、Y主语不同，且 X、Y形式语义较复杂）"越说得圣人低，越有意思"	
阶段 Ⅱ	越 X,越 Y（X、Y主语相同，且 X、Y形式语义较简洁）"越近都处，越不好"	
阶段 Ⅲ	越 X越 Y（X、Y主语相同，且 A、B形式语义较简洁）"越思量越烦恼"	
阶段 Ⅳ	越 X越 Y（X、Y主语不同，或 Y形式语义较复杂）"越说他在上头越不得劲儿"（通过类推机制）	
阶段 Ⅴ	越X越Y越Z "越想越乐越欢喜"（通过递归机制）	
阶段 Ⅵ	越来越Y "家中越来越贫困"（通过重新分析机制）	
		纵向聚合轴

图 5 – 10　"越……越……"的发展（单纯型框架整合方式）

"越……，越……""越……越……""越……越……越……""越来越……"这些产生于汉语不同时期的形式和意义至今仍是并存的。由此可见，"语言的发展是一个持续进行的过程"，"这种演变过程在语言的任何一个确定的阶段都只是尚未完成的"（鲍尔·J. 霍伯尔、伊丽莎白·克劳丝·特拉格特，2008：20）。

二　句法紧接机制

语言共时平面的变异是历时演变不同阶段、不同层次的反映，从研究方法来看，无论是直接以历时的发展演变为线索，还是通过共时分析来构

---

① Langacker（1977：58）将"重新分析"定义为"一个或一类表达的结构变化，这种变化不包括它任何直接或固有的表层显现的修饰关系"，Harris&Campbell（1995：61）在Langacker定义的基础上将"重新分析"定义为"一种改变句法结构的底层结构却不涉及表层表现的任何直接或内在的调整的机制"。总的来说，重新分析的动因就是"表达需求的无限拓展和表达方式的新奇性追求总会诱发语言的有标记现象，主要由现有手段的扩展所致，可称旧瓶装新酒现象"（刘丹青，2008）。重新分析在本质上涉及的是线性的、组合性的，经常是局部的重新组织和规则演变。它是不能直接看得见的。另外，类推在本质上涉及的是聚合关系的组织、表层搭配和用法模式中的演变。类推使无法看得见的重新分析的演变成为看得见的（鲍尔·J. 霍伯尔、伊丽莎白·克劳丝·特拉格特，2008：84）。

拟历时演变过程,然后用历史材料来验证和修正,都可以揭示语法结构和语法形式的运作规律。人同此心,心同此理,人的认知心理古今相通(沈家煊,1998)。

本章第一节中我们分析和归纳了紧缩句语义层面的整合机制,在整合空间里,出现了新创结构——紧缩句概念,而这个新创结构需要选择用具体的语言形式表现。那么紧缩句在形式层面的具体表现,又受到了何种机制的制约?这是本节要探讨的问题。

下面具体从"紧"和"接"两方面来分别阐述紧缩句的句法紧接机制,我们分别称为"紧凑机制"和"接续机制"。

(一)紧凑机制

从句法层面来看,在分句或谓核成分之间起连接作用的有两种外显手段,一是句中的语音停顿,二是关联标记。

表面上看,句中的语音停顿似乎是将一个连续的句子点断开来,而事实上,句中语音停顿除了提供语气外,还是话语未尽的表现,是语流的临时性暂歇,从这一角度来说,句中的语音停顿是通过舒缓与适时的休息,起到前后文的衔接和接续作用。马清华(2006)也曾论及,在并列关系组联上,停顿能拉长并列可及的心理距离和语义距离,发挥某种力度的致联控制能力。

当然,马清华(2006)也进一步指出"词汇标记的并列致联力超过了语音停顿",对于紧缩句来说,在句子中起更为明显的衔接作用的同样是关联标记。在复句中,没有关联标记的复句依靠句中的语音停顿(当然还有语义层面的意合作用)可以串联起两个甚至两个以上的分句;有标复句则具有句中语音停顿和关联标记的双重维系作用,在串联分句时多了关联标记这一形式的充分保障,分句可以得到相对自由的扩展,分句间的衔接也更为自然和妥帖。

从形式层面来看,当句中语音停顿不存在、小句非句化之后,谓核成分之间的关联主要就是依赖关联标记的作用。然而,仅依靠关联标记对分句或者相当于分句的谓核成分的串联作用是有限的,也就是说,失去句中语音停顿之后,谓核成分就不能像复句的分句那样相对自由地扩展,此时,关联标记在句中连接作用的有限性触发了紧凑机制的运作。

具体来看，具有两个或多个谓核成分的句子，因为没有了句中的语音停顿，单靠语义联系以及关联标记的维系作用，这些谓核成分就不能有过多的音节数或词量，在构造上也以简单的模式为佳，将关联标记系联的谓核成分的长度保持在合理范围内，关联标记就能相对自如地负担起维系任务。

反之，如果关联标记需要系联的谓核成分的音节数或词量较大，构造庞杂，那么关联标记就会不堪重负，这样的语句要么很难成立，要么需要在特殊的语境中才能生成。

总之，没有句中语音停顿，那么前后谓核成分的联系任务主要就放在了关联标记上，而关联标记本身的系联作用是有限的，要达到维系的结果，就势必需要前后的谓核成分有所"牺牲"，"牺牲"的内容对应的就是紧凑机制的内容。当这种"牺牲"或者说紧凑机制发挥到一定程度时，不依赖关联标记的作用甚至就可以把谓核成分黏结在一起。

因此，紧凑机制是紧缩机制的组成部分之一。紧凑机制是根据紧缩句的长度、容量的特征来说的，我们可以将紧缩句的紧凑机制描述为：

> 紧缩句需要表现为紧缩项句法成分构成受限，紧缩项和紧缩标长度范围趋窄的局面。

我们从两个角度分析紧缩句紧凑机制的内容，分别称为"缓存限制机制"和"构造简约机制"。其中，紧缩句的长度特征是缓存限制机制作用的表现，紧缩句句法成分基本的构成情况是构造简约机制作用的表现。

1. 缓存限制机制

在计算机领域，"缓存"指的是临时文件交换区，在技术发展的某一阶段，缓存的容量是相对固定的，缓存的容量基本上决定了计算机一次性处理数据的能力的大小。在人类的认知能力方面，短时记忆的容量和一次注意力的广度就好比缓存的容量，人脑缓存容量的大小决定了存放、读取的数据的大小，也即在言语生成和理解方面，一次连续语句的音节数或词量就是人脑缓存容量的表现之一。①

目前来看，人类大脑缓存的容量表现出 7±2 个单位的项目数。据心理学研究，人类短时记忆和注意力的广度都为 7 个单位左右（7±2 个单位）（Miller G. A.，1956a、1956b），鲁川等（2002）认为汉语句子最适合的长度是 7±2 个"语块"，超过这个限度的句子，就会出现记住后半句、忘记前半句的现象。如果从认知的角度来看，也即人类认知和思维中能够同时把握的离散单位不超过 7 个左右，"7 个左右"这个数量级在人类生活和人类语言中都有极为广泛的反映。例如，听一遍就能记住的电话号码通常不能超过 7 位，数物件最高的效率是 5 个 5 个地计数（陆丙甫，1993：4）；在语法学中，格语法通常把论元分成 7 个左右，教学中强调的重要词类通常也在 7 个左右，结构类一般强调的也是主谓、状动、定名、动补、动宾、并列等 7 个左右的类等（陆丙甫，1993：213）。可以说，这是人类认知的运作广度对人类语言的结构方式与分析方式的制约。

无论是从说话者的角度还是从听话者的角度来看，紧缩句的自身特点决定其需要符合人类一次短时记忆和注意力的广度要求。根据第三章第二节的统计数据，历代汉语有标紧缩句的显著长度范围是 5~9 个音节，即 7±2 个音节范围，古代汉语的词以单音节为主，因此从音节的方向切分古代汉语紧缩句，其实就接近于从词的方向切分古代汉语紧缩句；根据第四章第一节的统计数据，现代汉语紧缩句平均长度为：7.704 个词，使用频率最高的前 5 种紧缩句句长分别为 7 个词（17.4%）、6 个词（16.1%）、8 个词（14.2%）、5 个词（11.3%）和 9 个词（10.4%），分布范围为 5~9 个词（即 7±2 个词），总体占据 69.4%。古今汉语紧缩句切分而得的项目数保持在 7 个左右，这正好同人类短时记忆和注意力的广度相一致，可见

---

① 这里"缓存"的概念借自计算机领域，在计算机术语中，缓存是一种处理方式，电脑把最常用的文件从存储器中提取出来放在临时文件交换区进行处理，就像把工具和材料搬上工作台一样。缓存的应用存在一个算法问题，即便缓存容量很大，若没有一个高效率的算法，那将导致应用中缓存数据的命中率偏低，无法有效发挥大容量缓存的优势。算法是和缓存容量相辅相成的，大容量的缓存需要更为有效率的算法，否则性能会大打折扣。从技术的角度来说，大容量缓存的算法是直接影响到硬盘性能发挥的重要因素，更大容量缓存是未来硬盘发展的趋势。由此可见，缓存技术的发展，一是缓存容量更大，二是算法效率更高。这就好比人类认知能力的发展，一是要能兼容更多的具体内容表达，二是要有高效率的编码和解码水平，以应付形式和内容都更为丰富的如紧缩之类的处理。

紧缩句是便于我们理解、掌握的形式，因此能够继续不断地得以沿用和发展。

我们将紧缩句这一运作机制称为"缓存限制机制"，其具体内容是：

> 由于人脑短时记忆和注意力广度的限制，能够一次性处理的连续无语音停顿的语言单位存在一个有限的缓存容量，对紧缩句而言，缓存容量决定了其显著长度范围不超过 7 项（以音节/词为单位）。

综上所述，紧缩句的特点决定了其在生成和理解的过程中，特别需要短时记忆的参与，也受一次注意力广度的制约，其显著长度范围的表现恰好体现并符合缓存限制机制的作用力。紧缩句的显著长度范围印证了这种普遍的数量限制和缓存限制机制的存在，证明了人类语言形态深受认知机制的制约而获得的共性。

2. 构造简约机制

"构造简约机制"是紧缩句在形式上，尤其是句法成分构成方面的突出特点，紧缩句的构造简约机制主要表现在以下两个方面。

一是紧缩项一般取单核。复句的前件可以由一个谓核结构充当，也可以由两个甚至两个以上谓核结构组成，如：

（21）那迎儿真个舒着脸，被妇人尖指甲掐了两道血口子，才饶了他。（元明《金瓶梅》）

（22）咱们要去，我头几天打发人去，把那些道士都赶出去，把楼打扫干净，挂起帘子来，一个闲人不许放进庙去，才是好呢。（清《红楼梦》）

以上是近代汉语中两个"才"标条件类复句的用例，例（21）表示条件的画线部分由两个谓核结构组成，例（22）表示条件的画线部分由六个谓核结构组成。

同样，复句的后件可以由一个谓核结构充当，也可以由两个甚至两个以上谓核结构组成，例如：

（23）这事须得如此如此办法，才免得他夜长梦多，又生枝叶。（清《儿女英雄传》）

（24）必是先有了这个心，才有古往今来那无数忠臣烈士的文死谏、武死战，才有大舜的完廪浚井，秦伯、仲雍的逃至荆蛮，才有郄祁弟兄的

问答，才有冀缺夫妻的相敬，才有汉光武、严子陵的忘形。（清《儿女英雄传》）

而"紧缩项的单核性"是指紧缩句的紧缩前项和紧缩后项一般都仅含有一个谓核，即一般而言紧缩项只能是一个谓核结构，如：

（25）不辟粱肉，若有酒醴则辞。（先秦《礼记》）

（26）后与诸大夫饮于洪波之台，酒酣，简子涕泣，诸大夫皆出走，曰："臣有罪而不自知。"（秦汉《韩诗外传》）

（27）帝重问之，宣对曰："此自陛下家事，虽意欲尔而太后不听，是以文欲灭而明耳。"（魏晋南北朝《三国志裴注》）

（28）我闻是语故来瞻仰。（隋唐五代《大唐西域记》）

（29）管仲奉子纠奔鲁，小白入齐，既立，仲纳子纠以抗小白。（宋《河南程氏遗书》）

（30）就对主人道："好却好，只是小弟是个孤身，毕竟还要寻几房使唤的人才住得。"（元明《初刻拍案惊奇》）

（31）但凡要说时，必须先用清水香茶漱了口才可，设若失错，便要凿牙穿腮等事。（清《红楼梦》）

（32）你嫌弃他你就走，反正我不嫌弃他。（现代《我爱我家》）

以上八个历时发展过程中的紧缩句，其紧缩前项和紧缩后项都仅包含一个谓核结构。

二是谓核简化。复句的前件、后件可以是一个复杂的谓核结构，有使用小句宾语形式的，如：

（33）公子正不解这人为何奔了过来，及至一听声音，才认出来，不是别人，正是他嬷嬷爹华忠！（清《儿女英雄传》）

（34）人，你不见那后边的许多人，便都是这班儿牵引的线索，护卫的爪牙。至于他各人到头来的成败，还要看他入世后怎的个造因，才知他没世时怎的个结果。（清《儿女英雄传》）

也有使用兼语句形式的，如：

（35）一时，程师爷便让老爷带了公子进去歇息，又笑道："今日老翁自然要有些奖赏，才好叫学生益知勉学。"（清《儿女英雄传》）

紧缩句的谓核简化指的是紧缩句的紧缩项句法构造简单，一般由必须出现并且常常为仅出现的成分构成，故此紧缩句的紧缩项（谓核）呈现简化状态。

紧缩句的紧缩前项、紧缩后项一般不能是复杂的谓语结构，往往仅由形式简洁的主语、谓语、宾语构成，修饰语的出现也不是常态，谓语往往是谓词或简单的谓词性短语（如简单的动宾、动补、状中等形式）充当谓语。根据第三章第二节的考察，历代汉语紧缩项最为普遍的句法成分构成情况是"谓语＋宾语""谓语""谓语＋修饰语""主语＋谓语"这四种，尤其是"谓语＋宾语""谓语"这两种形式是紧缩前项、紧缩后项最为常见的构成形式。而"主语＋谓语＋宾语＋修饰语""主语＋谓语＋宾语""主语＋谓语＋修饰语""谓语＋宾语＋修饰语"这四种较为复杂情况的使用频率较低。以下我们举八个各时期构造比较简洁的紧缩句用例进行说明。

（36）三谏而不听，则逃之。（先秦《礼记》）

（37）弑父以求利，人孰利之？（秦汉《列女传》）

（38）淘米须极净，水清乃止。（魏晋南北朝《齐民要术》）

（39）若要别事即难，若要寺舍住持，浑当小事。（隋唐五代《敦煌变文》）

（40）语意亦刻丽，但细论无功，景意纵全，一读便尽，更无可讽味。（宋《梦溪笔谈》）

（41）英感明公恩德，虽死不忘，若别娶之言，非所愿闻。（元明《初刻拍案惊奇》）

（42）宝玉在梦中欢喜，想道："这个去处有趣，我就在这里过一生，纵然失了家也愿意，强如天天被父母师傅打呢。"（清《红楼梦》）

（43）你上房我也不管，立马给我出去！（现代《我爱我家》）

出自先秦时期的例（36）中的紧缩句紧缩前项和紧缩后项都由"修饰语＋谓语"构成；出自秦汉时期的例（37）中的紧缩句紧缩前项和紧缩后项都由"谓语＋宾语"构成；出自魏晋南北朝时期的例（38）中的紧缩句紧缩前项和紧缩后项分别由"主语＋谓语"和"谓语"构成；出自隋唐五代时期的例（39）中的紧缩句紧缩前项和紧缩后项分别由"谓语＋宾语"和"谓语"构成；出自宋代的例（40）中的紧缩句紧缩前项和紧缩后项都由"谓语"构成；出自元明时期的例（41）中的紧缩句紧缩前项和紧缩后项分别由"谓语"和"修饰语＋谓语"构成；出自清代的例（42）中的

紧缩句紧缩前项和紧缩后项也分别由"谓语+宾语"和"谓语"构成；出自现代汉语阶段的例（43）中的紧缩句紧缩前项和紧缩后项都是"主语+谓语"形式。

综上所述，紧缩句的构造简约机制可以概括为：

> 紧缩句对紧缩项的构成有一些要求和限制，充当紧缩项的往往是单核结构，且该谓核结构构成简洁，"谓语+宾语"和"谓语"是最为常见的两种谓核结构。

在这一机制的作用下，紧缩句呈现精简节约的局面。

（二）接续机制

各种语法单位在语流中的连接，从中间是否有语音停顿的角度看，既有单位与单位之间具有语音停顿的连接，也有单位与单位之间没有语音停顿的连接，如：

（44）我今天买了梨、苹果。

（45）我今天买了梨和苹果。

（46）他来了，我走。

（47）他来了我走。

例（44）的"苹果"是接着"梨"说的，二者之间有短暂的语音停顿，书面上用标点符号顿号表示；例（45）的"苹果"与"梨"也是接着的，但二者之间通过连词"和"连接，中间没有语音停顿。

例（46）"我走"是接着"他来了"说的，二者之间有语音停顿，书面上用标点符号逗号表示；例（47）"我走"也是接着"他来了"说的，但二者之间没有语音停顿。

我们可以将例（44）、例（46）这种中间有语音停顿的连接叫作停顿接续，把例（45）、例（47）这种中间没有语音停顿的连接叫作连续接续。紧缩句的"接续机制"讨论的是紧缩项这种语法单位之间连续接续的机制。

接续机制是紧缩机制的另一组成部分。接续机制考察的是紧缩句形式上前后相接的过程与结果，紧缩句的接续机制主要表现为：

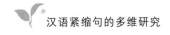

　　　　紧缩后项与紧缩前项之间连续接续，符合重项前倾、语气合一、标记高效、时序临摹等要求，以促使紧缩句得以形成无句中语音停顿的连贯局面。

　　也就是说，紧缩句的接续机制主要包括重项前倾机制、语气合一机制、标记高效机制和时序临摹机制四项内容。

　　1. 重项前倾机制

　　进一步比较历时发展过程中紧缩句紧缩前项和紧缩后项的重量与大小[①]，我们发现：

　　首先，在紧缩项的长度范围方面，紧缩前项的长度比紧缩后项长一些。

　　重项前倾机制的第一含义，在于紧缩句紧缩后项的长度范围要小于紧缩前项。

　　从紧缩句的历时发展来看，紧缩前项在长度上往往要长于紧缩后项。根据第三章第二节的样本统计结果，统计范围内魏晋南北朝时期紧缩句紧缩前项为1~8个音节的用例占了总用例的99.1%，紧缩前项为1~6个音节的用例占了96.8%，紧缩前项为1~4个音节的用例占了80.8%；而紧缩后项音节用量长度的表现则更为集中，统计范围内的魏晋南北朝时期紧缩句的紧缩后项为1~8个音节的用例占了总用例的99.1%，此外，1~6个音节的用例占了98.3%，1~4个音节的用例占了93.6%。

　　统计范围内所有因果类紧缩句的紧缩前项和紧缩后项的音节用量长度整体呈现较短的面貌。其中，紧缩前项为1~8个音节的用例占了总用例的96.8%，紧缩前项为1~6个音节的用例占了90.5%，紧缩前项为1~4个音节的用例占了73.9%；而紧缩后项音节用量长度的表现则更为集中，统计范围内所有因果类紧缩句的紧缩后项为1~8个音节的用例占了总用例的98.7%，此外，1~6个音节的用例占了94.9%，1~4个音节的用例占了83.4%。

　　这两个结果告诉我们，紧缩句紧缩前项的显著长度是1~6个音节，而紧缩后项的显著长度是1~4个音节。可见，在紧缩项的长度范围方面，紧缩前项的长度要长于紧缩后项。

---

　　① 这里的紧缩项的"重量与大小"指的也是紧缩项在长度上的长短与结构构成上的复杂度。

其次，在句法成分构成情况方面，紧缩前项要比紧缩后项复杂一些。

根据第三章第二节的样本统计结果，无论是对横向跨语义类的紧缩句的考察，还是对纵向跨时间的紧缩句的考察，紧缩前项和紧缩后项都以不出现主语为主要形式。在横向跨语义类的统计中，紧缩前项不使用主语的比例达到 71.9%，紧缩后项不使用主语的比例达到 89.2%；在纵向跨时间的统计中，紧缩前项不使用主语的比例达到 59.9%，紧缩后项不使用主语的比例达到 86.6%。相较于紧缩前项，紧缩后项以不出现主语为更普遍的状态。

在使用频率上，具备四种成分（"主语＋谓语＋宾语＋修饰语"）和三种成分（"主语＋谓语＋宾语""主语＋谓语＋修饰语""谓语＋宾语＋修饰语"）的，紧缩前项要多于紧缩后项；而仅具备两种成分（"主语＋谓语""谓语＋宾语""谓语＋修饰语"）和一种成分（"谓语"）的，紧缩后项要多于紧缩后项。也就是说，紧缩前项与紧缩后项就简约程度而言，往往呈现紧缩后项在形式、结构上更为简约的情况。以下通过八个从先秦至清代的用例进行说明。

（48）冬，<u>楚子伐郑</u>以<u>救齐</u>，门于东门，次于棘泽。（先秦《左传》）

（49）于是孙子使使报王曰："兵既整齐，王可试下观之，唯王所欲用之，虽<u>赴水火</u>犹<u>可</u>也。"（秦汉《史记》）

（50）极有怒色，<u>言</u>竟便<u>退</u>。［魏晋南北朝《古小说钩沉》（上）］

（51）其<u>僧吃饭</u>了便<u>去</u>。（隋唐五代《祖堂集》）

（52）<u>孩儿拜辞爹妈</u>便<u>行</u>。（宋《张协状元》）

（53）东山在骡上递将过来，少年左手把住，<u>右手轻轻一拽</u>就<u>满</u>，连放连拽，就如一条软绢带。（元明《初刻拍案惊奇》）

（54）<u>我把那囚攘的牙敲了</u>才<u>罢</u>！（清《红楼梦》）

（55）我整宿失眠，<u>吃十几片安定</u>都<u>睡不着</u>。（现代《我爱我家》）

以上紧缩句历时用例的紧缩前项、紧缩后项的构造分析见表 5-1。

表 5-1　紧缩前项、紧缩后项的构造分析

	紧缩前项		紧缩后项	
例（48）	楚子伐郑	主语＋谓语＋宾语	救齐	谓语＋宾语
例（49）	赴水火	谓语＋宾语	可	谓语

	紧缩前项		紧缩后项	
例（50）	言竟	谓语＋修饰语	退	谓语
例（51）	其僧吃饭了	主语＋谓语	去	谓语
例（52）	孩儿拜辞爹妈	主语＋谓语＋宾语	行	谓语
例（53）	右手轻轻一捵	主语＋修饰语＋谓语	满	谓语
例（54）	我把那囚攘的牙敲了	主语＋修饰语＋谓语	罢	谓语
例（55）	吃十几片安定	谓语＋修饰语＋宾语	睡不着	谓语＋修饰语

以上八个处在历时发展阶段的紧缩句中，出自先秦时期的例（48）的紧缩句中紧缩前项由"主语＋谓语＋宾语"构成，比紧缩后项的"谓语＋宾语"要复杂；出自秦汉时期的例（49）的紧缩句中紧缩前项由"谓语＋宾语"构成，比紧缩后项的"谓语"要复杂；出自魏晋南北朝时期的例（50）的紧缩句中紧缩前项由"谓语＋修饰语"构成，比紧缩后项的"谓语"要复杂；出自隋唐五代时期的例（51）的紧缩句中紧缩前项由"主语＋谓语"构成，比紧缩后项的"谓语"要复杂；出自宋代的例（52）的紧缩句中紧缩前项由"主语＋谓语＋宾语"构成，比紧缩后项的"谓语"要复杂；出自元明时期和清时期的例（53）、例（54）的紧缩句中紧缩前项由"主语＋修饰语＋谓语"构成，比紧缩后项的"谓语"要复杂；出自现代汉语阶段的例（55）的紧缩句中紧缩前项由"谓语＋修饰语＋宾语"构成，比紧缩后项的"谓语＋修饰语"要复杂。

当然，紧缩后项较紧缩前项的复杂度相当或更高的情况在历时语料中也存在不少，但总体上看，还是以紧缩前项较紧缩后项的复杂度更高为主流。正如上述分析所示，其决定性的原因：一是主语前现式比主语后现式要占优势，也就是说，当紧缩句出现主语成分时，往往是出现在紧缩前项的；二是谓核部分也是紧缩前项较紧缩后项复杂一些。这两个是导致紧缩句总体上紧缩前项较紧缩后项更长、构造复杂的主要原因。

最后，如果紧缩前项的长度特别长，或者紧缩前项的构成成分复杂度特别高，那么紧缩后项往往表现出长度短、构成成分简单的倾向。

当紧缩前项的长度特别长，或者紧缩前项的构成成分复杂度特别高时，那么往往是长度很短、构成成分简单的成分更能充当紧缩后项，例如：

（56）既恁地了，却须处置教他得所，使之各有以遂其兴起之心始得。

（宋《朱子语类》）

（57）我虽在那边屋里，却不敢很使他们，过三天五天，<u>我倒得拿出钱来给他们打酒买点心吃才好</u>。（清《红楼梦》）

有的时候，这样的紧缩标和紧缩后项形成的双音节跨层结构在韵律机制和句法环境的作用下，就会朝着词汇化方向发展。

这一观点张谊生（1993）[①]有所论及，他认为"才好""才是"之类是由条件关系虚化而来的。黎锦熙（1924/2007：153）在具体讲副词时也提到这种形式专门用在语句后，是由复句缩约而成的。

根据上述对紧缩句紧缩前项和紧缩后项的比较和比较结果的归纳，我们可以得到紧缩句的重项前倾机制：

> 紧缩句紧缩前项和紧缩后项在长度和复杂度上是有差别的，我们把在长度和复杂度上表现更突出的紧缩项叫作重项，紧缩句在形成过程中提出了重项在前的倾向性要求。

重项前倾机制是紧缩句接续机制的重要内容之一，符合重项前倾机制是紧缩后项与紧缩前项连续接续的重要条件，具体来看：

一是重项前倾是韵律结构的需要。

江蓝生（2005）通过对"肯时卖""肯时肯""不肯时罢"与"你不肯时，赶将去"进行对比考察，前三个紧缩句的 VP2"卖、肯、罢"都为单音节动词，由此认为假设复句变为紧缩句的原因和条件主要是 VP2 的音节数，当 VP2 为单音节时，受到句子韵律结构的制约，就容易引发复句向黏聚性强的紧缩句变化，如：

（58）我与你四定钞，<u>肯时卖</u>；<u>你不肯时，赶将去</u>。

（59）添不得。<u>肯时肯，不肯时罢</u>。

---

① 张谊生（1993）文 4.4 节也论及由关联组合虚化而成的凝固式都是表示情态的复合语气词，谈到"才好""才是"在清代用例中的条件关系已经虚化，实际上只起到了表示情态和语气的作用，即使省去以后也不影响表达。并且，在近代汉语中，这些成分的用法在不同的语境中有不同的情态意义。另，张文的注释⑤还提及，太田辰夫（1987/2003：357）认为这种"才好"是"准句末助词"，黎锦熙（1924/2007）认为是"主观的表事效的情态副词"。

韵律因素是接续机制的最重要动因。对于两个小句来说，要想黏聚在一起，那么最重要的是小句本身在韵律上不能过重。其具体的条件有以下四个。

首先，两个小句各自的韵律都不能过重。就古代汉语来说，前一个小句的长度应当在 1~6 个音节范围内为宜，后一个小句的长度应当在 1~4 个音节范围内为宜。二者都应当达到比较轻、短、小的韵律状态。那么，这就要求构成小句的句法成分在种类和具体形式上都不能复杂，也即只出现必须出现的成分才是构成紧缩句紧缩前项、紧缩后项的最适宜的句法成分。

其次，紧缩标的韵律不能过重，最好是单音节的关联标记。而这当中，副词性关联标记更能提高紧缩句的效率，这是因为副词性关联标记既能担负起连接紧缩项、标记紧缩句逻辑语义关系的任务，也能参与紧缩句具体语义的表达，因此单音节的副词性关联标记是紧缩句最为高效的紧缩标。

再次，正如江蓝生（2005）观察到的那样，构成紧缩句重要的韵律条件还在于后一个小句在韵律上要比前一个小句更为短小，就古代汉语来说，后一个小句的音节范围应当比前一个小句的音节范围少 2 个音节为宜。同样地，后一个小句在句法构造上也要比前一个小句更为精简。

最后，紧缩句整体的长度也不是各部分长度简单相加之和，而应当是各部分的有机化合。历代汉语紧缩句的显著长度是 5~9 个音节，符合人类短时记忆和注意力的广度（7±2 个音节）。

总的来说，是两个小句各自的紧和缩促进了两个小句走向整体化的紧缩句状态。

二是重项前倾是降低语句生成和听析处理难度的重要手段。

认知心理学中的"板块"（模块）用在语法分析中，相当于由一个核心词及若干围绕核心词的成分构成的"功能块"（短语）。对于一个核心词来说，尽管它的附加语的个数是有限的，但附加语的长度可以无限地扩张，即板块的体积可以无限地扩大（陆丙甫，1993：52~53）。所谓"大块"指的就是体积较大、内部复杂的功能块。陆丙甫（1993：119~120）讨论过大块前移的倾向，他认为成分通常可以移向直接上位块或最高上位块（全句）的边缘，而边缘两端则是理想的着落点。大多数外移都是前移，因为前移容易而后移较难，原因在于前移便于空间感知和建立起移出成分同其语迹间的关系。此外，陆丙甫（1993：198）还进一步指出，前移优势从听析处理的角度也可以获得解析，即体积大的板块前移能降低平均难度。

陆丙甫讨论的前倾机制主要是为了解释句法成分的位序，然而其论及的大块在前能够降低听析处理的平均难度这一点，一定程度上也启发我们解释紧缩句紧缩的重项前倾机制。紧缩句的语义表达较为复杂，而形式需要简洁，此时，为了在较短的时间里降低语句生成和听析处理的难度，重项前倾就成了必须的、最好的选择。

需要说明的是，重项前倾机制是紧缩句历时发展过程中的重要形成、发展机制，到了现代汉语阶段，紧缩句已经基本成熟。因此，紧缩前项和紧缩后项在长度、复杂度上已经趋向一致了（详见第四章第一节的统计与分析）。

2. 语气合一机制

如果充当紧缩前项、紧缩后项的小句添加独立的语气，那么势必产生句间停顿，紧缩项与紧缩项之间就成了停顿接续，而不是连续接续，那么紧缩句就不能成立。因此，两个小句在整合过程中不添加独立的语气，而是合成一个单一的语调曲拱是紧缩句接续机制的必要内容之一。我们将这一机制称为紧缩句的语气合一机制：

在小句与小句接续形成紧缩句的过程中，紧缩前项和紧缩后项不具备独立的语气和语调，合并为一个整体的语气语调。

语气合一机制促使两个相对独立的小句接续起来，这种连续接续是促使紧缩句实现的必要条件。

3. 标记高效机制

对于隐含的逻辑关系来说，关联标记的作用除结构关联外，"一是显示、二是选示、三是转化、四是强化"（邢福义，2001：31），由此可见，形式简洁的关联标记具有多重功效。

具体来说，标记高效机制具有以下表现。

一是关联标记参与紧缩句的逻辑语义关系表达，如：

（60）我有时间会去看你。

（61）我有时间就会去看你。

（62）我一有时间就会去看你。

例（60）是一个假设或条件类的意合紧缩句。例（61）有关联标记"就"的参与，标示紧缩项"我有时间"与"会去看你"之间拥有的假设/条件关系，并且一定程度上加强了二者的逻辑联系。例（62）有"一……就……"关联标记的参与，既确立了紧缩项"我有时间"与"会去看你"之间的条件关系，也使句子增加了强调的意味。

二是紧缩句的建构有时必须有关联标记的参与，也就是说，在一些情况下，是关联标记给一个句子赋值后才形成紧缩句。如：

（63）他到商店买文具。

（64）他一到商店就买文具。

例（63）是一个连动句，谓核结构"到商店"和"买文具"之间依靠句式的顺序意义来表达连动关系。而例（64）因为有关联标记"一……就……"的参与，将句子赋值为紧缩句，表示谓核结构"到商店"和"买文具"之间存在条件关系。

三是关联标记的整合经济性。

张建（2012）通过对1000万字语料的统计分析，发现现代汉语常见的并列、递进、选择、因果、转折五类复句的关联标记模式的构成遵循经济性原则，参照其评价标准，历代汉语紧缩句的紧缩标在参与构成紧缩句时同样遵循经济、高效的原则（根据本书第三章第二节及第四章第一节的统计和分析），具体来说，就是：

a. 单音节关联标记的使用频次要高于多音节关联标记的使用频次；

b. 对紧缩句而言，关联标记单独居中使用的频次要高于前后配套使用的频次；

c. 通用型关联标记的音节数量要少于专用型关联标记的音节数量，且往往是单音节的。古代汉语本身就是以单音节词占优势，通用型关联标记为单音节是比较自然的表现。现代汉语紧缩句的通用型紧缩标同样也是以单音节占绝对优势，如"也、还、就、又、才、都、便"等标记；此外，与历代汉语紧缩句表现一致的是，前后配套型紧缩标也往往是单音节的，这其中一个重要原因是现代汉语紧缩句的紧缩项要比古代汉语的音节多

（双音节词占优势），结构也复杂一些。

四是高效的副词性关联标记。

具有关联作用的副词同单纯、专门起连接作用的连词的区别在于，关联副词既可以充当句法成分，起限定修饰作用，也能起连接作用。在紧缩句的紧缩标中，副词性紧缩标是其中具体标记表现丰富且使用频次与连词性紧缩标并齐的组成部分。这是紧缩句对紧缩标在参与构成紧缩句时发挥高效性的重要表现。副词性紧缩标身兼双职，在要求紧缩项构成成分有限的情况下，关联副词的限定修饰作用可以给予紧缩项一定的语义内容补偿，同时，关联副词的连接作用同样可以满足紧缩句对关联标记提出的要求。从这个角度看，副词性关联标记是紧缩句中更为高效的紧缩标，也是接续机制顺利发挥作用的内容和保障之一。

根据以上分析，我们可以概括出紧缩句的标记高效机制：

在形成紧缩句的过程中，要求关联标记充分发挥自身的一些属性，表现出精简、参与、赋值的能力，并促进紧缩后项向前项有效地连续接续，以保证紧缩句更为经济、高效的局面。

关联标记自身的高效性与其在形成紧缩句中的高效性，是紧缩后项对紧缩前项连续接续的重要动力，如果没有具备如上特性的紧缩标的大力参与，历代汉语中的紧缩句就不会如此活跃。

4. 时序临摹机制

戴浩一（Tai，1985；戴浩一、黄河，1988）提出"时间顺序原则"（The principle of temporal sequence，PTS）（皇甫素飞，2015：329），他认为，两个句法单位的相对次序决定它们所表示的概念领域里的状态的时间顺序。他以汉语句子之间、谓语之间、连谓结构前后两项之间以及动词复合成分之间的顺序证明 PTS 有独立的依据，认为这些句法单位都是指概念领域中的事件或行为动作，它们的次序由 PTS 表示的事件或行为动作的时间顺序来安排。汉语语法的基本手法仿佛是按照某些具体的概念原则把句法单位编织在一起的。换句话说，汉语语法参照相当于概念领域的原则，多于参照在句法和形态范畴上起作用的语法规则。可见，像汉语这样的非屈折语是具有比较多的直接投射的。

谢信一（1991）也对语言与概念的临摹关系做出阐述，他认为，语言符号的组合可以根据两种原则，"我们可以把感知或概念上促成的规则称为临摹原则（iconic principles），把以逻辑——数学为基础的规则称为抽象原则（abstract principles）"，"在前者，成分的组合和排列比较密切地反映现实界的情景，而后者则否"。

时间顺序的观念是人类认知结构中最重要、最根本的观念之一。在外在物质世界和人类概念世界里，两个相互关联的事件之间第一性的关系就是在发生的时间或被感知的时间上的前后接续关系。而人类有声语言受线性原则制约，也只能在时间这根轴上单向地展开（刘海燕，2008：154）。紧缩句的构成部分紧缩前项和紧缩后项，同样体现的是两个相互关联的事件/状态在时间上的关系。

首先，紧缩句的时序临摹机制体现为形式上的语序对思维认知次序的临摹。

两个事件的发生，在时间轴上表现为两种关系，一是二者同时发生，二是二者一先一后。连续编排的两个谓核结构表示的事件/状态本身带有时间意义，并且相互之间也有一种发生时间的先后或同时的时序意义。然而就思维过程来说，对两个事件/状态的感知与处理过程一般都表现为先后时序意义。语言作为线性序列，与思维的顺序有着天然的契合，也就是说，语言结构的安排顺序往往是对思维过程的临摹。

紧缩句在这一方面的表现比较凸显。尽管有时候紧缩项代表的事件/状态在客观时间上没有先后之分，但在线性语言中却存在固定的先后顺序，这是因为这两个事件/状态尽管在客观时间上没有区分先后，但在主观感知的时间上却有先后顺序，因此一些并列关系紧缩句紧缩项的排列顺序遵循的是主观感受方面的先后顺序。据此，我们把紧缩句紧缩项安排的顺序与代表的事件/状态在时间顺序上的对应关系称为时序临摹机制：

　　　紧缩句紧缩前项和紧缩后项的排列需要体现语义上紧凑的时间先后联系，临摹事件/状态发生或被感知的先后顺序。

其次，紧缩句时序临摹机制符合心理复杂性要求。

紧缩句在语言加工中的心理复杂性是较高的，这是因为：

a. 紧缩句自身具有简约性和紧迫性，却要表达与复句近似的逻辑语义关系；

b. 紧缩句没有句中语音停顿，以缓解事件处理的难度和长度，而逻辑关系的判断需要占据较长的认知处理过程。

因此，紧缩句在对语义关系进行编码的顺序上，就不宜再增加心理复杂性。语言单位在顺序上的安排对应于它所表达的概念时间次序的安排，这是语义表达最自然的方式。

语言里的句子是一种一维性、单向性的线性序列，可以看成一根轴，这根轴不停地向前延伸，这实际上是和时间的流逝相映照的。时间从过去到现在，再到将来，无始无终地流逝，这就构成了一根一维性的、单向性的轴（刘海燕，2008：154）。在这种意义上，PTS 是自然的，它在语言加工中所需的心理复杂性最小。

紧缩句在时序临摹机制作用下，按照心理感知的时间顺序安排紧缩项的顺序，这与 PTS 的心理复杂性最小是契合的。按照时间顺序排列语码，既可以简化编码过程，也可以简化解码过程，对于说话人和听话人来说，这一方面是由于事理逻辑顺序与时序的内在契合，另一方面也是编码者和解码者省时省力的需求。因此，时序临摹机制是紧缩句通过省时省力的语序安排来减轻语义编码和解码难度的重要机制，也是紧缩句更好实现接续的内在要求。

反之，违背感知时间的语序安排则会提高心理复杂性，增加语码处理的难度。

Slobin（1966：219－227）曾经提出，当表层结构的成分次序偏离概念的次序时，句子的理解就会比较复杂。

同时，我们也必须认识到，任何的变序表述，都或多或少、或明或暗地体现出特别的表达功能，服务于某种特殊的表述环境。从最基本的表现来看，当 Y "越位"出现在 X 应该正常出现的位置上的时候，Y 以及 Y 与 X 特殊的结构关系，以及由这种特殊关系承载、体现的特定的功能特征都成了被强调的对象——这也正是"变序"的功能结构被"突显"的根本性原因（郑贵友，2002：229）。

比如，紧缩句逆序安排的用例也存在，尽管极少见到，例如：

（65）怎么办都行只要能赶快让我上学！（现代《我爱我家》）

（66）孟老师说像这种类型的女孩其实属于"最不幸者"：她没有现在因为她孤独地站在世界上，也没有过去因为她的过去还没有到来，也没有未来因为她的未来已经过去。她不可能变老因为她从不年轻，她不可能年轻因为她已经老了，她不可能死因为她从来没有生活过，她不可能生因为她已经死了……（现代《我爱我家》）

这种逆序表达的用例，在古代汉语阶段十分罕见，而现代汉语阶段出现了仅有的几个例子，有的学者就认为，这种句子只是人们在焦急情绪下的不停顿输出，是临时的状态。它们更多是被看作一种语速加快、情绪激动紧张状况下的临时现象。考虑到它们的句法特点和语义特点都符合紧缩句的性质，因此我们将这种类型的句子仍旧归入紧缩句，看作紧缩句的逆序安排，是紧缩句中的非核心成员。因为不可否定的是，随着紧缩句的发展壮大与日趋成熟，以及人们生成和理解紧缩句的能力逐渐提高，紧缩句自身的心理复杂性已经开始有下降的趋势，那么逆序表达的紧缩句将会越来越有能力和资格进入紧缩句的范围，以促进紧缩句也可以通过特殊的顺序表达或凸显某种特定的语义内容，如此，紧缩句的表达能力就得到进一步的扩张和提高了，紧缩句的形式限制也将趋向减少。

总之，紧缩句在语序安排上表现为十分明显地受到时序临摹机制的作用，尽管这不是全部。

（三）紧凑机制与接续机制的互动

紧凑机制和接续机制是从句法上分析紧缩句生成发展的紧接机制的两个有机组成部分，紧凑机制与接续机制之间是一种辩证互动关系。紧凑机制作用下产生的紧缩项，需要寻求其他语句进行连接，也就是说，紧凑机制激活接续机制：紧缩前项不能脱离紧缩后项独立运作，紧缩后项也不能脱离紧缩前项独立运作，紧缩项与紧缩项之间通过接续机制的作用连续接续。

而在接续机制的作用下，紧凑机制也活跃起来，紧缩句的发展与成熟同时需要接续机制触发之后紧凑机制的规律性运作，而紧凑机制的内容就是这一规律性运作的表现。

紧凑机制与接续机制的有机互动，其本质是省略与依存这组关系的具体表现。省略的最大特质是使句子字面结构不完整（周国正，2005），省略迫使该语言单位外求，与其他语句联结，由是产生衔接而形成完整的一个语言单位。小句与小句在以省略与依存这组对立统一关系为内在动力产生的紧接机制的作用下，就整合成了具有连续接续性质的紧缩句形式。

紧缩句主语省略情况是紧凑机制与接续机制辩证互动的有力证据。根据第三章第二节中对横向跨语义类紧缩句的统计，紧缩前项不使用主语的比例达71.9%，紧缩后项不使用主语的比例达89.2%；根据对纵向跨时间紧缩句的统计，紧缩前项不使用主语的比例达59.9%，紧缩后项不使用主语的比例达86.6%，主语的省略要求紧缩前项与紧缩后项或是其他语言单位、紧缩后项与紧缩前项或是其他语言单位产生依赖和寻求关联。此时，紧缩前项与紧缩后项紧密连接起来，紧缩句就从形式上构建起来了。

综合上述分析，从形式角度看紧缩句的形成机制，我们可以把紧缩句的句法紧接机制定义为：

> 在语义整合机制作用下产生的新创结构——紧缩句概念，需要通过具体的语言形式表达出来。在选择语言形式的过程中，紧缩项、紧缩标需要输出为长度和结构短小简洁的形式，以满足缓存限制机制和构造简约机制的要求；紧缩前项、紧缩后项与紧缩标之间的连续接续同样要受到重项前倾、语气合一、标记高效、时序临摹等接续机制的作用。

三 语用缩选机制

语用层面的压缩（compress）也是促进紧缩句形成的重要行为和概念，在汉语中，两个小句的整合体表现为复句还是紧缩句，或者是连动句、兼语句、动补句，有时候是出于语言环境因素的适应和选择需要。本节着重要论述的是，"信息省删机制""语境适应机制"等各种语用方面的因素和机制在紧缩句形成、发展以及语用特点表现方面中的作用，其中，"信息省删机制"是语用方面"缩"的操作，"语境适应机制"是语用方面"选"的操作。

（一）信息省删机制

语言结构需要适应人类思维运作的方式，这种适应性表现在：语言结

构必须受制于思维运作的限度；语言结构应当充分利用人类思维运作的限度（温锁林，2001：96）。

人类思维运作的限度对语言的信息结构同样有影响，就紧缩句而言，这种限度表现为以下四个原则：

a. 谓核结构的信息是基本信息；

b. 焦点在于谓核与谓核之间的关系；

c. 已知信息、次要信息倾向于省略或者删除；

d. 遵循自然的信息排序法。

这些信息安排的原则制约、影响着紧缩句的句法结构和语义表达。据此，我们可以把紧缩句的信息省删机制定义为：

受制于人类思维运作的限度以及为了充分利用这个限度，紧缩句表现出一系列信息安排和处理方面的规则。这些规则包括以谓核结构的信息为主要信息，以前后谓核之间的关系为焦点，倾向于省略已知信息以及删除次要信息，并且采用自然法来对信息进行排序。

1. 谓核结构的信息是基本信息

紧缩句至少拥有两个谓核结构，而人类思维运作是有限度的。对于拥有多个谓核结构的语言结构，每一个紧缩项主要传达的只能是谓核本身的信息，并且这一信息不是说话人的交际重点，它们只是作为基本信息出现。

作为紧缩句基本信息的紧缩项，在形式上表现为构造简单、长度短、修饰限定性成分受限，一般仅保留谓核成分即可，主语的出现也不是必须的；在语义上，紧缩项缺乏细节特征的表达。

2. 焦点在于谓核与谓核之间的关系

焦点是话语的表达重心或者说表达的重点（邢福义、吴振国，2002：265），焦点是跟说话人交际时的目的相关的概念。两个谓核成为基本信息之后，对紧缩句的解读焦点就在于把握这两个谓核之间的关系，紧缩标从这个层面上说便成了紧缩句的焦点标记，用以凸显谓核与谓核之间的联系。

首先，紧缩前项与紧缩后项之间的强关联是前提。

研究焦点的论著，一般认为一句话中的常规焦点只有一个，对比焦点则有可能出现多个。这些观点的共性在于焦点涉及的都是一句话中的某一个成分。而紧缩句的焦点比较特殊，它不是构成紧缩句的某一成分充当的，它是一种关系，是两个成分之间的联系，从形式上不能实实在在看到，但它却实实在在是说话人交际时想要表达的意图所在。

在信息机制的第一条原则中，我们论述了紧缩句的两个谓核结构是交际时的基本信息，因此它们各自都不是话语的焦点，它们之间的关系才是话语的焦点。

紧缩前项和紧缩后项在形式和语义上是相互依托的，这种依存性既包括形式上的相互连贯，也包括语义细节上的沟通与逻辑语义关系上的关联。紧缩前项对紧缩后项有形式及语义上的依存，例如前项谓语对后项主语的寻求、前项表达的逻辑关系前件对后项的寻求；紧缩后项对紧缩前项也有形式语义上的依存，例如后项谓语对前项主语的寻求、后项表达的逻辑关系后件对前项的寻求。单说前项会有形式与语义未尽之感，而后项是在前项的基础上展开的。

不仅如此，紧缩前项和紧缩后项还具有极强的关联性。张建（2013）以汉语标记居中型的并列结构并列项的时间关联模式为分析基础，在真实语料统计分析的基础上发现，当并列项之间时间关联的紧密度越高，它们之间的句法距离越小，反之则越大。根据此文，我们可以知道，句法距离的缩小直至取消，是小句与小句所体现的事件/状态之间的关联性程度增强直至最强的外在表现。

在一次思维信息处理中，或者说一个无语音停顿的话语中，谓核有两个甚至更多，就很可能令听话人无法集中精神关注、捕捉到谓核本身的信息，转而关注谓核之间的关系，这是思维转向更为容易的处理内容的选择，就好比两个有强关联度的事物同时出现在面前，一般来说，我们总是无法同时观察二者的个性，而把精力放在二者的对比与联系方面。

从交际的语用角度看，人们之所以要强调某个行为发生之后的时间短暂，主要是为了引出另一个紧密连接的行为，二者之间心理距离短到被取消的程度，从而强调行为状态之间关系的紧密性。

正是由于前项与后项有强关联度的这一前提条件的促动，使谓核之间的关系作为句子的焦点成为可能。

其次，紧缩标可以作为一种焦点标记。

紧缩标在形式上连接紧缩项，在语义上标示紧缩项之间的关系，而在语用层面，紧缩标成为谓核之间语义关系这一焦点的凸显标记。紧缩标作为焦点标记，因其关联性质，而将焦点设定为其关联的或者说是辐射的范围——也就是紧缩前项和紧缩后项之间的关系。

焦点标记的作用有两个，一是对焦点本身起到凸显作用，二是帮助听话人更快找到并确认焦点所在。也就是说，焦点标记帮助说话人更好地表达交际内容和目的，也帮助听话人更为准确、快速地理解和掌握说话人的交际内容和目的，减轻听话人的思考负担。因此，紧缩句中如果出现紧缩标，就更能凸显紧缩句的焦点——谓核之间的强关系，并能够促进话语的顺利展开。

3. 已知信息、次要信息倾向于省略或者删除

信息处理的一个重要的方法，是信息的压缩。紧缩句的成分省略和连续接续从语用角度看是对信息的压缩。信息的压缩指的是减少信息量并且减少信息载体的长度。

紧缩句中省略或删除的信息，一般包括以下两种。

一是听话人所掌握的已知信息（或者说旧信息），由于这个信息已经被听话人掌握，所以听话人可以在语境中"找回"省略的话语符号所代表的信息。已知信息的省略可以节省说话人言语上的输出，也不影响听话人的理解，并且可以凸显新信息，促使新信息成为双方关注的重点，以便听话人注意到会话交谈的创新之处。

二是说话人认为的次要信息。说话人的表义重点是双方关注的焦点，次要信息的省略可以节省说话人在言语编码过程中的投入，也可以节省听话人在言语解码过程中的投入。次要信息的省略同样可以凸显重要信息，促使重要信息成为双方关注的焦点，以便听话人注意到会话交谈的重点和关键所在。

紧缩句的信息压缩主要使用两种方法：一是省略，把一部分属于已知的，或是说话人认为已知的信息省略掉；二是删除，即把一部分属于偶发的、修饰性的、删除后不影响对话与主要意思的理解的信息删除掉（沈开木，1996：16）。

（1）已知信息的省略规则

省略规则的基本含义是，把两个相关联的信息单元中已经出现过的或

者交际双方都知道的信息省略掉，使相关信息内容得到浓缩。即：假如有段表述含有 A、B、C 三个信息单元，如果其中的 A 和 C 两个信息单元是前、后文表述中含有的信息单元，或者听话人已经知晓，或者是说话人主观认为听话人是知晓的，那么在浓缩信息的时候，A 和 C 两个信息单元可以省略。

　　运用省略规则浓缩语义内容的依据是，人们在解读篇章、把握篇章语义内容的时候，已知信息不是交际双方关注的，交际内容也不是必需的，省略之后也不会影响交际目的的。当人们需要细致理解时，已知信息是比较容易填补、找回的。

　　在紧缩句中，这一省略规则主要表现在主语的省略上。当后项与前项共一个主语甚至前后项主语不同时，常常省略其中一个主语，尤以省略后项主语最为常见。例如：

　　（67）贼人一见心中害怕，抹头就往南跑。胜爷心中说道："你越跑越离山口远，那是求之不得啦，那不是更拿清静的吗？"（清《三侠剑》）

　　（68）半天，从鼻子里哼出了一股气来，望着安老爷说道："老弟呀！我越想你这话越不错，真有这个理！如今剩了明日后日两天，他大后日就要走了，这可怎么好？"安老爷道："事情到了这个场中，只好听天由命了，那还有甚么法儿！"（清《儿女英雄传》）

　　例（67）中，画线的"越……越……"紧缩句省略的后项主语与前项主语一样，都是"你"，后项主语不出现，读者也能准确理解；例（68）中，画线的"越……越……"紧缩句后项主语"你这话"与前项主语"我"不一致，与前项宾语一致，省略后项主语，不影响语义理解。

　　当前后项主语是说话人认定为已知的，或者是说话人认定为无须说明的，那么前后项主语就会同时省略。例如：

　　（69）那妇人道："有些十分香美的好酒，只是浑些。"武松道："最好，越浑越好吃。"（元明《水浒全传》）

　　（70）何小姐不认识，是褚大娘代述一切，说道："这是我的干闺女、干亲家母。"何小姐细看欧家二女；生得俊俏稳重，兼有威风，一看就知是会武艺之人。那两个女子细看何小姐，好似天上神仙，越看越令人起敬。（清《儿女英雄传》）

　　例（69）中，画线紧缩句的紧缩前项和紧缩后项的主语一致，都是

"酒"，但是因为这是对话中二人都知道的谈论对象，因此同时省略不会影响语义理解；例（70）中，紧缩句"越看越令人起敬"紧缩前项的主语是"那两个女子"，宾语是"何小姐"，紧缩后项的主语是"何小姐"，两项主语不同，但同时省略，并不影响读者理解、填补和找回。

（2）次要信息的删除规则

删除规则的基本含义（郑贵友，2002：217～220）是，把两个相关联的信息单元中不重要的、无关紧要的信息删除，使相关信息内容得到浓缩。即：假如有段表述含有 A、B、C 三个信息单元，如果其中的 A 和 C 两个信息单元对于这个段落核心内容的表达无关紧要，在浓缩信息的时候，A 和 C 两个信息单元可以删除。

运用删除规则浓缩语义内容的依据是，人们在解读篇章、把握篇章语义内容的时候，往往会忽略或者认为不需要记住甚至无法记住那些十分琐碎的细节内容，而只对一些主要的、对于事件表述起支撑作用的核心内容十分关注。当然，被删除的语义内容决不就是没有价值的语义内容，当人们对这段内容进行细致表述的时候，这些细节内容是必不可少的，人们可以根据具体表述的需要适当恢复或者找回。

在紧缩句中，次要信息的删除规则主要表现在修饰性、限定性的成分极少出现在紧缩项中。

总的来说，无论是紧缩句的已知信息省略规则，还是次要信息删除规则，都是紧缩句形式、语义、语用互动的结果。

一方面，由于其形式上的局限，话语中的已知信息、次要信息不适于出现在紧缩句中，因而往往被省略或删除；同时，紧缩句紧缩项的主要成分就是谓语，而谓语位置上出现的信息，信息量较大，经常省略的主语位置上出现的信息，信息量较小。因此从这个层面来看，主语省略既是语义层面的选择，也是语用层面信息处理的选择。

另一方面，省略旧信息、删除次要信息的形式可以变得简洁，小句负担轻，也更容易发生整合并且整合成程度更高的小句整合体——紧缩句。

4. 遵循自然的信息排序法

信息的排序可以有两种方法（沈开木，1996：18），即自然法和意图法。其中，自然法指的是句法结构反映的客观顺序的信息，按照结构所指事件本来的客观顺序排列；而意图法指的是不管信息有没有对应的自然顺序，一律按照信息处理者的主观意图去安排顺序。

　　紧缩句在信息排序中，遵循的是自然的、客观的顺序。这一方面表现在紧缩句的前后项一般按照时间顺序排列，另一方面表现在紧缩句按照事理逻辑发展的顺序排列。紧缩句选择自然的信息排序法，也是因其受限于人类思维处理能力的程度。当然，人类思维处理能力也在不断地发生突破和提高，因此我们也能看到紧缩句已经出现以意图法安排紧缩句紧缩项信息排序的个别用例。

　　（二）语境适应机制

　　语境是人们运用语言进行交际的言语环境（邢福义、汪国胜，2003：481）。所谓语境因素，是指语言表达式表达某种特定意义时所依赖的各种语言上下文、互文性文本和非语言的主客观环境因素（武瑗华，2006）。语境因素对紧缩句的生成和理解有十分重要的影响，所谓语境适应机制是就紧缩句符合所在的语境和语境因素而言的。我们可以将紧缩句的语境适应机制描述为：

　　　　出于语境的需要，受到语言上下文因素和非语言因素影响，促成了紧缩句的生成和选择，也就是说，紧缩句的生成和选择是适应语境的需要。

　　我们可以从以下角度具体分析紧缩句对语境因素的适应机制。

　　1. **上下文因素**

　　为了跟上下文的表述相互贯通，特别是在语义上能够匹配，就需要选择不同的形式，使之更为符合上下文语义相一致的要求。例如：

　　（71）梅子拖住圆子不放，咬着圆子的耳根说道："我不知道怎么，此刻心中跳个不了，胸口真个痛了起来。好姐姐，你陪着我睡睡罢！我今晚和妈睡，我怕得很。我往日看了我妈的脸，不觉得怎么，此刻看了，不知道怎的那样怕人。"圆子急得轻轻的跺脚道："你快不要是这样。这不是分明喊出来，教她知道吗？你还是装病，安心睡罢！出了乱子，有我和黄先生两个在这里。"才说完，春子进来了。圆子只作没看见，接着说道："<u>你越是病了，越是现出个完全的小孩子来</u>。妈今天才到，你偏就病了。你看

教妈将来怎好放心！好妹妹，你安心睡罢，不要开口做声了。"（清《留东外史》）

（72）话说老残急忙要问他投到胡举人家便怎样了。人瑞道："你越着急，我越不着急！我还要抽两口烟呢！"老残急于要听他说，就叫："翠环，你赶紧烧两口，让他吃了好说。"（清《老残游记》）

例（71）中"圆子"明知"梅子"的母亲"春子"进来了，又不想让"春子"感觉到，在上文"才说完，春子进来了。圆子只作没看见"这一语境下，为了故作淡定，就以缓和、平稳的口吻，选择带有句中语音停顿的复句形式。例（72）中"人瑞"明知"老残"焦急，却故意忽略，在上下文的"老残急忙要问""老残急于要听他说"这些语句中，作者让"人瑞"用不慌不忙的语气和节奏说话，让"老残"更着急，以达到对比的目的。

（73）谁知树上的猴子见有人上来，它连蹿带跳已到树梢之上。智爷且不管他，找了个大杈桠坐下，明是歇息，却暗暗地四下里看了方向。众人不知用意，却说道："这可难拿了。那猴儿蹲的树枝儿多细儿，如何禁得住人呢？"王头儿捏着两把汗，又怕拿不住猴儿，又怕王第二的有失闪，连忙拦说："众位瞧就是了，莫乱说。越说他在上头越不得劲儿。"拦之再三，众人方压静了。（清《七侠五义》）

（74）济川母亲听得，又是官府捉人，又是济川也有名字在内，后来又商量避祸的话，登时急得身子乱抖，忙叫济川进去。济川听见母亲呼唤，知道方才的话被他老人家晓得了，倒着实为难，只得走了进去。他母亲骂道："你越读书越没出息，索性弄到灭门之祸了！那些造反的人可是好共的？"（清《文明小史》）

例（73）中的"王头儿"担心"王第二"有闪失，也担心众人吵吵嚷嚷会影响"王第二""上树拿猴儿"的结果，上文"捏着两把汗，又怕……又怕……连忙"等语句营造了紧张的语境，因此"王头儿"说出了更能表示焦急、紧张在意的紧缩句形式，来告诫众人不要发出声音。例（74）中"母亲"为儿子"济川"的行为感到着急和担心，上文"急得身子乱抖""忙叫""骂道"等语句已经做了铺垫，因此选用画线的紧缩句形式与上文语境相照应。

2. 说话人因素

说话人或者话语的发出者有时候会影响两个小句是整合成复句还是紧

缩句，例如：

（75）黛玉道："可不是，<u>越要睡，越睡不着</u>。"（清《红楼梦》）

（76）且说众斋公到得清平院，万年接着，便问常素病安。常素答道："托赖安痊。"窦雄乃说道："自道场毕回家，小了便添了疾痛。莫不是道场瞻礼劳苦所伤？"道副听了，笑道："<u>斋公越疑劳苦所发，越致疾病难痊</u>。你的病根，若不是小僧与斋公喝去，怎生能解这冤愆？"（明《东度记》）

（77）良夫人劈脸又是一个嘴巴道："谁是你二奶奶！你是谁家的奴才！你到了这没起倒的人家来，就学了这没起倒的称呼！我一向倒是吗吗糊糊的过了，<u>你们越闹越不成话了</u>！奴才跨到主子头上去了！谁是你的二奶奶？你说！"① 说着，又是两个嘴巴。（清《二十年目睹之怪现状》）

（78）佳蕙道："方才我从太太那里来，老爷正在讲究。原来施老爷打发小官人来在我们这里读书，从着老爷看文章。老爷说他不但学问好，而且品貌极美。老爷、太太乐得了不得，有意将小姐许配与他。难道小姐不是大喜么？"牡丹正看书，听说至此，把书一放，嗔道："你这丫头，益发愚顽了！这些事也是大惊小怪，对我说的么？<u>越大越没出息了</u>。还不与我退了！"（清《七侠五义》）

同样是由两个小句整合成条件倚变关系的形式，既可以选择框架"越……，越……"，也可以选择框架"越……越……"。如例（75）、例（76）选择的是框架"越……，越……"的条件倚变关系复句形式，而例（77）、例（78）选择的是框架"越……越……"的条件倚变关系紧缩句形式。二者之所以选择不同的形式，是因为作者考虑到了说话人的因素。在例（75）中，"越要睡，越睡不着"是作者以"黛玉"这一人物当时情景下的口吻写的，"黛玉"的身份和性格决定了其说话的方式是不紧不慢的，在这里，"黛玉"只是客观地述说了"想睡"与"睡不着"之间的条件倚变关系。例（76）中"道副"劝解和向"常素"说明病痛的缘由，既是为了让"常素"缓和心境，平复疑心，同时也表现了自己所属身份应有的了然、淡定的姿态。

例（77）中，画线紧缩句形式的选用是为了表现"良夫人"这一有权势、有地位的主人身份，在极度生气、激愤心态下做出的责骂行为。例

---

① 此处本是话中话，间接引述，用的是单引号，这里改为双引号。

（78）中的"牡丹"虽是千金小姐，但涉及自己的婚事时，却不免羞怒、激动，进而发出气愤、着急之语，以符合其应有的教养和思想。这是紧缩句适应说话人因素的表现。

3. 场合因素

即使在同一语言中，由于话语所处的场合的不同，也会形成差异：在缓和、轻松、自然的场合中，小句会相对独立，只是简单地并置在一起，如例（79）、例（80）；而在烦躁、紧急、窘迫的场合中，则容易把独立的小句整合成紧缩句，如例（81）、例（82）。

（79）包兴道："不瞒你们说，只因我家相公惯能驱逐邪祟，降妖捉怪，手到病除。只是一件，我们原是外乡之人，我家相公他虽有些神通，却不敢露头，惟恐妖言惑众，轻易不替人驱邪，必须来人至诚恳求。相公必然说是不会降妖，越说不会，越要恳求。他试探了来人果是真心，一片至诚，方能应允。"（清《七侠五义》）

（80）焦榕道："妹夫既将儿女爱惜，就顺着他性儿，一般着些疼热。"焦氏嚷道："又不是亲生的，教我着疼热，还要算计哩！"焦榕笑道："正因这上，说你没见识。自古道：将欲取之，必固与之。你心下越不喜欢这男女，越该加意爱护。"（明《醒世恒言》）

（81）他便和衣上了龙床，凝神闭目，想立刻入梦。哪知越想睡去越是睡不安稳，翻来覆去，双目就是合不上来，心中焦急万分，更是安睡不成。（民国《隋代宫闱史》）

（82）大家正议论纷纷，不提防门外靴声橐橐，走进一个紫裳微髭的中年人来。那些姨娘见了便一哄地散去，房中剩下了柳如眉和湘娘，并四个厮打的丫头。那中年人是谁？正是那位尚书赵老爷了。四个丫头见赵文华进来，忙释了手，各人撅着一张嘴一言不发地立在旁边。这时把个柳如眉吓坏了，浑身不住地打战，要想做得镇定一些，越想镇定越是发颤，只好硬着头皮走上来，低低叫了一声："舅父。"（民国《明代宫闱史》）

4. 交际目的因素

说话人或作者出于不同的交际目的，会选用不同的小句整合体形式，例如：

（83）楚王闻晋令鸡鸣出战，且鲁、卫之兵又到，急遣内侍往召公子侧来，共商应敌之策。谁知公子侧沉沉冥冥，已入醉乡，呼之不应，扶之不起。但闻得一阵酒臭，知是害酒，回复楚王。楚王一连遣人十来次催并。<u>公子侧越催得急，越睡得熟</u>。小竖觳觫泣曰："我本爱元帅而送酒，谁知反以害之！楚王知道，连我性命难保，不如逃之。"（明《东周列国志》）

（84）高祖不肯遽从，顾令词臣草诏，蓦听得一声大呼道："不可！不……不可！"高祖瞧着，乃是口吃的周昌，便问道："汝只说不可两字，究竟是何道理？"<u>昌越加情急，越觉说不出口</u>，面上忽青忽紫，好一歇才挣出数语道："臣口不能言，但期期知不可行。陛下欲废太子，臣期期不奉诏。"（清《前汉演义》）

（85）我三大爷说不行，不叫我来，我假装小便去，就溜出来啦。黄三哥知道咱永远兜里没钱，天气又热，又渴又饿，<u>越走越着急</u>。（清《三侠剑》）

（86）小白踢开门大叫："着火了，快来人呀！"一边就摘下门后挂着的外衣拼命扑打，这时火已成势，这一扑打反倒成了扇风加氧，手里的外衣也烘烘地烧起来，顺势引燃了小白身上的衣服，小白又慌忙撕扯身上的衣服，<u>可是越着急越撕不下来</u>，全身很快就变成了火把，连头发也跟着烧了起来。（现代《神枪》）

例（83）"公子侧"酒醉之后熟睡，不理楚王催召，"十来次催并"与"睡得熟"形成激烈的反差，这是作者为了增加故事的效果，而对"公子侧"的行为举动用冷静客观的复句形式进行描写。例（84）是作者为了表现"高祖"高高在上的发问，与口吃的"周昌"难以顺畅表达的无奈。在阅读与"周昌"相关的缓和的语句中，让读者体会到当时的情景。在例（83）、例（84）中，作者通过客观的笔调和句式，为作者展现了一个真实而有距离感的场景，这是具有画面感的叙述手段。

例（85）、例（86）都是作者为了表现当事者"我"和"小白"焦躁、急切的处境和心情，因而选择画线的紧缩句形式。这两例中，作者移情的对象分别是"我"和"小白"，作者期待读者能够引起情绪和心情上的共鸣。

根据前文的分析，我们可以把紧缩句的语用缩选机制定义为：

为了适应语境和满足说话人特定交际目的的需要，说话人对信息

处理以及交际策略选择的要求，促使两个小句选择了压缩整合成紧缩句的形式。

第二节　紧缩句的紧缩动因

一　紧缩的省力动因

Zipf（1965：1－5）提出了省力原则（the principle of least effort），省力的本质内含是用最小的努力来换取最大的收益。Zipf认为，"省力"应当从说话人和听话人两个角度来分析：从说话人的角度来看，用一个词表达所有的意义是最经济的；从听话人的角度来看，最省力的则是每个词都只有一个意义，词汇中词的形式和意义一一对应。这两种相互冲突和矛盾的原则，被Zipf定义为"单一化力量"（the force of unification）和"多样化力量"（the force of diversification）的对立（Zipf，1965：21），同时，他还指出，这两股力量只有达成妥协，达到一种平衡，才能实现真正的省力。Martinet（1962）也提出了"经济原则"（the principle of economy），将其跟"交际需要"（the requirements of communication）相联系，认为它们是构成语言经济的两个主要因素（Martinet，1962：139）。即：说话人在需要传递自己的信息的同时，又要尽可能减少自己的脑力和体力付出（陈伟英，2005）。

Horn（1984/1988）借鉴Zipf的"省力原则"，把Grice的"会话准则"减少为两条原则，即Q原则和R原则。

Q原则：把信息内容最大化的基于听话人的经济原则；
R原则：把形式最小化的基于说话人的经济原则。

Horn的Q原则和R原则考虑到了说话人和听话人双方的利益，并且辩证地看待了信息内容与形式之间的关系。即所谓的"经济""省力"都是相对的，只有在信息内容得到传达这一目的完成的基础上，才可以去追求表达的效果——考虑采用何种形式达到何种交际效果。

　　Levinson（1987）在前人研究成果的基础上提出会话含义"三原则"，随后 Levinson（1991）称之为"新格赖斯语用学机制"（Neo-Gricean pragmatic apparatus），后来的学者称之为"新格赖斯会话含义理论"（Neo-Gricean theory of conversational implicature）。此外，Grice"合作原则"中的"数量准则"、Leech 的"简练原则"，以及 Jay David Atlas 和 Levinson 的"最小信息量原则"都讨论了话语中的"省力"这一重要原则（陈伟英，2005）。

　　国内学者如邢福义（2002：20）回顾了历史上一些经典论著中强调"言辞简约而意旨显明"的论述，认为汉语语法结构的趋简和兼容①，都是必须以服从语用原则为根本机制的。

　　从以上学者的观点中我们可以概括出他们的共同认识："省力""经济"不是简单的"少""短""小"，而是在"传递所需信息"和"尽可能减少付出"之间达成平衡。"传递所需信息"是说话人的说话目的，"尽可能减少付出"是说话人的说话策略。

　　当然，有时候说话人的说话目的是想表达某种效果，那么此时，更为"省力""经济"的说话策略就成了一种表现手段了。

　　省力动因触发小句与小句在整合过程中，在保证表义准确、到位的前提下选用最简明的手段和方式来达成交际目的，即言简意赅、经济便捷触发了紧缩句这一小句整合体的产生。

　　紧缩句是说话人想要"强调更为严实紧密的逻辑语义关系"的一种表现手段，它既完成了说话人想要表达的内容和交际目的，又使对应实现的语言形式最小化。因此，我们说，紧缩句是省力动因触发下生成的。

　　省力原则要以交际正常开展、基本意思得以传达为前提，紧缩句的交际意图是表达"说话人对逻辑语义关系的强调与凸显，并传达说话人主观上的急切态度"。省力原则的实行不能违背或者牺牲这一交际目的。

　　省力动因促使紧缩句在表义功能和使用范围上具有局限性，而复句在使用范围和表义功能上都更为广泛和全面。例如紧缩句逻辑语义关系小类

---

　　① 邢福义（2002：17～20）论及，就语义蕴含而言，汉语语法结构往往具有兼容性；就语表形式的总体走向而言，汉语语法结构具有趋简性。汉语语法结构在总体面貌上呈现的是语义兼容和结构趋简互为条件的特点。这也表明汉语语法是重于意而简于形。

表达受到限制，紧缩句并列、主次、主从三大类下的逻辑语义关系小类总体上不及复句小类丰富（如没有假转类等），并且很多小类的用例是不太活跃的，这些现象很可能是省力动因触发下紧缩机制运作后带来的限制所致。

紧缩句在达成自己交际目的的同时，实现了形式的最小化，获得了简便和省力。复句在形式上比紧缩句复杂，其表义却有紧缩句不能替代的部分。二者在形式语义上既有共性又有区别，相互补充、各司其职。二者的区别，从形成动因角度看，可以看作省力原则下"形式经济"与"交际需要"辩证过程中选择了不同的平衡值。

二 紧缩的象似性动因

象似性（iconicity）是认知语言学理论框架中的重要讨论话题之一。如 Jakobson（1965）、Chafe（1970）、Bolinger（1977）、Haiman（1985a、1985b）、Givón（1990）、Nänny & Fischer（1999）、Slobin（1985）、沈家煊（1993）、杜文礼（1996）、张敏（1998）、Tai（1985，1989）、戴浩一、黄河（1988）、王寅（1999/2005）、吴为善（2011）、卢卫中（2011）、关永平（2012/2013）等。象似性是依据"语言—认知—语言"这一出发点得出的结论（王寅，2003），在这里我们讨论的象似性主要指的是语言结构直接映照人的概念结构。

认知语言学注重语言的象似性，认为语言的结构与人所认识到的世界的结构存在广泛性和一再性的对应。紧缩句这一结构形式的构造同样与人们认识多个事件时的处理方式和认知心理存在对应性，具体表现在以下四个方面。

（一）复杂性象似动因

Croft（1990）从类型学的角度总结了世界语言的一个共性，即"相对简单概念普遍由相对简单的形式表达，而相对复杂的概念则普遍由相对复杂的语言结构表达"（张敏，1998：153～154），这一共性反映了语言结构和它所代表的外部世界的概念结构的对应关系，是象似性的一种表现，被称为"复杂性象似动因"（张敏，1998：153）。具体来说就是：结构形式的复杂程度，象似概念领域所体现的事物的复杂程度；而概念领域所体现的事物特征及其关系越复杂，用以表现它的结构形式也越复杂（陈忠，2006：635）。

与普通的简单句相比，小句整合体具有更为复杂的句法结构和概念结构：前者表达的是单个的事件或命题，由形式简单的句子表达；后者表达的是两个或者两个以上的事件或命题的整合，因此由形式更为复杂的句子表达。与此同时，不同的小句整合体在句法结构和概念结构上也有不同的复杂性程度表现。

一是从句的层面来看，一般来说，典型句群在形式上要比典型复句的长度长、复杂性强，与典型句群相比，典型复句除了出现成分省缩情况外，每个分句的构成成分也一般不及独立小句丰富；尽管如此，典型复句在形式上比典型紧缩句的长度长、复杂性强，而典型紧缩句又要比典型连动、兼语等小句整合体形式的长度长、复杂性强。也就是说，从汉语小句整合体整体形式来看，复杂性程度从高到低排序依次为：句群，复句，紧缩句，连动、兼语等特殊单句。

从小句整合体整体的概念结构来看，一般来说句群包括两个完整的、复杂程度较高的事件/命题，因此总体上复杂程度最高；与句群相比，组成复句的两个事件/命题完整程度和复杂程度都有所降低，因此总体上复杂程度较句群要低一些；与复句相比，紧缩句的完整程度和复杂程度就更低了，它往往只是表达出事件/命题的核心内容，而与事件相关的对象、时间、地点等因素不再是紧缩句必须表达的内容；同样，与紧缩句相比，构成连动、兼语等小句整合概念的事件会失去更多的要素和特征，其完整程度和复杂程度均比上述小句整合概念低。据此，从汉语小句整合体整体的概念结构来看，复杂性程度从高到低排序依次为：句群概念，复句概念，紧缩句概念，连动、兼语等特殊单句概念。

由此可见，紧缩句整体形式的复杂性程度与整体概念的复杂性程度是相互对应的。例如：

（87）他昨天去了那家新开的超市。他买了青菜、鱼、肉等很多东西。

（88）他只有去那家新开的超市，才会买青菜、鱼和肉。

（89）他到了超市才去买菜。

（90）他到超市买菜。

以上四个用例分别是句群、复句、紧缩句和连动句形式，显然，无论是从概念结构上看还是从语言结构上看，都体现为"句群，复句，紧缩句，连动、兼语等特殊单句"这一从高到低的复杂性程度序列。

当然，在具体的用例中，也不乏这个连动句比那个紧缩句更复杂，或是这个紧缩句比那个句群更复杂的情况存在，但我们的研究是根据它们的典型成员的表现或者说是更大范围内的总体倾向性表现来说的，在这种情况下，小句整合体的复杂性序列应当是成立的。

二是从构成小句整合体的组成部分来看，其形式的复杂性程度也有区别。一般而言，句群的构成单位（单句）要比复句的构成单位（分句）复杂一些，而复句的构成单位（分句）又要比紧缩句的构成单位（紧缩项）复杂一些，紧缩句的构成单位（紧缩项）则会比构成连动、兼语等小句整合体形式的谓核成分要复杂一些。也就是说，从汉语小句整合体的构成部分来看，复杂性程度从高到低排序依次为：构成句群的单句，构成复句的分句，构成紧缩句的紧缩项，构成连动、兼语等单句的谓核成分。

从构成部分的概念结构来看，一般来说句群表达的是两个完整的、复杂程度较高的事件/命题；与句群相比，组成复句的两个事件/命题完整程度和复杂程度都有所减低；与复句相比，构成紧缩句的两个事件/状态的完整程度和复杂程度就更低了，往往只是表达出事件/命题的核心内容，而与事件相关的对象、时间、地点等因素不再是紧缩项必须表达的内容；同样，与紧缩句相比，参与构成连动、兼语等小句融合概念的事件会失去更多的要素和特征，其完整程度和复杂程度是相对最低的。据此，从汉语小句整合体构成部分的概念结构来看，复杂性程度从高到低排序依次为：构成句群的单句概念，构成复句的分句概念，构成紧缩句的紧缩项概念，构成连动、兼语等单句的谓核成分概念。

由此可见，紧缩句构成部分形式的复杂性程度与构成部分概念的复杂性程度是相互对应的。上述所举的四个用例的构成部分同样满足概念与形式之间的复杂性程度对应关系。

综上所述，无论是从整体看还是从构成部分看，汉语小句整合体的复杂性程度序列如图 5 – 11 所示。

句群	复句	紧缩句	连动、兼语等特殊单句
构成句群的	构成复句的	构成紧缩句的	构成连动、兼语等单句的
单句	分句	紧缩项	谓核成分

最复杂 ⟶ 最简单

图 5 - 11 汉语小句整合体的复杂性程度序列

根据上述分析，我们认为，无论是从整体看，还是从内部构成看，紧缩句形义上的复杂性程度居于小句整合体序列的中间水平，也就是说紧缩句在形义上表现出"相对复杂性"特征。紧缩句受到复杂性象似动因的作用，其结构形式上的相对复杂性与概念结构上的相对复杂性是相互映照的。而这一对应性动因，促发两个小句在形式上运行紧凑机制，成为紧缩句形成的必要过程和结果。

（二）独立性象似动因

张敏（1998：156）引用 Haiman（1983）的定义，认为"独立性象似动因"是说"一个表达式在语言形式上的分离性与它所表示的物体或事件在概念上的独立性相对应"。Haiman 还提出了"一个独立的子句表述一个独立的命题，一个简缩的子句则不大可能如此"这一论断，Givón（1990）进一步明确为"独立的事件倾向于编码为独立的子句"这样一条象似性原则（张敏，1998：158）。

在汉语中，独立性象似动因作用于不同整合度的小句整合体，也就是说小句整合体构成部分的形式与概念具有程度不等的独立性，而二者之间存在独立性象似关系。小句整合体形式、概念结构及举例如表 5 - 2 所示。

表 5 - 2 小句整合体形式、概念结构及举例

小句整合体形式	小句整合体的概念结构	小句整合体举例
S1。S2。	X ｜ Y	他很喜欢喝酒。他很容易喝醉。
S1，S2。	X#Y	他很喜欢喝酒，但很容易喝醉。
C1·C2。	X + Y	他喜欢喝却容易醉。
C1C2。	XY	他买酒喝。

S1、S2 表示两个基本的小句形式，C1、C2 则表示小句 S1、S2 在整合过程中失去小句资格，变化成不具备独立语气的谓核结构，或是只能参与

构成谓核结构且同时保留部分谓语性质的形式。而 X、Y 则分别对应小句
S1、S2 或 C1、C2 表达的事件或命题。在小句整合体形式这一列中，"。"
表示句间停顿；","表示一个句子内部分句间的语音停顿；"·"表示前
后部分之间没有语音停顿，但界限还存在；没有间隔符号则表示二者之间
既没有语音停顿，且已经高度融为一个整体。在小句整合体的概念结构这
一列中，"｜"表示事件或命题之间界限明显，各自具有较强独立性；"#"
表示前后事件或命题之间距离有所缩小，关系开始密切，各自的独立性有
所减弱，但仍保持独立性；"＋"表示前后事件或命题之间比较贴近，关
系密切，各自虽然保留一定的独立性，但这种独立性已经大大减弱；没有
间隔符号则表示前后事件或命题之间已经基本融合，失去了独立性。

在上面所列的四组小句整合体的形义对照情况中，形式"S1。S2。"
对应的是汉语句群，例如"他很喜欢喝酒。他很容易喝醉。"两个小句中
的"他很喜欢喝酒""他很容易喝醉"独立性非常强，各自都有独立的语
气，且前后之间停顿时间长；分析其概念结构，我们发现其对应表达的 X
（"他很喜欢喝酒"）、Y（"他很容易喝醉"）这两个事件仍旧以带有各自的
独立性为优势，因此我们用概念结构表达式"X ｜ Y"示意。

形式"S1，S2。"对应的是典型的汉语复句，例如"他很喜欢喝酒，
但很容易醉。"两个小句中的"他很喜欢喝酒""（他）很容易醉"，后者
的独立性不高，且前后分句之间语音停顿较短，中间存在的是句内分句间
停顿；分析其概念结构，我们发现其对应表达的 X（"他很喜欢喝酒"）、Y
["（他）很容易醉"]这两个事件中，后一事件的关涉对象需要依靠前一
事件才能明确，后一事件的独立性减弱，因此我们用概念结构表达式"X#
Y"示意。

形式"C1·C2。"对应的是典型的汉语紧缩句，例如"他喜欢喝却容
易醉。"经过整合后的两个紧缩项"他喜欢喝""（他）容易醉"独立性减
弱，二者均没有独立语气，前后之间没有语音停顿；分析其概念结构，可
以发现其表达的 X（"他喜欢喝"）、Y["（他）容易醉"]这两个事件也
失去较大独立性，需要相互之间或上下文语境中的内容给予补充理解，因
此我们用概念结构表达式"X＋Y"示意。

形式"C1C2。"对应的是连动、兼语等小句整合体形式，例如"他买
酒喝。"两个小句"他买酒""（他）喝（酒）"都失去了独立性，各自没

有独立的语气，前后不能有语音停顿；分析其概念结构，可以发现其对应表达的事件 X（"他买酒"）、Y ["（他）喝（酒）"] 必须融合在一起才能准确满足表义需要，二者在概念上属于一个整体，各自失去了独立性，因此我们用概念结构表达式"XY"示意。

据此，我们可以从以下角度去理解小句整合体的形式与语义之间的映照情况。

a. X 和 Y 这两个事件/命题在概念上的独立性越强，那么语言形式 S1 和 S2 之间的距离就越大；

b. 反之，X 和 Y 这两个事件/命题在概念上的独立性越弱，那么语言形式 S1 和 S2 之间的距离就越小；

c. 构成小句整合体的各种谓核部分，其独立性程度由强到弱依次为：构成句群的单句，构成复句的分句，构成紧缩句的紧缩项，构成连动、兼语等单句的谓核成分（见图 5 – 12）。

构成句群的 单句	构成复句的 分句	构成紧缩句的 紧缩项	构成连动、兼语等单句的 谓核成分
独立性最强			独立性最弱

图 5 – 12　汉语小句整合体的独立性程度序列

由此可见，有停顿的几个谓核结构连用，在概念上一般倾向于被看作几个分散的事件/命题，形式上一般也看作几个独立的小句；没有停顿的几个谓核结构连用，在概念上倾向于被认为是反映一个整体的事件/命题，在结构上则相应地认定为一个句子，而不是多个独立的小句。

复句的每个组成部分能够表达一个基本完整且独立的事件/命题，因此，在独立性象似动因的作用下，复句的前后分句之间有语音停顿，且每个分句独立性较强。而表达紧缩句概念的两个事件/命题独立性相对较弱，很难表达一个独立的事件/命题，两个事件/命题语义上的相互依赖程度较复句明显，表现在形式上即紧缩句的前后项之间没有语音停顿，并且要求前后项之间紧密地接续起来，但这两个部分之间的界限基本清晰（除个别构式型紧缩句外），谓核部分也没有相互包含，因此我们认为，紧缩句的组成部分具备的是形义上的"相对独立性"，这恰好印证了"相对独立的概念由相对独立的形式来表达，而相对附着的概念则由相对附着的语言结构表达"的独立性象似动因。

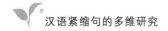

正是由于概念结构上出于表达两个具有相对独立性事件的需要，在独立性象似动因的促动下，紧缩句的接续机制就运作起来，使紧缩项具备相对独立性的形式特征，并通过语气合一和高效的紧缩标接续起来。

（三）复杂性象似动因与独立性象似动因的协同作用

从类型学的角度看，由两个小句整合成的一系列小句整合体，可以按照其整合度由高到低排列如下（Payne，2011：D35）①（见图 5 − 13）。

图 5 − 13　小句句法整合的连续统

如图 5 − 13 所示，居于序列最右端的小句整合体（"两个独立的小句"），小句之间没有发生整合，每个小句的独立性最强，小句的复杂性程度也最高；而序列最左端发生了小句与小句之间最高程度的整合，此时，原小句完全失去独立性，作为句法成分参与构成新小句，同时，其复杂性程度也就随之降为最低。

因此，我们可以给 Payne 设计的小句句法整合连续统添加关于独立性与复杂性的序列关系（见图 5 − 14）。

| 一个小句 | 连动 | 补足语小句 | 副词性小句 | 小句链 | 关系小句 | 并列小句 | 两个独立的小句 |

高度整合　　　　　　　　　　　　　　　　　　　　　无整合
独立性最弱　　　　　　　　　　　　　　　　　　　　独立性最强
复杂性最弱　　　　　　　　　　　　　　　　　　　　复杂性最强

图 5 − 14　小句句法整合及其独立性与复杂性的连续统

根据图 5 − 14 可以发现，对于构成小句整合体序列的小句部分来说，复杂性象似动因与独立性象似动因之间存在关联和协同作用。具体来说，概念结构上越复杂的，表达的事件/命题越完整，事件/命题的独立性也越强；体现在形式上，形式结构也最为完整复杂，省略现象少，甚至修饰性

---

① Payne（2011）《如何描述形态句法》一书的导读部分是方梅撰写的，这里参考的是导读部分第 35 页出现的"小句句法整合的连续统"示意图。

成分多，并且单独成句的能力越强，对其他小句甚至是独立的单句的依附性也就越弱。

反之，概念结构越简单的，表达的事件/命题完整性越弱，该事件/命题的独立性也就越弱，往往需要依赖前后概念一起表达；体现在句法结构上，形式也就越为简洁，独立性越弱，常常需要对前后形式在结构上产生不同程度的依赖。

根据上述分析，我们可以进一步明确紧缩句的构成部分紧缩项处于复杂性和独立性程度居中的局面。就紧缩项表达的语义概念来说，汉语的紧缩句（相当于"小句链"）是这个序列中处于居中位置的小句整合体，其构成部分的独立性和复杂性都不如复句等整合体的构成部分小句高，不过比连动、兼语句里的谓核成分要高一些，因此紧缩句构成部分具有的是相对独立性和相对复杂性。这既是汉语紧缩句区别于汉语句群、复句、连动等单句形式的内在原因，也是汉语紧缩句的构造、形成且演变的内在动因和根本决定因素，更是紧缩句存在的价值与必要性所在。

（四）次序象似动因

相较于英语来说，汉语的结构形式在语序安排上与时间顺序之间往往存在较高的象似性。现实的时间结构通过人的感知形成概念上的先后顺序，对于同时发生的事件/状态、遵循经验上的事件/状态的感知顺序，可见，汉语的语序受到次序象似动因的促动，表现出了更为规则的语序安排规律。

在小句整合体中，由两个事件整合而成的形式尽管出现了不同的整合度表现，但是，在谓核成分之间的界限尚为清晰时，二者之间的顺序与思维感知的顺序（并且经验顺序大部分体现为符合事件客观发生的顺序）往往是吻合的。例如 Jakobson（1965）在《探索语言的本质》一文中就着重指明语言结构组合关系上的一种象似性："复句中两个分句的排列顺序映照它们表达的两个事件实际发生的先后顺序。"（沈家煊，1993）

汉语复句如此，汉语紧缩句较之复句来说更为严格。次序象似动因是紧缩句遵循时序临摹机制的内在动因。汉语紧缩句更大限度地遵循了时序临摹机制，也就是说，汉语紧缩句更大程度地受到次序象似动因的促动。

当然，紧缩句中也存在一些违反时序原则的用例，如上文提到的例

（66）。

（66）孟老师说像这种类型的女孩其实属于"最不幸者"：她没有现在因为她孤独地站在世界上，也没有过去因为她的过去还没有到来，也没有未来因为她的未来已经过去。她不可能变老因为她从不年轻，她不可能年轻因为她已经老了，她不可能死因为她从来没有生活过，她不可能生因为她已经死了……（现代《我爱我家》）

类似例（66）中画线紧缩句这样的违反时序原则的例子较为少见，并且往往是有标记的紧缩句：要求紧缩句出现关联标记以标示这种违反时序的意义（如上例中画线的这些紧缩句必须使用紧缩标"因为"），还可能会有一些特殊的形式表现（如上例连续出现多个相近构造形式的紧缩句）。

当二者采用逆序手段时，往往是有特殊的表达目的，顺序表达才是更为主导、占优势、无标记的表达。而这在某种程度上正如 Givón（1990）所说的，词序较特殊的句子，也是遵循"将说话人急于表达的、对听话人而言预测度较低的信息首先说出"的顺序相似原则（沈家煊，1993）。

第三节　个案考察："爱 A 就/不 B"紧缩句的形成阶段、机制和动因

由于历时文献的限制，目前我们不能发现这样的证据，即汉语存在一个不使用紧缩句的阶段，而后才出现紧缩句。也就是说，在我们收集到的从上古到现代乃至当代汉语阶段的各时期语料中，紧缩句的使用贯穿于整个历时发展过程中。尽管如此，就具体的不同标记的紧缩句来说，紧缩句的形成和发展有明显的过程和证据，从中我们可以找到典型的能够完整呈现紧缩句形成和发展过程的案例。

"爱 A 就 B"是现代汉语中较为活跃的紧缩句形式之一，具有很高的稳定性。其形成过程具有阶段性、典型性和清晰性特征，可以较好地呈现紧缩句的形成阶段、机制和动因。

动词"爱"自先秦时期就开始使用；关联副词"就"从中古汉语阶段开始使用，并于近代汉语阶段有了更为丰富的关联用法。"爱"与"就"搭配使用表示假设关系的有标紧缩句，则是在明朝萌芽［如"王子道：'愿使

棍的就学棍，惯使钯的就学钯，爱用杖的就学杖①。'"（明《西游记》）]，清代形成，沿用至今，并在现代汉语中稳固且固化。本节通过讨论两个小句整合成"爱 A 就 B"这一紧缩句的过程，归纳紧缩句形成的几个阶段，并进一步验证和总结紧缩句的运作机制和动因。

紧缩句的形成和变化是渐进的，并且是有条件的。两个小句整合成紧缩句，必须具备以下条件：（1）语义关联度提高，语义复杂性降低；（2）对应的形式上的紧凑过程和接续过程；（3）语用上的压缩和选择要求；（4）足够高的使用频率。其中，条件（1）和条件（2）是在象似性动因的作用下，相互映照并且步步推进。

一　从"爱 A 就 B"紧缩句看汉语紧缩句的形成阶段

（一）"爱 A 就 B"紧缩句形成的准备阶段

1. 准备阶段Ⅰ："爱 + 动词性宾语"小句

动词"爱"自先秦时期就有丰富用例，其最基本的义项是"喜爱"，常见的是"爱 + 名词性宾语"的用法，如：

（91）爱共叔段，欲立之。（先秦《左传》）

（92）嚣素谦恭爱士，倾身引接为布衣交。（魏晋南北朝《后汉书》）

接着，"爱"也发展出"爱 + 动词性宾语"的用法，如：

（93）人读书，如人饮酒相似。若是爱饮酒人，一盏了，又要一盏吃。若不爱吃，勉强一盏便休。（宋《朱子语类》）

（94）引一童子到曰："此童子常爱问人佛法，请和尚验看。"师乃令点茶。（宋《五灯会元》）

随着这一用法的扩大和语境范围的不断扩展，"爱"有从"喜爱"虚化为"愿意、要"等义的趋势（江蓝生，2007）。

2. 准备阶段Ⅱ：关联标记"就"

"就"的本来用法是动词，在先秦汉语中，也可以用作介词（杨荣祥，2005：160~161）。东汉以后，可以用作让步关联标记，用作时间副词是从宋代开始的，例如：

---

① 当然，这一案例不能算是紧缩句，只是一个普通单句，"爱用杖的就学杖"中，"爱用杖的"不是紧缩项，而是名词性短语作主语。

（95）荆公作《字说》时，只在一禅寺中。禅床前置笔砚，掩一龛灯。人有书翰来者，拆封皮埋放一边。就倒禅床睡少时，又忽然起来写一两字，看来都不曾眠。（宋《朱子语类》）

（96）你先去，我就来了。（元《元曲选》）

汉语中的典型的关联副词，绝大多数本来就是一些常用的时间（如"才""就"等）等类限制性副词（张谊生，2000：19）。因此，近代汉语中已经产生了"就"的关联标记用法，也已经有了带有关联标记"就"的小句与前小句之间的语义整合，产生包括条件、假设、因果、连贯等逻辑语义关系的小句整合体。例如：

（97）人见价钱少，就都抢着买。（元《元曲选》）

（98）月娥道："既是这等斯象，我就做你妹子罢。"（元明《初刻拍案惊奇》）

（二）"爱 A 就 B"紧缩句的形成阶段

1. 形成阶段Ⅰ：两个语义相关性一般的普通小句整合成复句

在这个阶段，两个事件在语义上开始相关，"爱"仍旧是动词用法，前一个小句经常出现关联标记，与后项的关联标记"就"配对使用。尽管如此，两个小句仍旧继续保持一定的独立性。此时，两个事件的动作往往是不同的发出者，或是对不同对象的谈论，因此两个小句的主语不同，大部分情况下小句的主语都需要出现；两个事件的复杂程度稍高，因此小句构造的复杂程度也稍高。例如：

（99）济公拿来给张大人酒了一杯道："这是陈绍，出在绍兴府，天下第一名酒，我和尚平生最喜欢喝。大人倘然不爱吃这味酒，我就给你取别的来。"（清《续济公传》）

（100）周侗原晓得王贵是个一勇之夫，便笑道："你既爱使大刀，就传你大刀罢！"（清《说岳全传》）

例（99）两个画线的小句整合成假设关系复句形式，并且分别带有"爱"和标记"就"，两个小句"大人不爱吃这味酒""我给你取别的来"各自保持较高独立性，其中，前小句还用表示假设的关联标记"倘然"标记。两个小句的陈述对象不同，主语分别是"大人""我"，主语没有发生省略现象。两个小句语义上有一点关联性，并且表达的两个事件带有复杂性，也对应表现为形式上的复杂性。

同样，例（100）也基本如此，前小句使用"既"与后小句的"就"形成搭配，两个小句整合成因果关系的复句。两个小句"你爱使大刀""传你大刀罢"在语义上的关联度较例（99）稍高些，主语不同，分别应为"你""我"，后项主语发生省略，表达的两个事件也较为复杂，形式上分别体现为动宾结构作宾语和双宾语结构。

因此，我们可以将这一过程中小句整合的阶段性特征总结如表 5 - 3 所示。

表 5 - 3　"爱 A 就 B"紧缩句在形成阶段 I 的典型特征

语义特征	形式特征
两个事件语义上相关性一般	两个小句形式上没有同构或近似性，两小句保持较高独立性；除"就"外，前小句也有关联标记出现
两个事件的实施者不同，因此主语不同	两个小句主语一般都出现
两个事件的复杂程度稍高	两个小句构造复杂程度稍高

2. 形成阶段 II：两个语义相关性提高的小句整合成复句

在这一阶段，两个事件语义上的相关性提高，表现在形式上，即两个小句趋于同构和近似，由后小句"就"标示该小句整合体——复句的假设关系，两个小句继续保持独立性；同时，两个事件的叙述对象不同，因此大部分情况下两个主语均需出现。两个事件的复杂程度仍旧稍高，形式上也如此。例如：

（101）道姑笑道："出家人呼牛呼马，一由人便，本来用不着什么名字的，施主爱叫我什么，我就是什么。横竖无缘难会，有缘终于离不开的。至于住的地方，更没一定，若有定处，倒和施主们一般，在家纳福就是了，何必早东暮西，奔波来去呢！"（清《八仙得道》）

（102）王夫人道："凭老太太爱在那一处，就在那一处。"（清《红楼梦》）

如例（101）、例（102）所示，与上一阶段相比，随着两个事件的相关性提高，两个小句在形式上出现了同构、近似的谓语形式，如例（101）的"爱叫我什么"与"就是什么"、例（102）的"爱在那一处"与"在那一处"。当然，此时两个小句的复杂性与前一阶段差不多，并且与前一阶段一样，两个事件的实施者仍旧不同，如例（101）的两个主语分别是"施主"和"我"，例（102）的两个主语分别是"我们"（不包括老太太）与"我们"（包括老太太），两个主语均发生省略。

因此，我们可以将这一过程中小句整合的阶段性特征总结如表 5 - 4 所示。

表 5 - 4 "爱 A 就 B"紧缩句在形成阶段 II 的典型特征

语义特征	形式特征
两个事件语义上相关性提高	两个小句形式上趋向同构或近似性，前后小句仍旧保持较高独立性；仅有"就"关联
两个事件的实施者不同，因此主语不同	两个小句主语可省略可出现
两个事件的复杂程度稍高或一般	两个小句构造复杂程度稍高或一般

3. 形成阶段Ⅲ：两个涉及共同对象的相关性提高的小句整合成复句

在这一阶段，主要出现的明显新变化是两个事件的叙述对象是一致的，因此两个主语相同，后小句的主语也经常省略，这其实是两个事件语义上相关性进一步提高的又一个表现，例如：

（103）官人道："我管你呢。你爱往哪里推，就往哪里推。"（清《七侠五义》）

（104）袭人冷笑道："你问我，我知道？你爱往那里去，就往那里去。从今咱们两个丢开手，省得鸡声鹅斗，叫别人笑。横竖那边腻了过来，这边又有个什么'四儿''五儿'伏侍。我们这起东西，可是白'玷辱了好名好姓'的。"（清《红楼梦》）

例（103）、例（104）的情况非常相似，前后小句的主语都是"你"，并且后小句都省略了主语。两个小句由于语义上的相关性提高，不仅出现了主语相同这一新变化，两个小句构造的相似性也达到了最高程度，而这有利于"爱"从动词用法转向理解为与"就"一起形成固定的配套标记。

据此，我们可以将这一过程中小句整合的阶段性特征总结如表 5 - 5 所示。

表 5 - 5　"爱 A 就 B" 紧缩句在形成阶段Ⅲ的典型特征

语义特征	形式特征
两个事件语义上相关性提高	两个小句形式上趋向同构或近似性，前后小句仍旧保持较高独立性；仅有 "就" 关联
两个事件的实施者相同，因此主语相同	后小句的主语可以省略
两个事件的复杂程度一般	两个小句构造复杂程度一般

4. 形成阶段Ⅳ：事件复杂程度降低的两个小句整合成复句

与前一阶段相比，这一阶段最主要的新变化是两个事件复杂程度的降低，体现为形式上小句构造也趋向简洁，可以说，这一步十分关键。由此我们也可以发现，小句整合成紧缩句，既需要提高事件之间的语义相关性以将小句的独立性降低至合适的程度——即达到相对独立性，也需要降低事件的复杂程度以将小句的形式复杂性降低至合适的程度，即达到相对复杂性程度，这样，才能为下一步的无语音停顿接续做好准备。例如：

（105）张姑娘接口道："还是我们跟了它一道儿，它保了我们一道儿，我们可离不开它。姐姐暂且借给我们，挂在船上，壮壮胆子。等到家时，横竖是还姐姐，那时姐姐爱送谁，就送谁。"（清《儿女英雄传》）

（106）胜爷收下孟福本来是有心事，因为弟妇守节，膝下无儿，将来为的是叫弟妇挑选，爱要那个，就要那个，两门就都承继有人了。（清《三侠剑》）

正如例（105）、例（106）所示，此时前后小句的谓语结构均由少量的音节结构和简单的谓宾结构充当，事件和形式的复杂性降低至相对复杂性程度。

因此，我们可以将这一过程中小句整合的阶段性特征总结如表 5 - 6 所示。

表 5 - 6　"爱 A 就 B" 紧缩句在形成阶段Ⅳ的典型特征

语义特征	形式特征
两个事件语义上相关性提高	两个小句形式上趋向同构或近似性，前后小句仍旧保持较高独立性；仅有 "就" 关联
两个事件的实施者相同，因此主语相同	后小句的主语可以省略
两个事件的复杂程度降低	两个小句构造简洁

5. 形成阶段Ⅴ：两个小句相关性更高，正式整合成紧缩句

经历了前面四个阶段之后，两个事件语义上的相关性提高了，两个事件的复杂程度也降低了，小句本身已经基本满足了相对复杂性与相对独立性的要求，此时，只要两个小句向关联度或是简洁度稍微靠近一些，就可以自然地连续接续，同时小句也降级为紧缩项，"爱"便倾向于理解为与"就"配套使用的关联标记，整个紧缩句句式形成，表达的是假设逻辑语义关系。例如：

（107）宝玉笑道："你爱打就打，这些东西原不过是借人所用，你爱这样，我爱那样，各自性情不同。比如那扇子原是扇的，你要撕着玩也可以使得，只是不可生气时拿他出气。就如杯盘，原是盛东西的，你喜听那一声响，就故意的碎了也可以使得，只是别在生气时拿他出气。这就是爱物了。"（清《红楼梦》）

（108）绣桔道："你不知我们这屋里是没礼的，谁爱来就来。"（清《红楼梦》）

例（107）、例（108）是"爱A就B"紧缩句的典型用例，紧缩项的谓语分别仅由单音节动词"打""来"充当，形式简洁，前后主语相同且后项主语省略，前后项之间保持了相对独立性。

据此，我们可以将这一过程中小句整合的阶段性特征总结如表5-7所示。

表5-7　"爱A就B"紧缩句在形成阶段Ⅴ的典型特征

语义特征	形式特征
两个事件语义上相关性较高	两个小句形式上具有同构或近似性，前后小句开始取消独立性，形成无停顿接续；"爱"理解为与"就"配套使用的关联标记
两个事件的实施者相同，因此主语相同	后小句的主语可以省略
两个事件的复杂程度降低	两个小句构造简洁

（三）"爱A就B"紧缩句的发展阶段

1. 发展阶段Ⅰ：形成稳定的紧缩句

"爱A就B"紧缩句形成后，并没有停滞在固定的形式与语义面上，而是继续进一步发展变化。

在这一发展阶段，最明显的阶段性特征是随着"爱"与"就"形成固定搭配，两个复杂程度一般的事件也可以整合到"爱 A 就 B"框架中，也就是说，此时两个小句的构造可以回复至一般水平，例如：

（109）我这就把孩子们叫过来，你爱说什么你就跟他们说什么，你说完了我再补充！（现代《我爱我家》）

（110）女友笑着说："这真是没法了，谁也帮不了你，你爱吃什么就吃点什么，想上哪儿玩玩就去哪儿转转，想也没用了。"（现代《痴人》）

例（109）、例（110）的小句复杂程度跟形成阶段Ⅱ、Ⅲ时的复杂程度接近，由于该紧缩句的标记形式和整个紧缩句句式已经稳定，因此对紧缩项的复杂程度反而较为自由。当然，其复杂性也不能过高，并且小句之间的语义联系还是需要保持较高的相关性。保持前后项的相对独立性与相对复杂性是维持其紧缩句格局的充分条件。

因此，我们可以将这一过程中小句整合的阶段性特征总结如表 5 - 8 所示。

表 5 - 8　"爱 A 就 B"紧缩句在发展阶段 I 的典型特征

语义特征	形式特征
两个事件语义上相关性较高	两个小句形式上具有同构或近似性，前后小句形成无停顿接续，体现为相对独立性；"爱"与"就"形成固定搭配，标示假设逻辑语义关系
两个事件实施者相同，因此主语相同	后小句的主语可以省略，乃至前后两小句的主语都可以省略
两个事件的复杂程度较为自由	两个小句构造既可以简洁，也可以回复至一般水平

2. 发展阶段Ⅱ：向更为成熟、自由的紧缩句发展

在这一发展阶段，"爱 A 就 B"紧缩句更为成熟，典型的特点是后标点"就"可以不出现，例如：

（111）"那随你便，爱怎么玩怎么玩去吧。不过既然同是玩何不给多数人玩？"（现代《一点正经没有》）

（112）我不要你了，你爱怎么着怎么着吧。（现代《玩的就是心跳》）

例（111）的前后项主语相同，都是"你"，但都省略了，同时仅保留了前项标记"爱"，后项标记"就"没有出现，但不影响紧缩句的基

本意思表达；例（112）也是如此，后项主语与后项标记"就"都没有出现。

原本配套的双标形式出现其中一个标记的省略，却仍旧保留原本的基本句式义，这是"爱 A 就 B"紧缩句更为成熟、自由的形式与语义表现。

（四）从"爱 A 就 B"紧缩句总结紧缩句形成过程的典型阶段

根据上述分析，我们可以将"爱 A 就 B"紧缩句的历时形成发展过程及阶段性特征总结如表 5 - 9 所示。

表 5 - 9　"爱 A 就 B"紧缩句历时形成发展过程及阶段性特征

最典型的阶段性特征	例句
准备阶段 I：S（"爱"）。 II：S（"就"）。	此童子常爱问人佛法，请和尚验看。 人见价钱少，就都抢着买。
形成阶段 I：S1（"爱"），就 S2。 语义相关性一般，复杂程度稍高 II：S1（"爱"），就 S2。 语义相关性提高 III：S1（"爱"），就 S2。 主语相同 IV：S1（"爱"），就 S2。 小句复杂程度降低 V：爱 C1 就 C2。 小句独立性降低，连续接续	大人倘然不爱吃这味酒，我就给你取别的来。 施主爱叫我什么，我就是什么。 你爱往哪里推，就往哪里推。 那时姐姐爱送谁，就送谁。 你爱打就打。
发展阶段 I：爱 C1 就 C2。 小句复杂程度较为自由 II：爱 C1C2。 后标"就"可以不出现	你爱说什么你就跟他们说什么。 你爱怎么着怎么着吧。

在本章第三节中，我们对"爱 A 就 B"紧缩句的先期准备过程、形成过程以及发展过程做了分阶段的完整、细致的描写。在这一过程中，最引人注意的是"爱 A 就 B"紧缩句形成过程的五个阶段，这五个阶段同时也是紧缩句形成过程的典型阶段。因此，我们根据"爱 A 就 B"紧缩句的形成过程来总结和归纳紧缩句的形成过程的典型阶段。表 5 - 10 展现了这五个阶段具有代表性的语义变化特征和形式变化特征。

表 5 – 10　紧缩句的各形成阶段及其代表性的变化特征

阶段	各形成阶段事件代表性语义变化特征	各形成阶段小句代表性形式变化特征			
I	语义相关性一般；语义复杂性较高	各自保持独立性	构造复杂程度较高	主语不同，且均出现	异构异形
II	语义相关性提高；语义复杂性较高	各自保持独立性	构造复杂程度较高	主语不同，且均出现	趋向同构同形
III	语义相关性继续提高；语义复杂性开始降低	各自保持独立性	构造复杂程度较高	主语相同，后小句主语可省略	趋向同构同形
IV	语义相关性更高；语义复杂性继续降低	各自保持独立性	构造趋向简洁	主语相同，后小句主语可省略	趋向同构同形
V	实现语义相对独立性；实现语义相对复杂性	无停顿接续，体现相对独立性	构造趋向简洁	主语相同，后小句主语可省略	趋向同构同形

基于表 5 – 10 的分析也可以发现，选择以 "爱 A 就 B" 紧缩句作为个案来分析紧缩句的形成过程，是基于其形成过程的完整性、典型性，以及形式与语义对应表现的直观性。

二　从 "爱 A 就 B" 紧缩句看汉语紧缩句的形成机制和动因

（一）"爱 A 就 B" 紧缩句的形成机制和动因

1. 语用因素是促使 "爱 A 就 B" 紧缩句这一语法创新的动力与机制

为了满足经济简明的表达原则，两个小句可以变得更加紧凑，特别是当两个小句表达的事件关联度较高时，两个小句达到了谓语相同或近似的程度，就很容易引发省略与紧缩（江蓝生，2007）。同时，在具体的语境中，对于表达两个事件之间的关系，选择何种小句整合体也往往是根据语用的需要，"爱 A 就 B" 这一紧缩句的形成、发展和选用受到信息省删机制和语境适应机制的作用。

2. "爱 A 就 B" 紧缩句的形成发展需要语义整合机制的运作

从准备阶段到形成阶段，我们可以看到 "爱 A 就 B" 是由两个具有独立性的事件通过语义整合成一个新创结构——紧缩句的，这是典型的双域型框架整合方式。"爱 A 就 B" 紧缩句形成阶段的语义整合机制 ［以例（107）"你爱打就打" 为例］总结如图 5 – 15 所示。

到了发展阶段，"爱 A 就 B" 紧缩句句式已经形成，可以为新的具体的新创结构的整合提供框架和角色，此时两个事件与框架、角色一起通过单纯型框架整合方式不断产生"爱 A 就 B"的具体用例发展阶段。"爱 A 就 B"紧缩句的语义整合机制［以例（109）"你爱说什么你就跟他们说什么"为例］总结如图 5－16 所示。

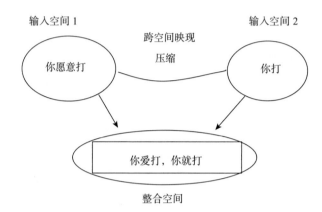

图 5－15　"你爱打就打"双域型框架的整合过程

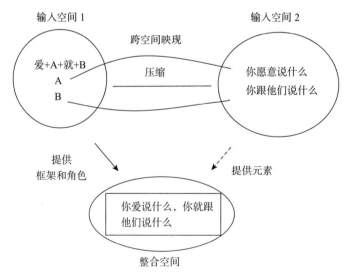

图 5－16　"你爱说什么你就跟他们说什么"单纯型框架的整合过程

3. 在"爱 A 就 B"紧缩句的句法紧接机制的运作中，先运行紧凑机制，再运行接续机制

语义层面整合而成的新创结构，需要选择具体的小句整合体形式来表达，此时，紧缩句概念的表达就需要启动句法紧接机制的运作。紧接机制包括紧凑机制和接续机制两部分。紧凑机制的本质在于降低小句形式上的复杂性，使小句在形式上达到相对复杂性，此时，小句在形式上的独立性也相对不足，接续机制就自然运作起来。接续机制的本质是使小句在形式上实现相对独立性。对于"爱 A 就 B"紧缩句来说，从小句谓语的简化、前后小句主语的一致，乃至前后小句谓语的同构、同形走向，都是紧凑机制的作用表现；之后，两个经过紧凑机制作用后的小句在接续机制的作用下实现新创结构的"爱 A 就 B"紧缩句形式。

4. "爱 A 就 B"紧缩句的语义整合机制与句法紧接机制之间由象似性动因来触发对应性运作

形成"爱 A 就 B"紧缩句的每个阶段都有相应的代表性语义变化特征和对应的代表性形式变化特征，这是象似性动因的作用表现；而"爱 A 就 B"语义层面的整合机制与形式层面的紧接机制之间的对应性运作，同样是象似性动因的作用表现。

5. "爱 A 就 B"紧缩句的主要的象似性动因是复杂性及独立性象似动因

"爱 A 就 B"紧缩句形成的本质要求，一是达成语义层面两个事件的相对复杂性与形式层面两个小句的相对复杂性的对应性关系，这是复杂性象似动因的作用表现；二是达成语义层面两个事件的相对独立性与形式层面两个小句的相对独立性的对应性关系，这是独立性象似动因的作用表现。因此，"爱 A 就 B"紧缩句形成的主要的象似性动因是复杂性象似动因和独立性象似动因。

当然，"爱 A 就 B"的象似性动因也包括次序象似动因，"A""B"的排列顺序对应着它们代表的事件的概念经验顺序，并且这一概念经验顺序往往与客观事件发生的先后顺序基本符合。

（二）紧缩句的形成机制和动因小结

本书将紧缩机制和紧缩动因对紧缩句形成的作用过程和运作原理总结如图 5 - 17 所示。

对于该图例，我们将结合紧缩句的基本形成过程，作以下几个说明和总结。

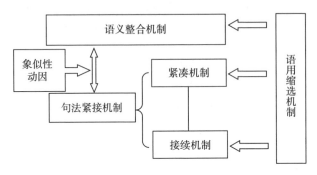

图 5 – 17　紧缩句形成的作用过程和运作原理

一是语用缩选机制是紧缩句最高层面的运作机制，当语用上的经济原则或是语境因素发出需求时，就会促动两个小句整合成紧缩句。

二是当两个小句的语义相关性提高时，就会有整合成紧缩句的趋势。

三是紧缩句的整合过程，是语义和形式两个层面的对应性运作，这一对应性运作来自象似性动因的作用，具体包括复杂性象似动因、独立性象似动因以及次序象似动因。

四是随着事件语义相关性的一步步提高和事件复杂性程度的降低，紧缩句开始触发语义整合机制，在形式上体现为紧凑机制的运作。

五是当事件之间的语义相关性达到相对独立性关系，且事件复杂性程度降低到相对复杂性时，形式上的紧凑机制基本完成，于是接续机制运作起来，此时紧缩句基本形成。

六是从语义上看，事件之间的独立性是从独立性较高走向相对独立性，事件的复杂性则是从复杂性程度较高走向相对复杂性，在语义上具备相对独立性与相对复杂性的同时，形式层面也对应完成了紧缩句的形成。

三　相关形式"爱 A 不 B"对紧缩句形成阶段、机制和动因的进一步验证

相关学者对"爱 A 不 B"这一句式有较高的关注度，分别从固定句式、构式、同谓双小句的省缩等角度研究这一形式的固化过程、形式语义特点及形成动因［例迟永长（1995）、李卫中（2003）、刘承峰（2004）、江蓝生（2007）、丁家勇和易磊（2009）、李宗江（2009）、李文浩（2009）、李英子（2012）等］。其中，我们更为认同的是"爱 A 不 B"是从两个小

句省缩整合而成的观点［例迟永长（1995）、李卫中（2003）、江蓝生（2007）、李宗江（2009）、李英子（2012）等］。

当正反两种情况的"爱A，就B"并列出现时，表达的是两层假设关系构成的选择关系（李卫中，2003），例如：

（113）这日二人正在吃饭之时，董爷叫道："五弟，要有大户人家的姑娘，品貌俊美的，叫你嫂嫂相看，给你定下亲事，办完事之后，爱与哥哥同居，就在此院内；不欲住在一个院内，就在花园内另盖房屋，样式由兄弟你自己出。"（清《三侠剑》）

即：爱与哥哥同居，‖就在此院内；｜不欲住在一个院内，‖就在花园内另盖房屋。

此时，四个小句表达的事件的复杂性较高、独立性较强，对应在形式上，每个分句的复杂性也较高，分句与分句保持独立性，出现了句内停顿。

接着，"S1"（"爱"）和"S2"（"就"）两个小句可以整合成"爱A就B"紧缩句，例如：

（114）跑堂的说道："你是大太爷，你要走了，可就害了我啦。你先候一候，待小的回明了东家掌柜的，然后他爱要钱他就要；他不要钱，就算跟你交了朋友啦。"（清《三侠剑》）

该用例中，小句"他要钱""（他）要"复杂性低、独立性不强，二者相关性高，整合成"爱A就B"紧缩句；后小句"他不要钱""算跟你交了朋友啦"复杂性较高、各自独立性较强，因此继续整合成复句形式。

当"S1"（"爱"）和"S2"（"就"）两个小句整合成"爱A就B"紧缩句时，相应的否定形式"不爱A就不B"也开始因为满足形义上的整合成紧缩句的条件而伴随出现紧缩句形式，正反两个紧缩句可以连续使用，例如：

（115）就是这几件衣服，也是姑老们替我做的，又不是你替我做的。我爱穿就穿，不爱穿就烧了，谁也管不得我。（清《绿野仙踪》）

（116）朱得贵越发怒道："我说的是真话。我那里来的病！你老爱帮钱就帮，不爱帮钱就不帮！天在头上，各人凭良心说话。要说你的官不是我娘舅卖给你的，割掉我的头我也不能附和你的！"（清《官场现形记》）

例（115）和例（116）中，两个紧缩句的形成是因为其对应的两个小句达到了相对复杂性和相对独立性的要求。这样表达两个正反情况的紧缩句形式连续出现的情况，为"爱 A 不 B"句式的形成做好了准备。

随着"爱 A 就 B"进一步地发展稳定之后，"就"标已经是可以不出现的标记了；此时，又出现了"爱 A（就）B""不爱 A（就）不 B"，其中的 A、B 由单音节动词充当谓语，同时，A、B 还是相同的谓语形式，例如：

（117）梁兴郎说："你怎么讹人哪？"家人说："不讹人，<u>你爱瞧就瞧，不爱瞧不瞧。</u>"（清《济公全传》）

在这一阶段，两个语义、形式相关度很高的紧缩句"你爱瞧就瞧""不爱瞧不瞧"就很容易发生语义上的整合与形式上的紧接，进而形成"爱 A 不 B"紧缩句，例如：

（118）我无非是多话，<u>爱给不给</u>，与我无干。（清《小五义》）

（119）众人都道："罢，罢，罢！"薛蟠道："<u>爱听不听</u>！这是新鲜曲儿，叫作哼哼韵。你们要懒待听，连酒底都免了，我就不唱。"（清《红楼梦》）

用例中"爱给不给""爱听不听"的使用，说明"爱 A 不 B"紧缩句已经形成。

"引发省略与紧缩的因素是两个分句中有相同的结构与词语，表达不经济"（江蓝生，2007），这一观点同样适用于解释"爱 A 不 B"形成的触发机制。也就是说，是语用层面的省力机制首先对两个小句的压缩提出要求。

"爱 A 不 B"紧缩句在形成过程中选择了双域型框架整合方式，如图 5－18 所示。

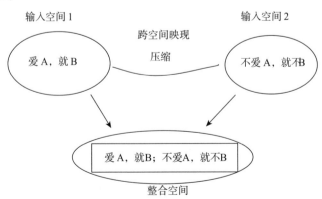

图 5－18　"爱 A 不 B"紧缩句双域型框架的整合过程

新创结构"爱 A，就 B；不爱 A，就不 B"在选择具体的表达形式时，通过句法紧接机制的作用，选择了"爱 A""不 B"这两个省缩形式，也就是原来每个小句的部分框架，并进而接续在一起。

当然，这一形式与语义的操作过程是比较特别的，它不是传统的通过对两个小句的分别调整、紧凑后再接续，从结果来看，新的形式截取了"爱 A（就）B"的前件"爱 A"与"不爱 A（就）不 B"的后件"不 B"并接续而成，即：

当然，随着"爱 A 不 B"的稳定与成熟，通过单纯型框架整合方式的作用，A、B 也可以由更为丰富的形式充当，例如：

（120）李：爱答理不答理，我就是没劲。（现代《编辑部的故事》）

（121）他爱回来不回来，回来也是各住各的。（现代《上海的早晨》）

（122）不管涉及到谁，说真话，只说真话，爱高兴不高兴。（现代《看上去很美·自序》）

（123）太太声明不再管请先生了，"爱念书不念，爱怎闹怎闹！不管了，管不着！孩子大了没出息，别怨我，我算尽到了心。"（现代《牛天赐传》）

（124）一下车，他的腿像灌了铅似的沉，因为在车上站得太久，脚都肿了、麻木了。去向人问路，广州人爱搭不理。（现代《作家文摘》1995）

以上五个用例中，充当前后项谓语的可以是双音节的动词或形容词，如例（120）的"答理"、例（121）的"回来"、例（122）的"高兴"；前后项谓语也可以不同，如例（123）的后项谓语比前项谓语省略了宾语"书"，例（124）的前项、后项有互文的意味，分别用"搭"和"理"表示"搭理"。这些丰富的具有变化性的用例是"爱 A 不 B"紧缩句稳定、成熟的表现。

总的来说，语用机制仍旧是紧缩句运作的最高层面的机制。当处于实际的交际过程中时，说话人会根据不同的交际目的选择使用"爱 A（就）B，不爱 A（就）不 B"或是"爱 A 不 B"形式。也就是说，两个小句整合成复句或是紧缩句形式，往往是受到语用因素的影响，说话人选用何种小句整合体是受到语境适应机制的影响。就这两个不同的小句整合体来说，迟永长（1995）对不同语境的不同选择结果进行了考察和归纳：一般来说，当在含有说话人表示不满意情绪的语境中，经常会选择"爱 A 不 B"形式；在含有说话人表示商讨征寻等语句的语境里，经常选用的是"爱 A（就）B，不爱 A（就）不 B"形式；而出现在没有商讨征寻的语句或没有不满情绪语句的语境中的，既可能是"爱 A（就）B，不爱 A（就）不 B"，也可能是"爱 A 不 B"形式。

根据上述分析，总结"爱 A 不 B"紧缩句的形成机制和动因如图 5 - 19 所示。

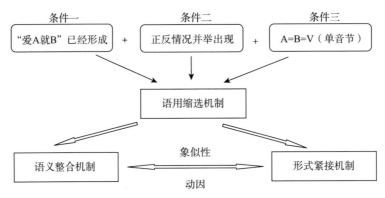

图 5 – 19 "爱 A 不 B"紧缩句的形成机制和动因

对于与"爱 A 就 B"相关的紧缩句"爱 A 不 B"的形成过程、机制与动因的进一步分析和归纳，一方面可以丰富和补充"爱 A 就 B"这一个案的研究，另一方面也是更重要的目的，是验证我们讨论得到的紧缩句形成阶段、机制及动因的合理性和解释力。

对于更多的具体标记紧缩句来说，可能它们的形成过程与阶段没有如"爱 A 就 B"紧缩句句式完整、典型，形义之间的对应表现也没有如此明显，此外，因历时文献材料的或多或少的局限，可能大部分具体标记的紧缩句不一定适合或者可以找到这样完整的、明显的形成阶段。所以，我们尝试通过选取"爱 A 就 B"及与其相关的紧缩句"爱 A 不 B"这样两种具体标记的紧缩句的整合阶段来验证上述五个阶段的划分，并通过这两个实例帮助我们更好地理解紧缩句形成的机制和动因。

第六章　与紧缩句有关的词汇化现象

　　紧缩句环境下的词汇化现象较为丰富且存在规律性，同时，与紧缩句有关的词汇化现象也必然会影响到汉语中其他的要素，引起韵律、语义、句法、语用等层面的变化，接下来我们梳理与紧缩句有关的词汇化现象的具体类型和典型案例，并结合词汇化的条件、规律以及紧缩句的自身特征，考察这一环境下词汇化现象发生的原因与特点，进而分析紧缩句环境下词汇化现象造成的语法后果。

第一节　与紧缩句有关的词汇化现象的
具体类型和典型案例

　　本章所要讨论的是与紧缩句有关的复合词词汇化现象，其实也涉及语法化现象，因为与紧缩句有关的复合词词汇化现象中，紧缩项、跨层结构往往是变成虚词，虚词是一种语法性成分，所以紧缩句中发生的词汇化现象也可以看作语法化现象。语法化和词汇化之间的界限并不总是很清楚的（董秀芳，2011：37），总体上看，紧缩句中复合词衍生过程既涉及词汇化，也涉及语法化。下面通过典型案例分析紧缩句环境下发生的词汇化现象。

一　紧缩前项的词汇化及典型案例

　　当紧缩前项表现为短小简洁、语义泛化时，在紧缩句这一环境下，可以发生紧缩前项的词汇化。例如，连词"完了"的词汇化就属于这种情况。

　　《现代汉语词典》（2016：1347）中，"完了"有两种词性：一是动词，读 wánliǎo，义为"（事情）完结；结束"；二是连词，读 wánle，用在句中，表示两件事相承接，依次发生。高增霞（2004），李宗江（2004），方环海、刘继磊（2005），余光武、满在江（2008），殷树林（2011）等学者都对连词（关联副词）"完了"的词汇化和语法化过程进行了分析。连词"完了"的词汇化过程与紧缩句环境有关。

"完了"最初是动词"完"与完成体时态助词"了"构成的"完+了"组合，"完"是实义动词，义为"结束、完成"。"完了"刚开始用在紧缩句中充当紧缩前项，也是"完+了"的短语组合，例如：

（1）只要是球，他都愿意摸一摸。放了一天羊，爬了一天山，走了那么远的路，回来扒两大碗饭，放下碗就到球场上去。逢到节日，有球赛，连打两场，完了还不休息。（现代《羊舍一夕》）

（2）李东宝回来，对林一洲说："主编在接一个电话，完了就过来。"（现代《编辑部的故事》）

以上两例连贯语义关系紧缩句中，紧缩前项"完了"由动词"完"与体标记兼语气词"了"组成。紧缩前项、后项之间有"就""还"之类的紧缩标，"完了"的意义比较实在，且"完了"前面根据语义可以补出主语和核心动词，如例（1）可以在"完了"前补出"他"和"打"，例（2）可以在"完了"前补出"电话"和"接"。

接下来，紧缩句中的"完了"有两种理解，例如：

（3）现在就来呀，揭我的短儿来呀！完了咱们就上派出所，来呀！（现代《皇城根》）

（4）这回我不能让你一个人挨骂，我先去叫大家拿黑布，完了你再去说糊报纸的事儿（现代《四世同堂》）

以上两例中的"完了"既可以仍旧处理为紧缩前项（"完了"前还是可以补出动词的）；同时，"完了"在这样的语境中动作义也在弱化、脱落，"完了"可以理解为"然后"，形式上，前面有"现在""先"之类的词呼应，这样的"完了"可以看作具有篇章连接功能的时间副词。

而在以下用例中，"完了"只能理解为具有连接功能的词（性质为关联副词或连词）。

（5）大海：（命令地）你叫他们把门开开，让妈进来，领她在房里避一避雨。

鲁贵：好，好（向饭厅下）完了我可有事，我就走了。（现代《雷雨》）

（6）忠心耿耿地让人玩弄你，欺骗你，完了你还搭上一个我。（现代《埋伏》）

类似这样的用例中，"完了"前没有办法补出动词，"完了"也很难分成"完"和"了"两部分，因此"完了"只能处理为一个词。

"完了"在紧缩句环境下进一步发生语法化，例如：

（7）（问：你们家怎么排行的？）我们家就属于是大排行的，啊，第一是我哥哥，第二是我一姐姐，排行老二，完了还一哥哥，他们都参加工作了。（现代《北京话》）

（8）后来那个，快解放不到，爷爷就死了，生病死了。完了就剩我们这些人吧。（现代《北京话》）

这样的"完了"都是用于列举平行的或者是前后发生的几件事情，"完了"相当于"然后"的功能，在语篇中起承接、连贯作用，相当于一个承接连词（高增霞，2004）。至此，"完了"在紧缩句环境下完成了词汇化和语法化。

二 紧缩后项的词汇化及典型案例

紧缩句环境下，紧缩后项可以发生词汇化现象，并且这些词往往会进一步发生语法化现象，其中，最具有代表性的是"算了、好了、罢了、得了"等一系列"X了"形式的助词。

（一）"算了"的词汇化

《现代汉语词典》（2016：1251）中，"算了"有两种词性：一是动词，义为"作罢；不再计较"；二是助词，用在句末，表示祈使、终止等语气。刘红妮（2007），刘顺、殷相印（2010），罗宇（2014）等学者都对"算了"的词汇化和语法化过程进行了分析。助词"算了"的词汇化过程与紧缩句环境有关。

"算了"最初是动词"算"与完成体时态助词"了"构成的"算+了"组合，例如：

（9）主人家，俺明日五更头早行也。咱每算了房火钱者。（元《原本老乞大》）

（10）争什么有？买也买了也，索什么闲厮诞？算了价钱，捡与他钞。（元《原本老乞大》）

以上两例的"算了"中，"算"是实义动词，表示"计算"义，此时的"算了"是由实义动词"算"与体标记兼语气词"了"组成的词组。随着"算"在一些语境中具体动作义的弱化、脱落，"算了"的用法也有了变化。"算了"的其中一个用法变化是作为紧缩后项用在紧缩句中时，发生了词汇化的现象，例如：

（11）雨墨此时见剩了许多东西全然不动，明日走路又拿不得，瞅着又是心疼，他哪里吃得下去，喝了两杯闷酒就算了。（清《七侠五义》）

（12）他用大帽子压下来，只得捐点；也只得去劝上十户八户，凑个百十来元钱，交了卷就算了。（清《二十年目睹之怪现状》）

例（11）、例（12）中的"算了"充当了紧缩句的紧缩后项，与紧缩前项"喝了两杯闷酒""交了卷"构成连贯或条件语义关系，中间使用紧缩句关联标记"就"。这种情况下，"算了"在语义上是必需的，不能去掉，在句法上也是必需的，充当的是紧缩后项，"算了"已经有了表示"作罢"的凝固语义，后面不能再加宾语，此时的"算了"可以看作一个动词。

"算了"在紧缩句环境下进一步发生语法化，例如：

（13）那小军道："怎么不看见！估量这样总是一个官弁，在你我之上的人。由他出去算了，免得惹出闲话。"（清《续济公传》）

（14）四人晓得这和尚的法力真大，也就探揉肚皮，只得受着委屈算了。（清《续济公传》）

作为紧缩后项的"算了"形式简短，且失去了动作义，紧缩后项不再具有事件性，紧缩前项则更为复杂、事件性强，紧缩前项的语义得到凸显，在整个句子中成为焦点与核心。句末的"算了"就转为一种语气的表达，此时紧缩标"就"也就可以脱落，"算了"高频使用，并语法化为语气助词"算了"。

（二）"好了"的词汇化

《现代汉语词典》（2016：520）中，"好了"有两种词性：一是动词，用在句首，义为"表示结束或制止"；二是助词，用在句末，一种是表示安抚对方的语气，另一种是表示听凭、不在乎的语气。彭伶楠（2005）、韩静（2008）、李小军（2009）、张龙（2012）、朱丽师（2018）等学者都对"好了"的词汇化和语法化过程及相关用法进行了分析。助词"好了"的词汇化过程与紧缩句环境有关。

紧缩句中，"好了"最初是形容词"好"与完成体时态助词"了"构成的"好＋了"组合，例如：

（15）孩儿，快请个良医来，服些药饵就好了。（元《董秀英花月东墙记》）

（16）不须贴膏药，有个法度便好了。（元《朴通事》）

上述两例含有"好了"的分句是条件语义关系紧缩句，紧缩前项与紧缩后项"好了"之间有关联标记"就""便"连接。形容词"好"充当紧缩后项的谓核中心，"了"是助词，可以删去，既不影响基本语义的表达，也不影响句法的合格性，说明"好"和"了"之间关系还是松散的。

随着"好"语义的泛化和紧缩标"就"的隐去，紧缩后项"好了"发生了词汇化的现象，例如：

（17）妇人道："说不得，有他在好了，如今弄的俺娘儿们一折一磨的。"（明《金瓶梅词化》）

（18）老魔抱怨三魔道："兄弟，你是自家人弄自家人了。且是请他出来好了，你却教我咬他。"（明《西游记》）

此时的"好了"有两种理解，既可以看作"好＋了"的组合形式，也可以看作作动词的"好了"充当紧缩后项，中间可以添加紧缩标"就"。"了"的删去变得困难，整个分句仍是条件语义关系的紧缩句。

随着"好了"的进一步凝固，其出现了语气助词的用法，例如：

（19）挹香道："说明大小，不如告诉你们好了。"（清《青楼梦》）

（20）多祝三道："小号的钱，大人要用，只管拿去好了，还甚么利不利；……"（清《二十年目睹之怪现状》）

（21）何况区区的小事，由你们胡说好了。（清《孽海花》）

此时，"就"已经不能插到"好了"之前，"好了"也不能删去"了"，而紧缩前项则更为复杂，事件的语义细节增强，紧缩前项的语义得到凸显，在整个句子中成为焦点与核心。句末的"好了"成为表达语气的助词，表达建议、听凭等语气，完成了词汇化和语法化。

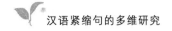

（三）"罢了"的词汇化

《现代汉语词典》（2016：21）中，"罢了"有两种词性：一是动词，读 bàliǎo，义项一是"因遇到困难而作罢"，义项二是"表示容忍，有勉强放过暂不深究或无可奈何的意思；算了"；二是助词，读 bàle，用在陈述句的末尾，表示"仅此而已"，常跟"不过、无非、只是"等词前后呼应。刘晓晴、邵敬敏（2012），解亚娜（2013：53～57）等对"罢了"的词汇化和语法化过程进行了分析。助词"罢了"的词汇化过程与紧缩句环境有关。

"罢了"最初用在紧缩句中时，整体充当紧缩后项，是动词"罢"与体标记兼语气词"了"构成的"罢＋了"组合，例如：

（22）我女儿嫁了你一生，也指望丰衣足食，不成只是这等就罢了。（宋《错斩崔宁》）

（23）终不成恁地便罢了！（元《勘皮靴单证二郎神》）

（24）找来的银子，罢罢，将就留下罢。就使不得也罢了。（元《老乞大新释》）

（25）此事与下官无干，只吾女没说话就罢了。（元《金玉奴棒打薄情郎》）

"罢了"作为条件或让步语义关系紧缩句的紧缩后项，表示"停止、作罢、完毕"等意思，语义较为泛化。其前使用"便""也""就"等紧缩标连接紧缩前项和紧缩后项，有时也可以与紧缩前标"就""只"等配合，标示二者之间的条件、让步等语义关系。

随着紧缩前项的凸显，"便""也""就"之类紧缩标的隐去，紧缩后项"罢了"可以有两种理解，例如：

（26）就去罢了，又回家做什么。（元《唐解元出奇玩世》）

（27）宁可第二遍多去几时罢了。（元《蒋兴哥重会珍珠衫》）

去掉"便""也""就"之类的紧缩标后，"罢了"有两种理解，一是理解为紧缩后项，表示"（也）可以"，由"就""宁可"标示紧缩句的让步语义；二是理解为一个语气助词，即"罢了"句法地位下降，从紧缩后项转变为句末依附性成分，是表示容忍语气的助词。

随着使用频率的提高，形式上"罢"与"了"关系紧密，之间不能插入其他成分，语义上"罢了"的语义凝固，"罢了"已经是一个助词，表示"仅此而已"的语气。例如：

（28）这个亡人！弼马温欺负我罢了，你也来欺负我！（明《西游记》）

（29）何颜复与友朋相见？贪恋余生，苟延旦夕罢了。（明《二刻拍案惊奇》）

这样的"罢了"单纯表示语气，即使去掉也不影响基本语义表达。至此，"罢了"在紧缩句环境下完成了词汇化。

（四）"得了"的词汇化

《现代汉语词典》（2016：271）中，"得了"有两种词性：一是动词，义为"制止或同意"；二是助词，用于陈述句，表示肯定，有加强语气的作用。李小军（2009）、管志斌（2012）、罗宇（2017）等学者都对"得了"的词汇化和语法化过程进行了分析。助词"得了"的词汇化过程与紧缩句环境有关。

"得了"最初是动词"得"与完成体时态助词"了"构成的"得+了"组合，"得"是实义动词，"得了"后可以加宾语，例如：

（30）不想那大王自得了刘大娘之后，不上半年，连起了几主大财，家间也丰富了。（宋《错斩崔宁》）

（31）捉笮篱的得了银子，唱喏自取。（明《宋四公大闹禁魂张》）

后来，在紧缩句中，出现了"得了"充当紧缩后项的用例：

（32）但是一件，不必请饱学先生，只要比咱们强些的就是了，教个三年二载，认得字就得了。（清《七侠五义》）

（33）弥轩道："那又不然。只要老弟自己不去，打发一个能办事的人替你去就得了。"（清《二十年目睹之怪现状》）

例（32）、例（33）两个条件语义关系紧缩句中，紧缩后项"得了"由动词"得"与体标记兼语气词"了"组成。"得"在这样的语境中具体动作义弱化、脱落，"得了"表示"可以了"。"得了"充当紧缩句的紧缩后项，与紧缩前项"认得字""打发一个能办事的人替你去"构成条件语义关系，中间使用紧缩句关联标记"就"。这种情况下，"得了"在语义上是必需的，不能去掉，在句法上也是必需的。"得了"也不能加宾语，这样的"得了"可以看作动词。

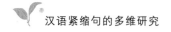
"得了"在紧缩句环境下进一步发生语法化，例如：

（34）师大爷，我们到那儿听话、不淘气，您带着我们俩去得了。（民国《雍正剑侠图》）

（35）年羹尧听着听着就陶醉了，赶紧一拉里间门进来："师辈，您会吹箫啊！我也喜欢，您教给我得了。"（民国《雍正剑侠图》）

作为紧缩后项的"得了"形式简短，且失去了动作义，紧缩后项不再具有事件性，紧缩前项则更为复杂、事件性强，紧缩前项的语义得到凸显，在整个句子中成为焦点与核心。句末的"得了"就转为一种语气表达，此时紧缩标"就"也就可以脱落。

"得了"高频使用，在紧缩句环境下语法化为语气助词"得了"，整个紧缩句重新分析为一个单句，"得了"居于末尾表示肯定，起加强语气的作用。

三 "紧缩标+紧缩前项"的词汇化及典型案例

紧缩句中也存在跨层结构的词汇化现象，第一类是跨层结构"紧缩标+紧缩前项"的词汇化，例如连词"要不"的词汇化现象。

《现代汉语词典》（2016：1525）收录了"要不"的三种用法。史金生（2005）对几个"要不"的词汇化过程进行了分析。其中，表示"不然、否则"的连词"要不"的词汇化过程与紧缩句环境有关。

"要不"最初是表示假设的连词"要"与否定副词"不"构成的"要+不"组合，二者不在一个层次上，并不构成直接成分，用在紧缩句中，"要"是紧缩标，"不"是紧缩前项的一部分，例如：

（36）要放你也在我这里，要不放你也在我这里。（宋《禅林僧宝传》）

（37）要馈就说馈，要不馈就说不馈。（元《老乞大》）

这样的用例中，往往是有正反对举的两种情况，"要不"作为跨层结构用在假设类紧缩句中。直到后来，出现了"不"后成分省略的情况，这样的"要不"经常相邻使用，在韵律的影响下，词汇化为一个假设连词，例如：

（38）珍哥道："他说的也是，要不你自己去，我不去罢。"（明《醒世姻缘传》）

（39）晁大舍道："要不只得留下他两口子罢，只是我行动又少不得

他。"（明《醒世姻缘传》）

四 "紧缩前项 + 紧缩标"的词汇化及典型案例

由跨层结构"紧缩前项 + 紧缩标"词汇化而来的主要是连词。连词"否则"是在紧缩句环境下发生词汇化现象的典型案例。

《现代汉语词典》（2016：397）中收录连词"否则"，表示"如果不是这样"，既可以用在小句的开头，也可以单独用，或者与"的话"连用，例如：

（40）当前，全国对外开放已向高层次、宽领域、纵深化发展，我们一定要跟上步伐，否则还将继续落后。（现代《报刊精选》1994）

（41）公司还提出，可以订货，但至少要订 8 个月的货，并先交 25% 预订金，否则，一律每块按 2 角零售价结算。（现代《报刊精选》1994）

（42）我由此想到，崇高的礼仪也正是为了使我们的社会结构完整无损，否则的话，其结果足以令人大吃一惊。（现代《读者》）

上述用例中的现代汉语连词"否则"其实是从跨层结构"否 + 则"词汇化而来的。王灿龙（2008）、李小军（2008）、金颖（2009）、董秀芳（2011：266 ~ 267）等都对"否则"的词汇化过程和用法进行过论述。

早期，"否则"所在的分句与前分句构成对举，表示正反两个情况下分别产生何种结果。这样的用法中，"否"和"则"并不处在一个层次上，"否"代表一个假设性紧缩项，相当于"（如果）不（这样）"，"则"是连词，表示后者是结果，"则"连接一个谓核结构，形式上也十分短小。此时的"否则 Y"可以分析为"否 + 则 + Y"构造的"则"标紧缩句，表达假设语义关系。例如：

（43）工以纳言，时而飏之；格则承之庸之，否则威之。（周《尚书》）

（44）听则进，否则退。（春秋《国语》）

（45）顺则进，否则退，不与君行邪也。（战国《晏子春秋》）

（46）视、听、言、貌、思，性所有也。学则正，否则邪。（西汉《法言》）

这样的带有"否则"的紧缩句，与前面的一个紧缩句构成正反对举的情况，形式上也很整齐，两个都是假设语义关系的紧缩句。

接着，"否则"的用法有所变化，一是可以用于非正反对举的句法环境，二是其后"出现形式上较长且结构完整的小句"（董秀芳，2011：267）。例如：

（47）速已则可矣，否则尔之受罪不久矣。（西汉《说苑》）

（48）子为纂叙以志，否则无以塞其冤。（唐《唐代墓志汇编续集》）

（49）惟在陛下裁察，不可责之。否则于后谁敢言者。（唐《大唐新语》）

这一阶段的"否则 Y"可以有两种分析和理解：一是可以看作紧缩前项"否"与一个小句充当的紧缩后项在紧缩标"则"的参与下构成的紧缩句"否则 Y"；二是考虑到后项 Y 与前项"否"之间长度不平衡的情况，"否"的指代功能趋弱，且"否"和"则"在韵律上紧贴并高频使用，也就可以将"否则"看作一个单位，整体起连接后小句的作用，"否则 Y"不再是紧缩句，而是一个普通小句。

到了近代汉语阶段，"否则"已经完成了词汇化，此时"否则"可以单用，也可以后加"的话"，即"则"与后面的紧缩项已经可以分隔开来，"否"和"则"正式凝固为一个单位，重新分析为一个连词，起连接结果小句的功能。例如：

（50）诸军曰："小的每其实惊慌，望老爹撤去游击兵，今后再有为盗者，小的每自相擒来，好便待秋后处决。否则，就便打死。"（明《大同纪事》）

（51）大约他要说的话作的事，你就拦他，也莫想拦得他住手住口；否则，你便百般问他求他，也是徒劳无益。（清《儿女英雄传》）

（52）邹氏说："我的儿子已经二十岁了，若能做我的儿媳，就可以隐藏她，否则的话，就赶快离开，不要牵连我们。"（民国《古今情海》）

（53）甘氏对婆婆说："您能留我在身边侍候您，我就心满意足了！否则的话，我只能死了！"（民国《古今情海》）

"否则"在紧缩句中的词汇化过程，一是紧缩句的句法环境为这种句法提供了可能，二是句子的假设义附着到了"否则"上。"否则"在紧缩句环境下，从"紧缩前项＋紧缩标"这一跨层结构被重新分析为一个表示假设的连词。

五　"紧缩标+紧缩后项"的词汇化及典型案例

（一）"便（/才/就）是（/好）"的词汇化

在分析第五章第一节重项前倾机制时，我们提到当紧缩前项的音节量范围特别大，或者紧缩前项的构成成分复杂度特别高时，那么往往是音节量范围很小、构造简单的成分更能充当紧缩后项，如从中古汉语阶段开始，"便"可以出现在条件类有标紧缩句中。例如：

（54）荀介子为荆州刺史，荀妇大妒，恒在介子斋中，客来便闭屏风。[魏晋南北朝《古小说钩沉》（上）]

（55）因沩山与师游山，说话次，云："见色便见心。"（隋唐五代《祖堂集》）

（56）师后辞济，济问："甚么处去？"师曰："南方去。"济以拄杖画一画，曰："过得这个便去。"（宋《五灯会元》）

上述各例中的"便"标以及这类有标紧缩句的主要价值在于强调前项与后项之间的条件语义关系，这个阶段的句式还带有较强的陈述性，其主观性主要表现在对逻辑语义关系的强调上。

"便"标条件紧缩句从元代开始，紧缩后项可以是单音节或是音节较少的成分，并且往往是由"是""好""了"等词充当。例如：

（57）郎中马只寄在这人家里，关出米来，拴马钱与他一捧儿米便是。（元《朴通事》）

（58）后面北斗七星板儿做的好，那雀舌儿牢壮便好。（元《朴通事》）

（59）（问丑介）那人材怎的？（丑）也不怎的？袖着一幅画儿。（外笑介）是个画师。则说老爷军务不闲便了。（元《牡丹亭》）

（60）使唤的人铺中现有，逐渐再讨便是。（明《初刻拍案惊奇》）

（61）须与郎从长商议一个计策便好。（明《初刻拍案惊奇》）

（62）既是妈妈霏他度日，我饶他性命不杀他，只痛打他一顿，教训他一番，使他改过性子便了。（明《初刻拍案惊奇》）

（63）次日，倪老爹清早来补乐器，会着鲍文卿，说："昨日商议的话，我回去和老妻说，老妻也甚是感激。如今一言为定，择个好日，就带小儿来过继便了。"（清《儒林外史》）

（64）今日既蒙高情，我怎敢不领，回家按例写了文约过来便是了。（清《红楼梦》）

随着这类"便"标紧缩句的频繁使用，紧缩标和紧缩后项之间因为韵律等因素开始紧密结合成一个整体，这类结合体的性质和特点受到了众多学者的关注。

黎锦熙（1924/2007：153）在具体讲副词时提到了一类表"事效"的性态副词，他认为这种形式专门用在语句后，是由复句缩约而成的，诸如"才Y"类（才好、才对、才是、才行）、"就Y"类（就是、就得）、"便Y"类（便了）等，并举例如下。

> 这个先生，须是要城里去请才好。
> 你总得小心办理才好。
> 揭下来，裱一裱，收着才是。
> 我尽我的力量办去就是。
> 如今一言为定，择个好日，就带小儿来过继便了。
> 小生前去一番便了。

日本学者太田辰夫（1987/2003：357）则将该种语言单位看作"准句末助词"，包括表示"强调"（加"才"构成的）的"才好""才是"，表示限制的"就是（了）""就完了""就有了""就结了"。太田辰夫进一步提到，这两种用法可以认为原来是全句的述语，虚化以后，就只有强调和限制的语气了，但也有些陈述的功能不能说完全消失了，因此，就作为准助词处理。表示强调的在元代产生，表示限制的稍晚一些才产生，举例如下。

> 只是仍旧与我觅钱才好。
> 姐姐也还要选个好日期才是。
> 只消差人赚将韩信到来，哈喇了就是。
> 何不远远的打发他到庄子上去就完了。
> 不如平准一千两银子送到我家就完了。
> 安心叫我们醉了，我们都多吃两杯就有了。

姑娘自来也不曾见过进庙安佛是怎样一个规矩，只说是找个庙，我看守着父母的坟住着，我干我的去就结了。

张谊生（1993）认为类似这种用法的"才Y"是因关联虚化而得到的凝固式，并且可以看作表示情态的复合语气词。例如：

若有人不放心，二爷须得进城回家去才好。

或有委屈之处，只管说，别外道才是。

张谊生分析认为这两句中的"才好""才是"的条件关系已经虚化，实际上只是起到表示情态和语气的作用，因此即使省去也不影响语义表达，并分述了这类"才Y"的四种具体的情态义。

促使"便/才/就Y"类跨层结构词汇化的主要原因除了韵律因素之外，还在于"Y"往往是"是/好"等形容词，这种形容词的语义涵盖面广，凡是正面的、积极的词义都可以用"是/好"来代表（江蓝生，2005）。

我们更为认同黎锦熙和张谊生的观点，认为这个虚化过程是在条件类逻辑关系中产生的。尽管上述学者将"便（/才/就）是（/好）"等形式认定为副词、准助词或语气词，意见不一，但他们的共同观点是都认为这是强调成分，表达的是主观性情态。这里我们将词汇化的"便（/才/就）是（/好）"统一看作语气助词。

在这个案例中，我们看到自中古汉语阶段开始产生的"便（/才/就）是（/好）"标条件类紧缩句在近代汉语阶段开始不断提高主观性，经历了一个主观化的过程，"便（/才/就）是（/好）"形式也从跨层结构被重新分析成一个表示情态的词。这是一组与紧缩句有关的"紧缩标 + 紧缩后项"跨层结果词汇化的典型案例。

（二）"也罢"的词汇化

《现代汉语词典》（2016：1528）中收录助词"也罢"，其中一个功能是表示"容忍或只得如此，有'算了'或'也就算了'的意思"，既可以用在小句的末尾，也可以单独用。例如：

（65）孔祥熙又说：你真的不愿意，我们不去也罢。（现代《宋氏家族

全传》）

（66）本以为金枝可以继承医道，谁承想，人家不喜欢。也罢，依她，还有个养子张全义不是？（现代《皇城根》）

上述现代汉语用例中的助词"也罢"是从一个跨层结构词汇化而来的。翟燕（2008），雷冬平、胡丽珍（2008），卢烈红（2013）等都对"也罢"的词汇化过程和用法有过论述。

早期，"也罢"是关联副词"也"和动词"罢"的跨层组合，这样的组合可以出现在让步语义关系紧缩句中。例如：

（67）你那好炕。不教我宿也罢。就这大门傍边车房里。教我宿一夜如何。（元《老乞大新释》）

（68）小生便不往京师去应举也罢。（元《西厢记杂剧》）

（69）不吃也罢，才吃下时，觉得天在下，地在上，墙壁都团团转动。（元《元代话本选集》）

类似这样的用法中，"也罢"紧缩句的结构为"X＋也＋罢"或"便＋X＋也＋罢"，"便""也"是副词性紧缩标，前项X表达让步事件，后项"罢"则充当表示结果的紧缩后项，表示"可以""算了"之类的意思，此时，"罢"后还可以出现"了"。例如：

（70）这样好银子。还说使不得。今早我们在吃饭处。找来的银子。罢罢。将就留下罢。就使不得也罢了。（元《老乞大新释》）

（71）兄长，这等看来，我和你便不归家也罢了。（元《元曲选》）

由于紧缩前项在复杂程度上高于紧缩后项"罢"，因此前项的语义内容更丰富、重要性凸显，后项"罢"的语义则趋向泛化。并且"X＋也＋罢"经常用在未然或假设的情况中，紧缩后项"罢"不再是表示动作行为的完结，其动作义弱化，从客观陈述转而表达说话人对未然或假设情况的一种判断和态度，整个紧缩句表达"容忍某种情况，只得如此"之义。下面是一些过渡阶段的用例。

（72）你不肯也罢，如何将行者污我牡丹？（元《全元戏曲》）

（73）哥哥打了您兄弟也罢，可怎生不用就赶下山去？（元《全元戏曲》）

类似这样含有"也罢"的紧缩句中，紧缩前项的复杂程度高于紧缩后项"罢"，是处于过渡阶段的用例。"也罢"既可以理解为"也＋罢"的跨层结构，也可以理解为单音节的紧缩标"也"和单音节的紧缩后项"罢"发生了跨层凝合，看作一个助词。语义上吸收了整个紧缩句的容忍义。

随着"也"和"罢"之间的融合度进一步提高，"也罢"作为一个整体已经成为表达容忍语气的助词，用在句末相当于"吧"，此时即使删掉也不影响基本语义。例如：

（74）众人道："我们将银子去见大尹也罢。"（元《元代话本选集》）

（75）无底洞赶向前，高叫道："师父带得弟子归山也罢！"［明《三宝太监西洋记》（二）］

（76）他既降顺，大家俱是一途，何必争竞？见驾时不提也罢。（清《聊斋俚曲》）

至此，"也罢"在紧缩句环境下，从"紧缩标＋紧缩后项"这一跨层结构词汇化为一个助词。语气助词"也罢"还可以独立使用，语气上相当于"算了"。例如：

（77）原来这两件宝贝取了人的真魂，怎叫我南朝将官不受他生擒活捉！也罢，我明日拿他的宝贝，也还他一个席儿。［明《三宝太监西洋记》（三）］

（78）老爷道："也罢，连这四个道长，一齐请他坐一坐罢。"［明《三宝太监西洋记》（三）］

（79）那文嫂只把眼看他娘，他娘道："也罢，你替他说说罢了。"（明《金瓶梅》）

第二节 紧缩句环境下词汇化的原因与条件

与紧缩句有关的复合词的词汇化现象主要包括"短语的词汇化""跨层结构的词汇化"两大类（董秀芳，2011：24）。其中，短语的词汇化包括"紧缩前项的词汇化"和"紧缩后项的词汇化"两种情况；发生在紧缩句中的跨层结构的词汇化情况较为丰富，包括"紧缩标＋紧缩前项""紧缩前项＋紧缩标""紧缩标＋紧缩后项"三类词汇化现象。

紧缩句这一环境下发生的词汇化现象与紧缩句提供的特殊句法环境有关，紧缩句本身能够提供的词汇化条件是词汇化发生的重要原因，这些原因和条件也就是紧缩句环境下词汇化现象的特点。

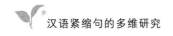

一　紧缩项谓词特征消失和语义转变

发生词汇化的谓词性紧缩项，前提是其谓词语义发生泛化。无论是谓词性紧缩项的词汇化，还是谓词性紧缩项作为成分参与跨层结构的词汇化，这些紧缩项谓词都表现出带宾语的能力下降乃至失去、动作义减弱乃至消失、谓词语义泛化的特征。

在谓词性紧缩项发生的词汇化现象中，紧缩句原本是至少拥有两个谓核的句子，当其中一个谓核的动作义减弱时，其带宾语的能力同时下降，当谓核的动作义消失时，其带宾语的能力也会失去，这同时会促使谓核光杆化，为谓核的词汇化提供形式上的可能。另外，一个谓核的语义泛化也会导致其在紧缩句中的语义凸显度和句法地位的下降，而另一个保持动作性或事件性的谓核则表现为形式上更加复杂、语义上更加凸显，句法地位得到了提升。语义泛化的谓核因为在句中变得次要，就有了处理为一个句法成分的可能。

在谓词性紧缩项与紧缩标发生的跨层结构的词汇化现象中，谓词性紧缩项同样表现出语义泛化的转变，发生词汇化的紧缩项与紧缩标之间的语义关系也由直接变得迂曲，为词汇化的发生创造了前提。

二　紧缩项及特定语义类紧缩句的高频使用

"高的使用频率是句法结构演变为双音词的一个先决条件"（董秀芳，2011：46）。某些紧缩句环境，恰好给一些句法结构提供了高频使用的条件，促成了词汇化现象的发生。

第一，高频使用的紧缩标是跨层词汇化的主要参与者。紧缩句环境下发生的跨层结构的词汇化，是"紧缩标＋紧缩项"的跨层组合词汇化。紧缩句环境下的词汇化现象有不少是有紧缩标参与的跨层结构的词汇化，而参与词汇化的往往本身就是高频使用的紧缩标。根据第三章第二节的统计，连词性的"则$_{假设}$""以$_{目的}$""而$_{转折}$"、副词性的"便$_{条件}$""才$_{条件}$"等标记是历代紧缩句使用频率最高的单音节单标形式紧缩标；现代汉语阶段中，高频率使用的紧缩标有"就""也""还""又""都""才"等（陈颖，2005）。显然，这些高频使用的紧缩标是与紧缩句有关的词汇化现象的主要参与者。

第二，高频语义类紧缩句更容易发生词汇化现象。条件类、假设类、连贯类、让步类紧缩句中容易发生词汇化现象，如"好了""得了""便（／才／就）是（／好）"是条件类紧缩句中发生的词汇化现象，"要不""否则"是假设类紧缩句中发生的词汇化现象，"完了""而后"是连贯类紧缩句中发生的词汇化现象，"罢了""也罢"是让步类紧缩句中发生的词汇化现象。而根据第三章第二节的统计，这四种语义类紧缩句也是历代汉语中各语义类型紧缩句中最为高频使用的紧缩句。

此外，参与词汇化的两个成分经常在一起出现，高频连用，这也是一些紧缩项以及紧缩项与紧缩标跨层转化成词的前提条件。

三　紧缩句环境可以触发词汇化发生的心理组块机制

为了减轻记忆负担，人们在生成和理解语句时，会把能够组合在一起的内容尽量组合在一起，这种处理方式就是认知心理学中所说的"组块"（chunking）（Miller，1956a、1956b；陆丙甫，1986）。

董秀芳（2011：46）指出，"句法单位变为复合词的过程实际上可以看作一个由心理组块造成的重新分析过程，当构成一个句法单位或者虽然不构成一个句法单位但在线性顺序上邻接的两个词由于某种原因经常在一起出现时，语言使用者就有可能把它们看作一体来加以整体处理，而不再对其内部结构做分析，这样就使得二者之间原有的语法距离缩短或消失，最终导致双音词从旧有的句法构造中脱胎出来"。

心理组块机制在紧缩句环境下发生的词汇化现象中发挥着重要的作用。这种作用在紧缩项与紧缩标的跨层结构的词汇化现象中体现得尤为明显。当紧缩标参与词汇化过程时，紧缩标与紧缩项并不处在一个层次上，但由于紧缩项和紧缩标总是经常一起出现，二者在线性序列上紧挨着，且都是单音节或较少音节，这种情况下，就倾向于将二者组合在一起理解。随着二者连续使用频率的增加，带有相同组合的紧缩句使用越来越频繁，慢慢地语言使用者不再关注组合内部的结构关系，不再对其进行分析和处理，而是将其看作一体来加以整体和处理，这一转变促使二者之间的语法距离缩短乃至消失，最终被重新理解为一个词。

四 紧缩句环境可以触发词汇化发生的韵律机制

冯胜利（1996）指出，韵律词必须至少是一个音步，汉语最基本的音步是两个音节，双音步是汉语的标准音步，因此汉语韵律词必然至少包括两个音节。复合词是韵律词实现的方式，也就是说，复合词是韵律词的产物，复合词首先必须是一个韵律词，即"如果某种句法格式不能产生韵律词，那么这种格式就不能产生复合词"。从历史上看，只有双音的句法单位才有可能词汇化，这是韵律对汉语构词的一个制约（董秀芳，2011：39）。紧缩句中，发生复合词词汇化的主要是紧缩句中的双音节组合。

与紧缩句有关的复合词词汇化以双音节组合的词汇化为主，多音节的情况较少。其中，"短语的词汇化"往往是双音节紧缩前项或双音节紧缩后项的词汇化，而"跨层结构的词汇化"则一般来说是单音节紧缩标与单音节紧缩项组合的词汇化。紧缩句环境为双音节组合提供可能，因为紧缩项可以由双音节成分充当，也可以由单音节成分充当，且紧缩标也常常是单音节成分。紧缩句构造成分的音节特征可以满足词汇化发生的语音条件。

当具有相对独立性的紧缩项是双音节时，就满足了一个音步的要求，构成了一个韵律词，也就具备了成词的形式基础。当一个紧缩项是多音节，而另一个紧缩项为单音节并且与一个单音节的紧缩标前后相接，此时的单音节紧缩标与单音节紧缩项构成的双音节组合就满足了一个音步的要求，也就有可能构成一个韵律词，并进而发展成一个复合词。

"音步是语音上结合最为紧密的自由单位，处在同一音步中的短语组成成分之间的距离就被拉近了，在反复的使用中它们之间的句法关系就可能变得模糊，最终变为一个在句法上无须再做分析的单纯的单位，韵律词就发展为词汇系统中的词"（董秀芳，2011：40）。正是紧缩句可以提供词汇化所需的语音条件，紧缩句环境下才有发生词汇化的前提和可能。

五 紧缩句长度的限制间接推动词汇化发生的可能

当其中之一的紧缩项越来越复杂，受到紧缩句长度的限制，这一紧缩项会迫使另一紧缩项简化。紧缩句的焦点转向更为复杂的紧缩项端，而极为简洁的紧缩项因为语义重要性的下降，也就逐渐向功能性成分发展了。

当其中一个紧缩项有发展成"完整小句"的趋势时，就会促使另一个紧缩项发生词汇化。"双音节紧缩前项""单音节紧缩前项＋单音节紧缩标""单音节紧缩标＋单音节紧缩前项""双音节紧缩后项""单音节紧缩标＋单音节紧缩后项"在发生词汇化时，位置在句首或句尾，形式短小，语义不再是句子的焦点或中心，意义虚化，读音弱化，句法功能更多地转向表现为语法功能，而不是实在的词汇意义或短语意义。此时，整个句子由紧缩句形式的"（紧缩标＋）紧缩前项＋（紧缩标）＋紧缩后项"重新分析为单句形式的"虚词＋小句"或"小句＋虚词"。在句子开头词汇化的虚词，一般是连词或副词；在句子末尾词汇化的虚词，一般是助词。从句法上来说，完全可以去掉"虚词"，而不影响单谓核构成的句子的完整性和真值语义。通过这一操作，本来充当紧缩项的单谓核也就发展成单句了。

第三节　与紧缩句有关的词汇化现象造成的语法后果

一　产生了连词、助词等虚词

紧缩句中发生的词汇化和语法化现象，最直接的语法后果就是造就一批新词，这些新词的产生充实了汉语词汇，丰富了汉语的表达手段。

紧缩句语境下的复合词词汇化现象，表现出的词汇化结果主要是产生了一批连词和语气助词。其中，在紧缩句前项发生的一般是词汇化为连词（如"完了、否则、因而"等），而在紧缩句后项发生的一般是词汇化为语气助词［如"X了"系列、"便（／才／就）是（／好）"系列等］。

相比之下，在紧缩句环境下，语气助词的词汇化结果要比连词的多一些。"双音节紧缩后项"或"单音节紧缩标＋单音节紧缩后项"词汇化并语法化后的虚词，即与紧缩后项有关的词汇化结果，往往产生的是语气助词。这些语气助词附于句子的末尾，不参与句子的真值表达，是命题以外的成分，主要表达的是说话者对交际内容的态度、意向或感情，表达说话人对某件事的态度、看法，因此具有主观性（刘红妮，2007）。相较于紧缩前项，紧缩后项更容易发生词汇化。

与此同时，在紧缩句中产生的虚词，往往能够进一步语法化为话语标记。例如紧缩句中"X了"系列词汇化为具有情态功能的语气助词后，进一步发生语法化，这些语气助词还产生了话语标记的功能。话语标记是就语言形式的功能而言的，与语类并不具有对应关系，副词、连词、感叹词和一些插入语性质的短语等都可以具有话语标记的功能，且从认知情态副词发展为话语标记，是话语标记形成的一条较为普遍的路径（董秀芳，2007）。刘红妮（2007）指出汉语因为和其他大多数语言相比具有助词的独特性，所以除了从认知情态副词发展为话语标记这一路径外，汉语也可以从表达认知情态的语气助词发展为话语标记。如：

（80）我说："好了，你们别哭了。在没找到工作的时候，咱们仨就在一块儿吧，我还有几件衣服哩。"（现代《肖尔布拉克》）

（81）斋主一拍桌子说："罢了，我交你这个朋友了！"（现代《那五》）

（82）"得了，姑母，以后不说了，成不成？"（现代《老张的哲学》）

这些在紧缩句环境下词汇化、语法化的语气助词成为汉语话语标记的重要来源之一。

二 词汇化对紧缩标功能的影响

紧缩标与紧缩项跨层结构的词汇化对紧缩标的功能也是有影响的，它使充当紧缩标的连词、副词等单音节词从独立成词发展出更为丰富的构词能力。

词汇化的过程与结果是使两个具有独立性的成分融为一个整体，在这一融合过程中，每个成分的独立性在一定程度上都会有所损失，使其必须与相接成分一起使用。

从古至今，汉语呈现从单音节词向双音节词大发展的局面，紧缩句中发生的词汇化现象，符合这一发展趋势，且提高了古代汉语单音节词参与构成双音节复合词的能力。例如，"就""也""便""要""则"等关联副词或连词充当的紧缩标，发展出了构成"就是""也罢""便了""要不""否则"等复合词的能力。可见，与紧缩句有关的词汇化现象不仅促进了一批新词的产生，也提升了一些单音节词作为一个词根构成复合词的能力。

三 推动汉语小句整合走向深化

与紧缩句有关的词汇化现象发生后，其中一个紧缩项就会发生句法降级，整体上或者和紧缩标一起转变成一个功能成分，整个紧缩句就只余一个谓核，重新分析为一个单句了。从这个层面来说，紧缩句中紧缩项发生词汇化、语法化现象后，两个小句整合的结果就是变为单句。

　　根据第二章第二节的分析，汉语小句整合度从低到高的整合序列为"句群＞复句＞紧缩句＞连动句＞兼语句、包孕句等复杂单句"，小句整合序列既是整合度的排列，也是小句整合走向深化的序列，且有时后一种整合度并非直接接续于前一种整合度，一组小句的整合度可以越级向后发展。

　　就整合度或者说语法化程度而言，两个小句整合成单句的语法化程度显然要高于整合成紧缩句的语法化程度。因此，与紧缩句有关的词汇化现象的发生，推动了汉语小句整合走向深化。

第七章　结语

　　紧缩句是汉语句型句式系统中较为特殊的存在，本书通过对大规模历时与共时语料的调查、观察和分析，从小句整合的视角重新审视紧缩句在汉语句型句式系统中的处境和地位，分析紧缩句与句群、复句、连动句等相关句型句式的区别与联系，整理紧缩句内部更细致的小句整合度序列。本书在描写汉语紧缩句历时发展与使用面貌，以及共时层面的形式、语义、语用构造与特征的基础上，分析并解释形成紧缩句的紧缩机制与紧缩动因，通过个案"爱 A 就/不 B"紧缩句的研究，为归纳、总结紧缩句的形成阶段和特征、紧缩机制及紧缩动因提供了典型证据。最后对与紧缩句有关的词汇化现象进行了梳理。

　　本书完成了对紧缩句的共时与历时、动态与静态、整体与部分、外部与内部、个案与总貌等多维视角的考察。主要研究内容和结论总结如下。

一　重新认识了汉语紧缩句的性质和地位

　　通过对紧缩句句法和语义特征的分析，归纳出汉语紧缩句的定义：在句法上，至少两个小句在紧缩机制的作用下，形成紧缩项与紧缩项间无句间语音停顿、互不内嵌且长度受限的小句整合体；在语义关系上，表达的是至少两个密切相关的事件/命题合起来组成的一个复合事件/命题，并可以分析出两个或多个事件/命题之间的逻辑语义关系；具备上述句法语义特征且整句仅具备一个句末语气的句子就是紧缩句。

　　从小句整合的角度重新审视紧缩句的地位，论证了紧缩句是汉语小句整合体序列中的一个环节。汉语紧缩句是汉语小句与小句在整合过程中，以紧缩机制为作用规则得到的一种小句整合体，紧缩句这一小句整合体因具备［–句间停顿］［+语义依存］［–结构内嵌］［+复句性语义］［±主语相同］这五个整合参项特征，而区别于小句整合体序列中的其他小句整合体。从小句整合的视角来看，紧缩句与句群、复句、兼语句、连动句、动补式等形式一样，都是小句整合体序列中的一个环节，并且紧缩句这个小句整合体环节与其他的小句整合体环节之间既具有区别性意义，又存在连续统的意义。

同时，从小句整合的角度，以［主语隐现］［关联标记隐现］［构式化等级］三个参项为区分标准，得到紧缩句内部从低整合度到高整合度的三个整合序列：

（1）［+前主语+后主语］>［–前主语+后主语］>［+前主语–后主语］>［–前主语–后主语］

（2）［+紧缩前标+紧缩后标］>［–紧缩前标+紧缩后标］>［+紧缩前标–紧缩后标］>［–紧缩前标–紧缩后标］

（3）［+非构式］>［+准构式］>［+固定式构式］>［+习语式］

二　重点描写了汉语紧缩句的历时使用面貌、特征及形成阶段

本书以紧缩句基本的逻辑语义关系类别为框架，以紧缩标为线索，依次描写了条件类、假设类、因果类、目的类、并列类、连贯类、递进类、选择类、转折类、让步类紧缩句在各时期的使用面貌和总体特征。

从历时总体情况来看，汉语有标紧缩句语义类总体使用频次从高到低排序依次为：条件类、假设类、连贯类、让步类、转折类、目的类、并列类、选择类、因果类、递进类。

从历时角度看，历代汉语有标紧缩句的紧缩标数量较多，具体表现丰富，但稳定性比较差。历代汉语紧缩标在发展过程中，往往会出现同义紧缩标聚合的局面，同义聚合中的成员相互竞争，就出现了很多紧缩标消长更替的情况。历代汉语有标紧缩句的紧缩标关联标记模式齐全，三种关联标记模式实际使用频率从高到低排序依次为：居中粘接式、前后配套式、居端依赖式。历代汉语有标紧缩句紧缩单标的使用量远远高于紧缩双标的使用量，且使用单音节单标的紧缩句是有标紧缩句的主体。紧缩句单音节单标的词性呈现以连词、副词为主的分布局面。高频率出现的"则""以""而""便""才"等单音节紧缩单标对应使用的也是高频使用的条件、假

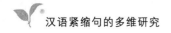

设、连贯等语义类紧缩句。

就紧缩句的长度和构造来看，历代汉语有标紧缩句长度最主要的分布范围是 5～9 个音节，紧缩项最为常见的句法构造形式是"谓语＋宾语"，主语以及定语、状语、补语等修饰语成分是构成紧缩项的句法成分中表现并不活跃的成分，且因为主语，紧缩前项在句法构造上要比后项复杂一些。

与此同时，本书总结了两个小句整合成紧缩句的五个具有典型性的形成阶段，具体见本书第五章表 5－10。

三　充分探究了共时视角下现代汉语紧缩句的构造与特征

本书从形式、语义、语用三个平面探究了现代汉语紧缩句的构造与特征。

首先，从紧缩句句长、紧缩项主语的省略情况、紧缩标的词性、紧缩项句法构造以及紧缩句的语气等角度分析现代汉语阶段紧缩句的形式特点。在语料样本中，紧缩句平均长度为 9.888 个字/7.704 个词，长度整体的跨度不大，存在较短的"拖尾"现象。紧缩前项平均长度为 4.224 个字/3.242 个词，紧缩后项平均长度为 4.451 个字/3.404 个词。紧缩项的构造复杂度较低，紧缩前项和紧缩后项的构造复杂度基本相当。紧缩句在主语模式方面的分布呈现不均衡的状态，其分布从高到低排序依次为共主无现式、共主前现式、异主无现式、异主全现式、异主前现式、共主后现式、异主后现式、共主全现式。陈述语气是紧缩句最为普遍的语气类型，占有绝对分布优势。无论是在紧缩标的词类形式分布上，还是在紧缩句的词性分布上，现代汉语阶段的紧缩标都呈现以副词标记占主要优势的局面。相较于复句而言，紧缩句的语序更为遵循事件/状态实际发生的先后顺序。构式紧缩句是紧缩句中的重要成员，除了具备紧缩句的形式构造特点外，还具有构式的特征。

考察紧缩句内部语义关系的角度有很多，本书重点观察跨项句法成分之间的语义关系，例如前项主语与后项谓语间的、后项主语与前项谓语间的、前项谓语与后项宾语间的、后项谓语与前项宾语间的、前项主语与后项主语间的语义关系等。同时，综合参照传统的复句逻辑语义分类以及语义轻重、语义依赖关系的"并列—主次—主从"三分法，根据紧缩项之间的语义关系为紧缩句做了一个二级分类体系，并且在使用频次上，紧缩句表现出以表达主次关系占优势的倾向。

在紧缩句的语体分布、篇章特征与语用特征的考察过程中，本书以有标紧缩句为样本，统计发现各语体语料中的有标紧缩句的出现频次由高到低依次为：口语语体、文艺语体、科技语体、政论语体、事务语体。紧缩句适宜分布在叙事类篇章中。紧缩句具备句属性，其在语篇中的分布，主要以"作为分句"或"独立成句"两种形式出现，表现出以后续句格局为主的篇章布局特点，并通过省略这一方式与其他语句衔接起来。紧缩句"语势的加强"是其语用特征的主要表现。

四 着力解释了汉语紧缩句形成的紧缩机制和紧缩动因

本书从形式、语义、语用三个层面探讨紧缩句的紧缩机制。紧缩机制包括语义整合机制、句法紧接机制和语用缩选机制。

两个事件或命题通过概念整合的具体方式，整合成一个新创结构——紧缩句概念。紧缩句语义整合机制涉及的概念整合方式主要有双域型整合框架和单纯型整合框架，其语义整合得到的浮现意义是"强调更为严实紧密的逻辑语义关系"。

紧缩句的句法紧接机制包括紧凑机制和接续机制两方面内容。其中，紧凑机制包括缓存限制机制、构造简约机制；接续机制则包括重项前倾机制、语气合一机制、标记高效机制和时序临摹机制。

为了适应语境和满足说话人特定交际目的的需要，达到说话人对交际策略选择以及信息处理的要求，促使两个小句选择了压缩生成紧缩句的形式。紧缩句的语用缩选机制包括信息省删机制、语境适应机制两方面内容。

象似性原则可以解释紧缩句的形成动因，复杂性象似动因与独立性象似动因是紧缩句最主要的紧缩动因。小句需要达成形义上的相对复杂性与相对独立性，才能促使其通过语义整合机制与句法紧接机制的对应性运作，整合成紧缩句。

五 尝试梳理了与紧缩句有关的词汇化现象

紧缩句环境下的词汇化现象较为丰富且存在规律性，本书梳理了与紧缩句有关的词汇化现象的具体类型和典型案例，包括"紧缩前项的词汇化""紧缩后项的词汇化"这两种短语的词汇化现象和"紧缩标 + 紧缩前项""紧缩前项 + 紧缩标""紧缩标 + 紧缩后项"等三类跨层结构的词汇化现象。紧缩项谓词特征消失和语义转变、紧缩项及特定语义类紧缩句高频使用、紧缩句环境触发词汇化发生的心理组块机制及韵律机制、紧缩句长度的限制等是紧缩句中词汇化现象发生的条件与特点。与紧缩句有关的词汇化现象还造成了一系列语法后果，包括产生了一批虚词、提升了紧缩标的构词能力、推动了汉语小句整合走向深化等。

尽管本书对汉语紧缩句的研究有所补益，但由于历时文献获取以及知识积累等方面的限制，本书的研究也存在若干不足之处和延伸空间。弥补这些缺憾及空间将是今后紧缩句研究中需要重点关注和完成的任务，具体包括以下四点

1. 对紧缩句的考察尚有继续丰富、深化的空间

受历时文献和语料提取的限制，目前本书建立的历时、共时语料库显然还不足以完全充分地反映紧缩句的历时演变特征和共时使用面貌。一方面，对紧缩句的历时研究内容可以继续丰富，例如从历时视角对意合紧缩句进行考察，能更为全面地展现紧缩句整体的历时演变面貌；另一方面，可以进一步扩大语料范围，对具有代表性时期的紧缩句或具有代表性语义类的紧缩句进一步深入挖掘，例如，做到针对每一个紧缩句语义类都能提取一个乃至几个具有代表性的紧缩句案例，描写与解释这些紧缩句具体的形成与发展阶段、紧缩机制与紧缩动因，以验证并且丰富紧缩句的形成理论。

2. 进一步深入发掘紧缩句语料，收集更多纯口语语料，做精细化处理与分析

句中是否存在句间语音停顿是紧缩句最为重要的判别标准之一，而古代汉语的句读是后人根据文意和所掌握的语言知识添加的，因此，尽管在此基础上本书对收集到的紧缩句已经加以认真判别，但肯定不可避免会出现纰漏。特别是对年代久远的文献与语料的收集和处理，要求我们在今后的研究中进一步分析和斟酌，以提高紧缩句语料的精确度。紧缩句的语体分布较为集中，即主要分布在口语、文艺语体中，而在本书的研究中，缺乏纯粹口语语料的收集和处理，这是目前本书研究中存在的缺憾。在获取有效的、高纯度口语语料的基础上，紧缩句有进一步结合语体特征进行考

察探索的研究必要。

3. 对紧缩句中存在的词汇化与语法化现象需要深入研究

在研究过程中，不难发现在紧缩句环境下的词汇化、语法化现象较为丰富且存在规律性。汉语紧缩句的特征促使其内部发生部分或整体的结构紧缩与语义变化，进而产生语法化或词汇化现象。与紧缩句有关的词汇化现象至少表现为三个方向：一是词汇化为复合词；二是词汇化为语义固化的结构成分（如"说什么"等）；三是词汇化为成语、惯用语、俗语或习用语（如"一拍即合、一触即发、不是冤家不聚头"等）。前两个方向是紧缩句的部分成分词汇化而成；第三个方向是紧缩句整体词汇化而成。本书目前对第一个方向进行了一些研究，但显然还有很大的研究空间，如与紧缩句有关的词汇化现象需进一步系统梳理，紧缩句环境下词汇化、语法化现象的机制与动因需要深入考察，与紧缩句有关的词汇化现象引起的汉语韵律、语义、句法、语用等层面的变化也值得进一步探究。

4. 开展紧缩句跨方言、跨语言的比较研究

紧缩句范畴不为汉语普通话所独有，紧缩句在汉语方言中的具体表现如何？作用机制和产生动因如何？世界范围内其他语言中是否存在紧缩句范畴对应的小句整合体？这些小句整合体的具体表现如何？汉语紧缩句跟世界语言里与之对应的小句整合体之间存在怎样的共性与个性？今后的研究可以尝试运用对比语言学和语言类型学的方法和理论探讨汉语紧缩句与世界语言中对应小句整合体的共性与个性，以现有研究成果与实地调查相结合，尽可能充分地进行紧缩句的跨语言、跨方言的比较研究。包括分析不同形态语言类型中紧缩句语义的表达手段、比较不同语言小句整合结果的共性与个性，以充实、丰富汉语紧缩句的研究，进一步推动小句整合理论的发展。

参考文献

Aikhenvald，A. Y. & Dixon，R. M. W. 、何彦斌：《〈连动结构——跨语言的
　　类型学视角〉介绍》，《当代语言学》2011 年第 1 期。

〔美〕鲍尔·J. 霍伯尔、伊丽莎白·克劳丝·特拉格特：《语法化学说》，
　　梁银峰译，复旦大学出版社，2008。

曹伯韩：《谈谈包孕句和单句复句的关系》，《中国语文》1957 年第 4 期。

曹秀玲、张磊：《“否则”类连词的语法化梯度及其表现》，《汉语学习》
　　2009 年第 6 期。

陈昌来：《现代汉语句子》，华东师范大学出版社，2000。

陈洁：《汉语结构对称性四字格成语的概念整合机制研究》，《广西社会科
　　学》2010 年第 10 期。

陈榴：《论古代汉语复句的紧缩》，《辽宁师范大学学报》（社会科学版）
　　1993 年第 2 期。

陈群：《说“越来越 A”》，《汉语学习》1999 年第 2 期。

陈书仪：《紧缩句蠡测》，《思维与智慧》1985 年第 2 期。

陈伟英：《省略与省力》，《浙江大学学报》（人文社会科学版）2005 年
　　第 6 期。

陈伟英：《现代汉语主语省略的认知语用研究》，浙江大学出版社，2009。

陈小红：《现代汉语转折复句的语义基础》，《华文教学与研究》2012 年第
　　4 期。

陈亚川、郑懿德：《吕叔湘著〈汉语语法分析问题〉助读》，语文出版社，
　　2000。

陈奕汀：《现代汉语紧缩句的逻辑思考》，硕士学位论文，上海师范大学，

2014。

陈颖：《紧缩句的有标关联和无标关联》，硕士学位论文，华中科技大学，
　　2005。

陈蕴秋：《基于语料库的对外汉语紧缩句式研究》，硕士学位论文，山东大
　　学，2015。

陈兆福：《紧缩句论略》，《临沂师范学院学报》2002 年第 1 期。

陈振宇：《汉语的小句与句子》，复旦大学出版社，2016。

陈忠：《认知语言学研究》，山东教育出版社，2006。

成军：《论元结构构式与动词的整合》，《外语学刊》2010 年第 1 期。

程国富：《句子与句子的序列连接》，《汉语学习》1989 年第 6 期。

迟永长：《"爱 V 不 V"句式谈》，《辽宁师范大学学报》（社会科学版）
　　1995 年第 1 期。

储泽祥、陶伏平：《汉语因果复句的关联标记模式与"联系项居中原则"》，
　　《中国语文》2008 年第 5 期。

戴浩一、黄河：《时间顺序和汉语的语序》，《国外语言学》1988 年第 1 期。

《单句、复句、复句的紧缩》，载朱德熙著《语法·修辞·作文》，上海教
　　育出版社，1984。

邓云华：《英汉特殊被动句的整合方式》，《外语教学与研究》2011 年第
　　2 期。

刁晏斌：《汉语语法研究》（修订本），辽海出版社，2007。

丁家勇、易磊：《用构式语法研究"爱 V 不 V"结构》，《云梦学刊》2009
　　年第 6 期。

丁勉哉：《谈复句的紧缩》，《中国语文》1957 年第 2 期。

丁声树等：《现代汉语语法讲话》，商务印书馆，1961/2004。

董佳：《关于复句关联词语和分句顺序的研究文献综述》，《现代语文》
　　（语言研究版）2008 年第 7 期。

董平荣：《试论语言与身份研究中话语分析的整合视角》，《外语与外语教
　　学》2009 年第 7 期。

董秀芳：《词汇化：汉语双音词的衍生和发展》（修订本），商务印书馆，
　　2011。

董秀芳：《词汇化与话语标记的形成》，《世界汉语教学》2007 年第 1 期。

董雅静：《中高级汉语紧缩复句考察分析及对韩汉语教学建议》，硕士学位论文，山东大学，2015。

董志翘、蔡镜浩：《中古虚词语法例释》，吉林教育出版社，1994。

杜文礼：《语言的象似性探微》，《四川外语学院学报》1996年第1期。

范继淹：《后续句的主语删略（提纲）》，《汉语学习》1985年第5期。

方光焘：《方光焘语言学论文集》，江苏教育出版社，1986。

方环海、刘继磊：《"完了"的虚化与性质》，《语言科学》2005年第4期。

方梅：《关于复句中分句主语省略的问题》，《延边大学学报》（社会科学版）1985年第1期。

方梅：《由背景化触发的两种句法结构——主语零形反指和描写性关系从句》，《中国语文》2008年第4期。

房红梅、严世清：《概念整合运作的认知理据》，《外语与外语教学》2004年第4期。

冯胜利：《论汉语的"韵律词"》，《中国社会科学》1996年第1期。

《复句问题论说》，载邢福义著《语法问题探讨集》，湖北教育出版社，1986。

甘裴哲、彭再新：《〈庄子〉形容词紧缩句的结构特点和语义类别》，《南华大学学报》（社会科学版）2006年第3期。

高更生：《汉语语法研究》，山东人民出版社，2001。

高增霞：《从非句化角度看汉语的小句整合》，《中国语文》2005年第1期。

高增霞：《现代汉语连动式的语法化视角》，中国档案出版社，2006。

高增霞：《自然口语中的话语标记"完了"》，《语文研究》2004年第4期。

葛清林：《对紧缩句应慎提紧缩》，《佳木斯师专学报》1995年第3期。

关永平：《标记性与语言结构的数量象似性》，《广西师范大学学报》（哲学社会科学版）2013年第2期。

关永平：《时间顺序和认知模式顺序的象似性研究》，《广西师范大学学报》（哲学社会科学版）2012年第1期。

管志斌：《"得了"的词汇化和语法化》，《汉语学习》2012年第2期。

郭继懋、王红旗：《粘合补语和组合补语表达差异的认知分析》，《世界汉语教学》2001年第2期。

郭杰：《对"小句"概念的重新审视》，《北华大学学报》（社会科学版）2013年第4期。

郭圣林：《"爱 V 不 V"句式的语篇考察》，《汉语学习》2009 年第 1 期。

郭昭穆：《复句分类初探》，《西南师范大学学报》（哲学社会科学版）1980 年第 4 期。

郭中平：《单句复句的划界问题》，《中国语文》1957 年第 4 期。

郭中：《现代汉语复句关联标记模式的类别研究》，博士学位论文，华中师范大学，2013。

哈弼亮：《对于〈汉语复句新体系的理论〉的意见》，《中国语文》1957 年第 11 期。

韩静：《语气词"好了"的语义与语用分析》，《南开语言学刊》2008 年第 2 期。

郝照修、郝红敏：《文言紧缩句辨识三法》，《南京师范大学文学院学报》1999 年第 4 期。

洪波、董正存：《"非 X 不可"格式的历史演化和语法化》，《中国语文》2004 年第 3 期。

胡敕瑞：《代用与省略——论历史句法中的缩约方式》，《古汉语研究》2006 年第 4 期。

胡文泽：《汉语存现句及相关并列紧缩结构的认知功能语法分析》，《语言教学与研究》2004 年第 4 期。

胡裕树主编《现代汉语》（重订本），上海教育出版社，1981/1995。

皇甫素飞：《"爱 X 不 X"类紧缩构式群的承继系统及其语用动因》，《当代修辞学》2015 年第 6 期。

皇甫素飞：《论紧缩构式的性质及其形式语义特征》，《求索》2014 年第 8 期。

皇甫素飞：《现代汉语紧缩构式的多维研究》，中国社会科学出版社，2015。

黄伯荣、廖序东主编《现代汉语》（下），高等教育出版社，1997。

黄伯荣、廖序东主编《现代汉语》（增订三版），高等教育出版社，2002。

黄南松：《省略和语篇》，《语文研究》1997 年第 1 期。

黄南松：《现代汉语叙事体语篇中的成分省略》，《中国人民大学学报》1996 年第 5 期。

黄水清、王东波：《新时代人民日报分词语料库构建、性能及应用（三）——句长与词的分析比较》，《图书情报工作》2019 年第 24 期。

黄自然：《以"字"为单位的汉语平均句长与句长分布研究》，《齐齐哈尔大学学报》（哲学社会科学版）2018 年第 1 期。

汲传波：《论强调范畴的构建》，《暨南大学华文学院学报》2006 年第 2 期。

汲传波：《强调范畴及其相关句法研究》，博士学位论文，中国社会科学院，2008。

江蓝生：《"VP 的好"句式的两个来源——兼谈结构的语法化》，《中国语文》2005 年第 5 期。

江蓝生：《概念叠加与构式整合——肯定否定不对称的解释》，《中国语文》2008 年第 6 期。

江蓝生：《同谓双小句的省缩与句法创新》，《中国语文》2007 年第 6 期。

江晓红：《转喻词语理解的认知语用机理探究——关联理论和认知语言学的整合分析模式》，《现代外语》2011 年第 1 期。

蒋冀骋、吴福祥：《近代汉语纲要》，湖南教育出版社，1997。

蒋静：《小句补语句概念整合研究》，博士学位论文，北京语言大学，2009。

蒋绍愚：《近代汉语研究概况》，北京大学出版社，1994。

解亚娜：《现代汉语"X 了"组合研究——以"好了""算了"等为例》，硕士学位论文，上海师范大学，2013。

金颖：《关于连词"否则"的初见年代及其特殊用法》，《辞书研究》2009 年第 1 期。

金兆梓：《国文法之研究》，中华书局/商务印书馆，1922/1983。

荆贵生主编《古代汉语》，黄河出版社，1997。

孔令达：《影响汉语句子自足的语言形式》，《中国语文》1994 年第 6 期。

乐耀：《从"不是我说你"类话语标记的形成看会话中主观性范畴与语用原则的互动》，《世界汉语教学》2011 年第 1 期。

雷冬平、胡丽珍：《语气助词"也罢"的功能及语法化过程》，《北方论丛》2008 年第 4 期。

黎锦熙、刘世儒：《汉语复句新体系的理论》，《中国语文》1957 年第 8 期。

黎锦熙：《新著国语文法》，湖南教育出版社，1924/2007。

黎氏秋妲：《〈孟子〉因果类复句研究》，硕士学位论文，广西师范大学，2002。

李成泉：《试析紧缩短语与紧缩句》，《现代语文》（语言研究版）2008 年第 6 期。

李德津、金德厚：《汉语语法教学》，北京语言大学出版社，2009。

李福印、丁研：《〈我们思考的方式〉述评》，《当代语言学》2006 年第 2 期。

李贺：《对外汉语紧缩句教学研究》，硕士学位论文，黑龙江大学，2016。

李临定：《汉语造句方式》，《中国语文》1995 年第 4 期。

李卫中：《析"爱 A 不 A"固定格式》，《平顶山师专学报》2003 年第 4 期。

李卫中：《析"非 A 不 B"固定格式》，《黄冈师范学院学报》2002 年第 5 期。

李文浩：《"爱 V 不 V"的构式分析》，《现代外语》2009 年第 3 期。

李小军：《跨层结构的词汇化与词典的收词及释义》，《辞书研究》2008 年第 6 期。

李小军：《语气词"得了"的情态功能》，《北方论丛》2009 年第 4 期。

李小军：《语气词"好了"的话语功能》，《世界汉语教学》2009 年第 4 期。

李英俊：《留学生习得汉语紧缩句式的调查研究》，硕士学位论文，暨南大学，2006。

李英子：《试析"爱 V 不 V"的固化过程》，《汉语学习》2012 年第 3 期。

李宗江：《"爱谁谁"及相关说法》，《汉语学习》2009 年第 1 期。

李宗江：《"回头"的词汇化与主观性》，《语言科学》2006 年第 4 期。

李宗江：《说"完了"》，《汉语学习》2004 年第 5 期。

梁蕴华：《现代汉语紧缩结构分析》，《深圳大学学报》（人文社会科学版）2002 年第 2 期。

梁左等编剧《我爱我家》，华艺出版社，1993。

林书武：《英语一种特殊条件句与汉语"越……越……"句》，《语言教学与研究》1983 年第 4 期。

林艳：《构式义和动词义的互动与整合》，《河南社会科学》2009 年第 6 期。

刘顺、殷相印：《"算了"的词汇化和语法化》，《语言研究》2010 年第 2 期。

刘承峰：《"爱 V 不 V"结构的语义分析》，《汉语学习》2004 年第 2 期。

刘楚群：《论"越 V 越 A"——兼论从"越 V 越 A"到"越来越 A"的语义

虚化过程》，《河北师范大学学报》（哲学社会科学版）2004 年第 4 期。

刘丹青：《汉语的若干显赫范畴：语言库藏类型学视角》，《世界汉语教学》
　　2012 年第 3 期。

刘丹青：《语序类型学与介词理论》，商务印书馆，2003。

刘丹青：《重新分析的无标化解释》，《世界汉语教学》2008 年第 1 期。

刘丹青：《作为典型构式句的非典型"连"字句》，《语言教学与研究》2005
　　年第 4 期。

刘芬、白解红：《英汉中动构式的概念整合机制》，《湖南师范大学社会科
　　学学报》2011 年第 6 期。

刘富华、祝东平：《一价动词与其行动元语义关系再论》，《语言教学与研
　　究》2007 年第 5 期。

刘海燕：《现代汉语连动句的逻辑语义分析》，四川人民出版社，2008。

刘红妮：《非句法结构"算了"的词汇化与语法化》，《语言科学》2007 年
　　第 6 期。

刘娟：《对外汉语教材紧缩句式的考察与分析——以〈博雅汉语〉、〈新实
　　用汉语课本〉为例》，硕士学位论文，上海师范大学，2013。

刘天堂：《汉语紧缩句探析》，《四川师范学院学报》（哲学社会科学版）
　　2002 年第 1 期。

刘晓晴、邵敬敏：《"罢了"的语法化进程及其语义的演变》，《古汉语研
　　究》2012 年第 2 期。

刘子敏：《谈近体诗中的紧缩句》，《延边大学学报》（社会科学版）1990
　　年第 3 期。

柳茜、李泉：《"不……不……"虚拟否定紧缩构式研究》，《语言文字应
　　用》2018 年第 1 期。

柳士镇：《魏晋南北朝历史语法》，南京大学出版社，1992。

卢烈红：《"也罢"源流考》，《苏州大学学报》（哲学社会科学版）2013 年
　　第 3 期。

卢卫中：《语言象似性研究综述》，《外语教学与研究》2011 年第 6 期。

鲁川、缑瑞隆、刘钦荣：《汉语句子语块序列的认知研究和交际研究》，《汉
　　语学习》2002 年第 2 期。

鲁莹、李泉：《现代汉语话语强调范畴构建与研究》，《语言文字应用》2012

年第 1 期。

陆丙甫：《核心推导语法》，上海教育出版社，1993。

陆丙甫：《语句理解的同步组块过程及其数量描述》，《中国语文》1986 年
　　第 2 期。

吕冀平：《汉语语法基础》，商务印书馆，2000。

吕叔湘：《汉语语法分析问题》，商务印书馆，1979/2005。

吕叔湘：《中国文法要略》，《吕叔湘全集》（第一卷），辽宁教育出版社，2002。

吕叔湘主编《现代汉语八百词》（增订本），商务印书馆，1999。

吕叔湘著、江蓝生补：《近代汉语指代词》，学林出版社，1985。

罗宇：《"得了"的词汇化研究》，《江西科技大学学报》2017 年第 3 期。

罗宇：《"算了"的词化研究》，《广东第二师范学院学报》2014 年第 2 期。

骆小所主编《现代汉语引论》，云南人民出版社，1999。

马清华：《关联标记的结构控制作用》，《汉语学习》2006 年第 6 期。

马荣：《概念整合理论的基本原理探讨》，《广西社会科学》2011 年第 1 期。

毛润民：《现代汉语紧缩句研究》，《内蒙古师范大学学报》（哲学社会科
　　学版）2007 年第 S1 期。

毛润民：《现代汉语紧缩句研究》，硕士学位论文，内蒙古师范大学，2006。

毛眺源、曾凡桂：《论溯因逻辑之嬗变及整合的语用学意义》，《外国语》
　　（上海外国语大学学报）2011 年第 6 期。

〔美〕罗纳德·兰艾克：《罗纳德·兰艾克认知语法十讲》，外语教学与研
　　究出版社，2007。

缪俊：《从概念整合理论看比喻的句法形式》，《修辞学习》2007 年第 1 期。

彭伶楠：《"好了"的词化、分化和虚化》，《语言科学》2005 年第 3 期。

彭宣维：《英汉语篇综合对比》，上海外语教育出版社，2000。

澎湃：《现代汉语因果关系连接成分研究综述》，《汉语学习》2004 年第
　　2 期。

蒲泉：《议维吾尔语的紧缩句》，《语言与翻译》1994 年第 3 期。

齐沪扬：《现代汉语》，商务印书馆，2007。

钱玄同、刘复、罗常培：《说文部首 中国文法通论 汉语音韵学导论》，时
　　代文艺出版社，1920/2009。

〔美〕乔治·莱考夫：《乔治·莱考夫认知语言学十讲》，外语教学与研究

出版社，2007。

秦洪武：《语言结构的顺序象似性》，《外语研究》2001 年第 1 期。

任绍曾：《叙事语篇的多层次语义结构》，《外语研究》2003 年第 1 期。

邵敬敏：《建立以语义特征为标志的汉语复句教学新系统刍议》，《世界汉语教学》2007 年第 4 期。

邵敬敏、任芝锳、李家树：《汉语语法专题研究》，广西师范大学出版社，2003。

邵敬敏主编《现代汉语通论》，上海教育出版社，2001。

沈家煊：《不对称和标记论》，江西教育出版社，1999。

沈家煊：《概念整合与浮现意义——在复旦大学"望道论坛"报告述要》，《修辞学习》2006（b）年第 5 期。

沈家煊：《句法的象似性问题》，《外语教学与研究》1993 年第 1 期。

沈家煊：《认知语言学与汉语研究》，载刘丹青主编《语言学前沿与汉语研究》，上海教育出版社，2005。

沈家煊：《实词虚化的机制——〈演化而来的语法〉评介》，《当代语言学》1998 年第 3 期。

沈家煊：《"王冕死了父亲"的生成方式——兼说汉语"糅合"造句》，《中国语文》2006（a）年第 4 期。

沈家煊：《语言的"主观性"和"主观化"》，《外语教学与研究》2001 年第 4 期。

沈开木：《现代汉语话语语言学》，商务印书馆，1996。

施春宏：《动结式论元结构的整合过程及相关问题》，《世界汉语教学》2005 年第 1 期。

施春宏：《句式分析中的构式观及相关理论问题》，《汉语学报》2013 年第 2 期。

施关淦：《关于"省略"和"隐含"》，《中国语文》1994 年第 2 期。

施关淦：《用"一……就（便）……"关联的句子》，《汉语学习》1985 年第 5 期。

石慧敏：《汉语动结式的整合与历时演变》，复旦大学出版社，2011。

石毓智、李讷：《汉语语法化的历程》，北京大学出版社，2001。

史金生：《"要不"的语法化——语用机制及相关的形式变化》，《解放军外国语学院学报》2005 年第 6 期。

史晓懿：《"谁 A 谁 B"构式研究》，硕士学位论文，南京师范大学，2013。

宋仲鑫：《单句、复句、紧缩句瞽议》，《武陵学刊》1995 年第 1 期。

苏晓军、张爱玲：《概念整合理论的认知力》，《外国语》（上海外国语大学学报）2001 年第 3 期。

孙良明：《研究汉语单复句划分应当明了的问题》，《语言教学与研究》2007年第 2 期。

孙毓苹：《复合句和停顿——对胡附、文炼〈现代汉语语法探索〉的商榷之二》，《中国语文》1957 年第 1 期。

〔日〕太田辰夫：《中国语历史文法》，蒋绍愚、徐昌华译，北京大学出版社，1987/2003。

田然：《现代汉语叙事语篇中 NP 的省略》，《汉语学习》2003 年第 6 期。

万光荣：《现代汉语二合复句中分句语气异类组配研究》，博士学位论文，华中师范大学，2012。

汪立荣：《概念整合理论对移就的阐释》，《现代外语》2005 年第 3 期。

汪欣欣：《有标紧缩复句量范畴分析与构式语块教学法研究》，硕士学位论文，辽宁大学，2014。

王灿龙：《"否则"的篇章衔接功能及其词性问题》，《汉语学习》2008 年第 4 期。

王春东：《要多 a 有多 a》，《汉语学习》1992 年第 4 期。

王春辉：《汉语条件句小句间的语序类型》，《世界汉语教学》2010 年第 4 期。

王弘宇：《说"一 A 就 C"》，《中国语文》2001 年第 2 期。

王红明：《紧缩句研究》，硕士学位论文，吉林大学，2007。

王红孝：《空间映射论与概念整合的认知过程》，《外语学刊》2004（a）年第 6 期。

王红孝：《隐喻的空间映射与概念整合》，《外语教学》2004（b）年第 6 期。

王华：《现代汉语小句宾语句整合特征研究》，博士学位论文，北京语言大学，2007。

王力：《汉语史稿》，中华书局，1958。

王力：《中国现代语法》，商务印书馆，1943/2011。

王力：《中国语法理论》，山东教育出版社，1984。

王勤玲：《概念隐喻理论与概念整合理论的对比研究》，《外语学刊》2005年第1期。

王维贤等：《现代汉语复句新解》，华东师范大学出版社，1994。

王维贤：《复句和关联词语》，《语言教学与研究》1983年第1期。

王文格：《现代汉语形谓句优先序列研究》，中国社会科学出版社，2010。

王霞：《动词重现话题化紧缩句"V也VP"的形成》，《湘潭师范学院学报》（社会科学版）2009年第2期。

王晓辉：《汉语习语构式的性质、类别、特征及相关问题研究》，《汉语学习》2018年第2期。

王懿：《概念整合理论在意义构建中的解释力》，《安徽大学学报》（哲学社会科学版）2006年第5期。

王寅：《汉语"副名构造"的认知构造语法分析法——基于"压制、突显、传承、整合"的角度》，《外国语文》2009年第4期。

王寅：《论语言符号象似性》，《外语与外语教学》1999年第5期。

王寅：《认知语法概论》，上海外语教育出版社，2006。

王寅：《认知语言学探索》，重庆出版社，2005。

王寅：《象似说与任意说的哲学基础与辩证关系》，《解放军外国语学院学报》2002年第2期。

王寅：《象似性辩证说优于任意性支配说》，《外语与外语教学》2003年第5期。

王寅：《语言符号象似性研究简史——认知语言学讨论之一》，《山东外语教学》2000年第3期。

王正元：《概念整合理论的发展与理论前沿》，《四川外语学院学报》2006年第6期。

王志瑛：《屈赋的紧缩复句及有关虚字》，《广西师院学报》1988年第1期。

魏红、马秋燕：《"不A不B"格式的表义类型与构式化等级》，《新疆社会科学》2014年第1期。

温锁林：《现代汉语语用平面研究》，北京图书馆出版社，2001。

吴柏索等：《现代汉语常用格式例释》，商务印书馆，1988。

吴长安：《"爱咋咋地"的构式特点》，《汉语学习》2007年第6期。

吴春仙：《试说"一 V 就是 NP"句式》，《汉语学习》1999 年第 5 期。

吴锋文：《基于主谓语知识挖掘的分句语义关联研究》，《语言文字应用》2011 年第 4 期。

吴为善、陈颖：《述宾两字组的整合度高低及其层级分布》，《汉语学习》2007 年第 5 期。

吴为善、邱薇：《粘合定中结构"N 双 + N 双"的整合度高低及其层级分布》，《世界汉语教学》2010 年第 1 期。

吴为善：《认知语言学与汉语研究》，复旦大学出版社，2011。

吴为章：《复杂单句两例试析》，《汉语学习》1984 年第 1 期。

武瑷华：《语境因素辨析》，《解放军外国语学院学报》2006 年第 4 期。

席嘉：《近代汉语连词》，中国社会科学出版社，2010。

向若：《紧缩句》，新知识出版社，1956/1984。

向熹编著《简明汉语史》，高等教育出版社，1993。

肖任飞：《现代汉语因果复句优先序列研究》，博士学位论文，华中师范大学，2009。

谢晓明、肖任飞：《表无条件让步的"说·什么"紧缩句》，《语言研究》2008 年第 2 期。

谢信一（叶蜚声译）：《汉语中的时间与意象》，《国外语言学》1991 年第 4 期。

邢福义：《汉语复句研究》，商务印书馆，2001。

邢福义：《汉语语法三百问》，商务印书馆，2002。

邢福义：《汉语语法学》，东北师范大学出版社，1996。

邢福义、汪国胜主编《现代汉语》，华中师范大学出版社，2003。

邢福义、吴振国主编《语言学概论》，华中师范大学出版社，2002。

邢福义：《现代汉语语法研究的三个"充分"》，《湖北大学学报》（哲学社会科学版）1991 年第 6 期。

邢福义：《小句中枢说》，《中国语文》1995 年第 6 期。

邢福义：《"越 X，越 Y"句式》，《中国语文》1985 年第 3 期。

邢向东：《紧缩句与单、复句划分》，《语文学刊》1988 年第 5 期。

徐复岭：《谈"非……不可"》，《汉语学习》1981 年第 5 期。

徐赳赳：《现代汉语篇章语言学》，商务印书馆，2010。

徐烈炯：《生成语法理论》，上海教育出版社，1988。

许维翰：《"爱……不……"与"爱……不……的"》，《汉语学习》1982年
　　第2期。

许维翰：《谈"非……不……"》，《语言教学与研究》1981年第4期。

严辰松：《构式语法论要》，《解放军外国语学院学报》2006年第4期。

杨炳钧：《整合语言学概观》，《外语教学与研究》2004年第2期。

杨荣祥：《近代汉语副词研究》，商务印书馆，2005。

杨少多：《现代汉语紧缩句论略》，硕士学位论文，中国社会科学院研究生
　　院，2014。

姚双云：《复句关系标记的搭配研究与相关解释》，博士学位论文，华中师
　　范大学，2006。

叶蜚声、徐通锵：《语言学纲要》，北京大学出版社，1981。

殷树林：《也说"完了"》，《世界汉语教学》2011年第3期。

于默：《紧缩句三论》，《丝路学刊》1996年第2期。

余光武、满在江：《连词"完了"来源新解——兼谈"完了"与"然后"
　　的异同》，《语言教学与研究》2008年第1期。

俞敦雨：《"爱X不X"式的分析》，《汉语学习》1982年第2期。

袁明军：《小句的语气类型与小句之间语义联结类别的关系》，《汉语学习》
　　2006年第3期。

袁毓林：《汉语句子的文意不足和结构省略》，《汉语学习》2002年第3期。

原苏荣：《汉英特殊类词语——副词性关联词语多视阈比较研究》，上海三
　　联书店，2019。

原苏荣、陆建非：《汉英副词性关联词语在紧缩句中的对应关系》，《上海
　　师范大学学报》（哲学社会科学版）2016年第1期。

《〈暂拟汉语教学语法系统〉简述》，载张志公著《张志公汉语语法教学论
　　著选》，山西教育出版社，1997。

曾常年：《现代汉语因果句群研究》，博士学位论文，华中师范大学，2003。

翟燕：《"也罢"的来源及语法化过程》，《唐都学刊》2008年第4期。

中国社会科学院语言所词典编辑室：《现代汉语词典》（第7版），商务印
　　书馆，2016。

张斌主编《新编现代汉语》，复旦大学出版社，2002。

张伯江：《以语法解释为目的的语体研究》，《当代修辞学》2012 年第 6 期。

张崇实：《试论现代俄语中的紧缩结构》，《外语学刊》（黑龙江大学学报）1986 年第 1 期。

张春泉：《紧缩结构与言语风格初探——以〈孟子〉为例》，《修辞学习》2001 年第 4 期。

张春泉：《〈孟子〉紧缩结构的句法功能举隅》，《黄冈师范学院学报》2002 年第 1 期。

张拱贵：《关于复句的几点分析（上）》，《语言教学与研究》1983a 年第 1 期。

张拱贵：《关于复句的几点分析（下）》，《语言教学与研究》1983b 年第 2 期。

张桂英：《连谓句和紧缩句的区别》，《西南民族大学学报》（人文社科版）2005 年第 2 期。

张宏国：《构式化与构式化等级——基于反预期类 "X 了" 构式的考察》，《安徽大学学报》（哲学社会科学版）2020 年第 1 期。

张辉、杨波：《心理空间与概念整合：理论发展及其应用》，《解放军外国语学院学报》2008 年第 1 期。

张建：《汉语标记居中型并列结构时间关联模式的象似性》，《兰州学刊》2013 年第 2 期。

张建：《汉语复句关联标记模式的组合经济性》，《汉语学报》2012 年第 4 期。

张龙：《"好了" 的语法化和主观化》，《汉语学习》2012 年第 2 期。

张敏民：《古代汉语的紧缩句》，《语文学刊》1994 年第 1 期。

张敏：《认知语言学与汉语名词短语》，中国社会科学出版社，1998。

张新华：《汉语语篇句的指示结构研究》，学林出版社，2007。

张雪涛、唐爱华：《汉语单复句区分问题的理论困惑与解决策略》，《语言教学与研究》2005 年第 4 期。

张谊生：《试说近代汉语副词 "才" 的特殊用法》，《徐州师范学院学报》（哲学社会科学版）1993 年第 4 期。

张谊生：《现代汉语副词探索》，学林出版社，2004。

张谊生：《现代汉语副词研究》，学林出版社，2000。

张云秋、王馥芳：《概念整合的层级性与动宾结构的熟语化》，《世界汉语教学》2003 年第 3 期。

赵方铭：《汉语紧缩句句法、语义、语用统合分析：默认语义学视角》，《外语学刊》2021 年第 2 期。

赵方铭、张绍杰：《汉语紧缩句语用失误探究：句法—语用互动视角》，《语言文字应用》2020 年第 4 期。

赵静贞：《"A 就 A"格式试探》，《语言教学与研究》1984 年第 4 期。

赵梅：《现代汉语连动句和紧缩句的比较研究》，硕士学位论文，江西师范大学，2008。

赵世举：《关于汉语省略句的判定标准问题》，《中南民族学院学报》（哲学社会科学版）1999 年第 4 期。

赵秀凤：《语言的主观性研究概览》，《外语教学》2010 年第 1 期。

赵雅青、储泽祥：《"高/深＋N"的组配及语义对接的管控》，《语言教学与研究》2013 年第 2 期。

赵雅青：《"高/深＋N"的组配及语义对接的管控》，硕士学位论文，华中师范大学，2011。

赵艳芳编著《认知语言学概论》，上海外语教育出版社，2001。

赵元任：《汉语口语语法》，吕叔湘译，商务印书馆，1979/2001。

郑贵友：《汉语篇章语言学》，外文出版社，2002。

中国社会科学院语言所词典编辑室编《现代汉语词典》（第 7 版），商务印书馆，2016。

周国正：《书面语篇的主题串连与省略》，《上海大学学报》（社会科学版）2005 年第 6 期。

周明强：《句子的停延和句法结构的关系》，《语言教学与研究》2002 年第 3 期。

周芸、邓瑶、周春林主编《现代汉语导论》，北京大学出版社，2011。

朱斌等：《汉语复句句序和焦点研究》，世界图书出版公司，2013。

朱斌、伍依兰：《现代汉语小句类型联结研究》，华中师范大学出版社，2009。

朱红：《现代汉语假设关系紧缩句研究》，博士学位论文，吉林大学，2019。

朱怀：《现代汉语工具宾语句的概念整合》，《语言研究》2011 年第 3 期。

朱丽师：《语法化过程中的结构省缩和语义保留——以语气词"好了"为

例》,《湖北社会科学》2018 年第 9 期。

朱其智:《"随着 V"与"越来越 A"同现研究及其历时考察》,《世界汉语教学》2010 年第 1 期。

朱晓农:《复句重分类——意义形式化的初次尝试》,《汉语学习》1989 年第 6 期。

朱永生、郑立信、苗兴伟编《英汉语篇衔接手段对比研究》,上海外语教育出版社,2001。

祝敏、席建国:《国内概念整合理论及其应用研究十年(2000–2010)述评》,《理论与实践》2011 年第 11 期。

Austin, P. (ed), *Complex Sentence Constructions in Australian Languages*, Amsterdam: John Benjamins Publishing Company, 1988.

Bolinger, D. , *The Form of Language*, London: Longmans, 1977.

Chafe, W. , *Meaning and the Structure of Language*, Chicago: University of Chicago Press, 1970.

Croft, W. , *Radical Construction Grammar*, Oxford: Oxford University Press, 2001.

Croft, W. , *Typology and Universals*, Cambridge: Cambridge University Press, 1990.

Croft, W. , *Typology and Universals* (2*nd. Edition*), Cambridge: Cambridge University Press, 2003.

Dik, S. C. , *The Theory of Functional Grammar*, Berlin: Mouton de Gruyter, 1997.

Dixon, R. M. W. & Aikhenvald, A. Y. (eds.), *The Semantics of Clause Lingking*, New York: Oxford University Press Inc, 2009.

Dotter, F. , "Nonarbitrariness and Iconicity: Coding Possibilities," in Marge E. Landsberg (ed.), *Syntactic Iconicity and Linguistic Freezes*, Berlin: De Gruyter Mouton, 1995.

Fauconnier, G. , Mappings in Thought and language, Beijing: World Publishing Corporation, 2010.

Fauconnier, G. , Mappings in Thought and language, Cambridge: Cambridge University Press, 1997.

Fauconnier, G. , *Mental Spaces: Aspects of Meaning Construction in Natural Language*, Cambridge: Cambridge University Press, 1994.

Fauconnier, G. & Turner, M. , *The Way We Think: Conceptual Blending and the Mind's Hidden Complexities*, New York: Basic Books, 2002.

Finegan, E. , "Subjectivity and Subjectivisation: An Introduction," in Stein & Wright (eds.), *Subjectivity and Subjectivisation: Linguistic Perspectives*, Cambridge: Cambridge University Press, 1995.

Givón, T. , *Syntax: A Functional-Typological Introduction*, Vol. Ⅱ, Amsterdam: Benjamins, 1990.

Goldberg, A. E. , *Constructions: A Construction Grammar Approach to Argument Structure*, Chicago: The University of Chicago Press, 1995.

Greenberg, J. H. , "Some Universals of Language with Particular Reference to the Order of Meaningful Elements," in Greenberg, J. H. (ed.), *Universals of Language*, Cambridge: MIT Press, 1966.

Haboud, M. , "Grammaticalization, Clause Union and Grammatical Relations in Ecuadorian Highland Spanish," in Givón (ed.), *Grammatical Relations: A functionalist Perspective*, Amsterdam: John Benjamins Publishing Company, 1997.

Haiman, J. , "Iconic and Economic Motivation," *Language* 59(1983).

Haiman, J. , *Iconicity in Syntax*, Amsterdam: John Benjamins Publishing Company, 1985(b).

Haiman, J. , *Natural Syntax—Iconicity & Erosion*, Cambridge: Cambridge University Press, 1985(a).

Haiman, J. & Thompson, S. A. , *Clause Combining in Grammar and Discourse*, Amsterdam: John Benjamins Publishing Company, 1989.

Haiman, J. , "The Iconicity of Grammar: Isomorphism and Motivation," *Language* 56(1980).

Halliday, M. A. K. , *An Introduction to Functional Grammar* (2nd ed.), Beijing: Foreign Language Teaching and Research Press, 2000.

Halliday, M. A. K. & Hason, R. , *Cohesion in English*, Beijing: Foreign Language Teaching and Research Press, 2001.

Harris, A. C. & Campbell, L. , *Historical Syntax in Cross-linguistic Perspective*, Cambridge: Cambridge University Press, 1995.

Hopper, P. J. & Traugott, E. C. , *Grammaticalization* (2nd. Edition) , Beijing: Peking University Press, 2005.

Horn, L. , "Pragmatic Theory," in Newmeyer, F. J. (ed.) , *Linguistics: The Cambridge Survey*, 1988.

Horn, L. , "Toward a New Taxonomy for Pragmatic Inference: Q-and R-based Implicature," in Shiffrin, D. (ed.) , *Meaning, Form, and Use in Context*, Washington, D. C. : Georgetown University Press, 1984.

Jakobson, R. , "Quest for the Essence of Language," *Diogenes* 51(1965).

Kuno, S. , *Functional Syntax: Anaphora, Discourse and Empathy*, Chicago and London: The University of Chicago Press, 1987.

Lakoff, G. & Johnson, M. , *Metaphors We Live by*, Chicago: The University of Chicago Press, 1980.

Langacker, R. W. , *Foundations of Cognitive Grammar*, Vol. II , *Descriptive Application*, Stanford: Stanford University Press, 1991.

Langacker, R. W. , *Foundations of Cognitive Grammar*, Vol. I , *Theoretical Prerequisites*, Stanford: Stanford University Press, 1987.

Langacker, R. W. , "Losing control: 'Grammaticalization, Subjectification, and Transparency'," in Blank, A. & P. Koch, (eds.) , *Historical Semantics and Cognition*, Berlin and New York Mouton de Gruyter, 1999.

Langacker, R. W. , "SyntacticReanalysis," in Charles N. Li, (ed) , *Mechanisms of Syntactic Change*, Austin: University of Texas Press, 1977.

Lehmann, C. , "Latin Subordination in Typological Perspective," in Gualtiero Galboli (ed.) , *Subordination & other Topics in Latin: Proceedings of the Third Colloquium on Latin Linguistics, Bologna, 1 – 5 April* 1985, Amsterdam: John Benjamins Publishing Company, 1989.

Lehmann, C. , "Towards a Typology of Clause Linkage," in Haiman & Thompson (eds.) , *Clause Combining in Grammar and Discourse*, Amsterdam: John Benjamins Publishing Company, 1988.

Levinson, S. C. , "Pragmatic Reduction of the Binding Conditions Revised,"

Journal of Linguistics 27(1991).

Levinson, S. C. , "Pragmatics and the Grammar of Anaphora," *Journal of Linguistics* 23(1987).

Lord, C. , *Historical Change in Serial verb Constructions*, Amsterdam: John Benjamins, 1993.

Lyons, J. , *Semantics: Volume* 2, Cambridge: Cambridge University Press, 1977.

Martinet, A. , *A Functional View of Language*, Oxford: Clarendon Press, 1962.

Matthiesen, C. & Thompson, S. A. , "The Structure of Discourse and 'Subordination'," in Haiman & Thompson (eds.), *Clause Combining in Grammar and Discourse*, Amsterdam: John Benjamins Publishing Company, 1988.

Miller, G. A. , "Human Memory and the Storage of Information," *I. R. E. Transaction on Information Theory* 3(1956a).

Miller, G. A. , "The Magical Number Seven, Plus or Minus Two," *The Psycological Review* 63(1956b).

Newmeyer, F. J. , *Language Form and Language Function*, Combridge: The MTT Press, 1998.

Nänny, M. & Fischer, O. (eds.), *Form Miming Meaning—Iconicity in Language & Literature* , Amsterdam: John Benjamins Publishing Company, 1999.

Ochs, E. , "Narrative," in van Dijk, T. A. (ed.), *Discourse as Structure and Process*, London: Sage Publications. Ltd, 1997.

Payne, T. E. , *Describing Morphosyntax: A Guide for Field Linguists*, Beijing: World Publishing Corporation, 2011.

Slobin, D. I. , "Grammatical Transformations and Sentence Comprehension in Childhood and Adulthood," *Journal of Verbal Learning and Verbal Behavior* 5(1966).

Slobin, D. I. , *The Crosslinguistic Study of Language Acquisition*, Hillsdale, NJ: Erlbaum, 1985.

Sun, C. F. , *Word-Order Change and Grammaticalization in the History of Chinese*, Stanford University Press, 1996.

Tai, J. , "Temporal Sequence and Chinese Word Order," *Typological Studies in Language* 6(1985).

Tai, J. , "Toward a Cognition-based Functional Grammar of Chinese," in Tai, J. & Hsueh, F. , *Functionalism and Chinese Grammar*, New Jersey: Chinese LanguageTeachers Association, 1989.

Trask, R L. , *Language and Linguistics: The Key Concepts* (2nd. edition), New York: Routledge, 2007.

Traugott, E. C. & Heine, B. (eds.), *Approaches to Grammaticalization*, Vol. II, Amsterdam: John Benjamins, 1991.

Traugott, E. C. , "On the Rise of Epistemic Meanings in English: An Example of Subjectivization in Semantic Change," *Language* 65(1989).

Traugott, E. C. , "Subjectivization in Grammaticalization," in Stein & Wright (eds.), *Subjectivity and Subjectivisation Linguistic Perspectives*, Cambridge: Cambridge University Press, 1995.

Turner, M. , *Ten Lectures on Mind and Language by Mark Turner*, Beijing: Foreign Language Teaching and Research Press, 2007.

Ungerer, F. & Schmid, H. J. , *An Introduction to Cognitive Linguistics*, Beijing: Foreign Language Teaching and Research Press, 2001.

Zipf, G. K. , *Human Behavior and the Principle of Least Effort*, New York: Hafner, 1965.

Zygmunt, F. , *Grammaticalization of the Complex Sentence: A Case Study in Chadic*, Amsterdam: John Benjamins Publishing Company, 1996.

图书在版编目（CIP）数据

汉语紧缩句的多维研究／赵雅青著. -- 北京：社
会科学文献出版社，2023.11
ISBN 978 - 7 - 5228 - 2333 - 1

Ⅰ.①汉… Ⅱ.①赵… Ⅲ.①汉语 - 紧缩句 - 句法 -
研究 Ⅳ.①H146.3

中国国家版本馆 CIP 数据核字（2023）第 153141 号

汉语紧缩句的多维研究

著　　者／赵雅青

出 版 人／冀祥德
责任编辑／张建中
文稿编辑／孙玉铖　李小琪
责任印制／王京美

出　　版／社会科学文献出版社·政法传媒分社（010）59367126
　　　　　地址：北京市北三环中路甲29号院华龙大厦　邮编：100029
　　　　　网址：www. ssap. com. cn
发　　行／社会科学文献出版社（010）59367028
印　　装／三河市尚艺印装有限公司

规　　格／开 本：787mm × 1092mm　1/16
　　　　　印 张：19　字 数：300 千字
版　　次／2023 年 11 月第 1 版　2023 年 11 月第 1 次印刷
书　　号／ISBN 978 - 7 - 5228 - 2333 - 1
定　　价／129.00 元

读者服务电话：4008918866